XINSHIDAI JIAOYU CONGSHU JIAOSHI FAZHAN XILIE

新时代教育丛书

教师发展系列

义务教育新课程教学理念：实践案例

（初中全学科）

凌宗伟◎主编

北京出版集团
北京教育出版社

图书在版编目(CIP)数据

义务教育新课程教学理念：实践案例：初中全学科 / 凌宗伟主编. -- 北京：北京教育出版社，2022. 12
(新时代教育丛书. 教师发展系列)
ISBN 978-7-5704-5135-7

Ⅰ. ①义… Ⅱ. ①凌… Ⅲ. ①初中—教学研究 Ⅳ. ①G632. 0

中国国家版本馆 CIP 数据核字(2023)第 003284 号

新时代教育丛书 · 教师发展系列
义务教育新课程教学理念：实践案例（初中全学科）
凌宗伟 主编

*

北京出版集团
北京教育出版社 出版
（北京北三环中路 6 号）
邮政编码：100120
网址：www.bph.com.cn
京版北教文化传媒股份有限公司总发行
全国各地书店经销
河北宝昌佳彩印刷有限公司印刷

*

710 mm×1 000 mm 16 开本 23.5 印张 347 千字
2022 年 12 月第 1 版 2022 年 12 月第 1 次印刷
ISBN 978-7-5704-5135-7
定价：78.00 元

质量监督电话：(010)58572525 58572393
购书电话：13381217910 (010) 58572911
北京教育出版社天猫旗舰店：https://bjjycbs.tmall.com

办好新时代教育

随着社会现代发展进程的推进，尤其是改革开放以来，中国教育事业加速发展，中国已建成世界最大规模的教育体系，教育总体发展水平进入世界中上行列，中国教育发展进入新时代，中国基础教育改革进入实质性的根本转型时期，处在一个走自主创新道路的关键转折点。

新时代呼唤新的教育。习近平总书记在全国教育大会上强调："立足基本国情，遵循教育规律，坚持改革创新。"面向未来的教育才有未来，新时代的教育，重在破解传统、旧有范式。基于此，面对新时代教育，与教育工作相关的所有主体都需要从思想和行动上做出努力和改变，并围绕主体价值、文化情境、智慧情怀、系统生态等关键词全面开展教育活动。

首先，新时代教育强调主体价值。

"教育同国家命运紧密相连"，点明了教育在国家建设和民族复兴中的地位和作用，强调了教育改革发展的价值取向，为我们今天准确把握办学的总体方向和人才培养的根本目标提供了思想遵循。

教育现代化的终极价值判断标准是人的发展，是人的解放和主体性的跃升。自古以来，中国的教育传统既强调教育的人文性，也强调教育的社会性，相应地，在人才培养目标上既强调完善自我，也强调服务社会和国家，更强调在服务社会和国家中达到自我的充分实现。新时代更要坚守教育本质，重视教育的价值观建设，坚持以社会主义核心价值观为引领，回答好“培养什么人、怎样培养人、为谁培养人”这些根本问题，从而培养有历史责任感、志存高远的时代新人。

其次，新时代教育强调文化情境。

学校不仅是传播知识、文化、智慧的地方，更是生产知识、文化、智慧的场所。学校无文化，则办学无活力。学校是文化传承的主阵地，学生文化、教师文化、课程文化、网络文化和制度文化等现代学校文化建设，引领了学校的发展，呈现了学校办学气质。

更重要的是，文化创设情境。“为学生一生发展奠基”，统整科学与人文，优化学生生存环境，借由“境中思”“境中做”“境中学”，实现学生主动学习与发展、个性化成长及德育渗透。

增进文化认同，是学校管理者的重要使命。政策制定者、执行者和教育管理者，一定要从为国家和民族培养优秀人才的角度关爱引导师生，让每位教育工作者深刻认识到“教育”二字蕴含的国家使命，真正将为国家和民族培养人才、培养爱国奉献的人才这一价值追求切实贯穿于办学育人全过程，一代一代坚持下去。

再次，新时代教育强调智慧情怀。

国之兴衰，系于教育。教育兴衰，系于教师。教育同国家的前途命运紧密相连。这当中，智慧型教师和教育家尤其为新时代教育所期待。他们目光远，不局限于学校和学生眼前的发展，而是着眼于未来；他们站位高，回归教育的本体，努力把握并尊重敬畏教育的共识、规律；他们姿态低，默默耕耘，淡泊明志，宁静致远；他们步伐实，总能紧紧围绕学生、教学、课程、教师发展等思考自己的职责和使命。

总而言之，教育家顺应时代潮流，立足现实，展望未来。在把握办学方向、把握时代脉搏的基础上，他们勇立潮头，担当时代先锋，他们对历史和未来负责，超越现实、超越时空、超越功利，用教育的力量塑造未来，解放学生的个性、想象力和创造力，共同推动和引领中国基础教育改革和创新，愿意为共同探索中国未来教育之道而做出巨大的努力。

最后，新时代教育强调系统生态。

观古今，知兴替，明得失。关于未来的认识是选择性的，未来“未”来，新时代的教育人需要根据某种线索去把握超出现在的想象并做出价值选择。这种价值选择的关键还在于，教育人真切明晰，未来学校是面向未来的学校，是为未来做准备的。教育中的新与旧、过去与未来，不是对立的，而是连续的，从而能够让教育者基于教育的本质和规律守正创新，坚守立德树人的初心。

各级各类学校之间是相互依赖的，单一的学校不能构建成一个完整教育系统，唯有每个学校都致力于体现自身的教育特性，努力实现自己所承担的教育任务，发挥出自己的教育作用，才能共同构成一个完整的教育系统。加强基础教育改革设计的整体性、系统性和长期性，把“办好每一所学校”作为基础教育改革发展的主要目标，是共同构建良性的教育生态，发挥整个教育系统功能的最优选择。

在这种情境下，“新时代教育丛书”的策划出版具备极强的现实意义。丛书通过考察和认识各地名校教育实践，寻找新时代教育的实践样本，清晰梳理了新时代教育中名校、名校长、名师、名班主任等的发展脉络，记录了新时代教育正在逐渐从被动依附性转向自主引导性，并在与现代技术的融合中彰显出其对于经济和社会生活的主导价值。

丛书提供了不同类型、不同地区的中小学名校、名校长及名师、名班主任在探索、构建新时代教育过程中鲜活的实践案例及创新理念。从中，可以看到有深厚历史积淀的传统名校，也可看到新时代教育发展浪潮中的新兴学校，其中有对外开放探索中国本土化教育的小学，也有站在教育改革潮头的中学；还可以看到开拓创新引领时代风气之先的名校校长、专注各自领域的优秀教师，以及新时代教育变革下的全国各地不同的班主任的德育之思。

更难能可贵的是，丛书不仅包括一般情境下的“案例”，也包括了特殊情境下的思考，不同系列注重了从“现象”到“本质”的过程，进而升华到方法论。丛书的每一本著作既是独立完整、自成体系的，也是相互呼应的，剖析问题深入透彻，对策和建议切实可行，弥补了教育理论和学校实践之间的差距，搭起了一座供全国教育研究者、学校管理者了解新时代教育及未来学校落地实践的桥梁。

未来学校不是对今天学校的推倒重来，而是对今天学校的逐步变革。这不仅仅是对学生提出的挑战，更是对学校发展建设提出的挑战。我们始终强调，理论不能彼此代替、相互移植，中国基础教育的改革与发展，必须靠中国的教育学家和广大教育工作者来研究和解释，从而构建立于世界之林的新时代中国基础教育的改革和发展的当代形态，实现理论创新和方法创新。

期待丛书能给更多的中小学校以启发，给教育工作者以有益的思考，供他们参考借鉴，帮助他们寻找到新时代教育的钥匙，进而在新时代教育的理论指导和教育改革实践带动下，因地制宜、因校制宜地落实到新时代教育工作中，引领学校新样态发展，助力更多学校在新时代背景、新教育形势下落地生花，实现特色、优质与转型发展，快速提升基础教育水平，推动教育改革发展，实现立德树人的根本任务，办好人民满意的教育。

新时代教育丛书编委会

2021 年 1 月

自 序

2021年底，谢文辉先生希望我能在义务教育新课程标准颁布后组织南通的一些老师编写一套可供从事实际教学的普通老师参考借鉴的教学设计用书，该书不要从宏观上对新课标做过多的解读，重在教学设计与实施。我的理解一是因为我是南通的教师，在他的心目中南通的教师是“会上课”的，二是他知道我这些年受聘于一些部门或机构做了一些入校指导的工作，其中我相当一部分精力是用在指导中小学教师的教学设计与实施上的。尽管我知道自己的能力有限，但盛情难却，还是欣然答应了。

我也以为，课程标准的解读不是我们这些在学校的教师的事。更为重要的是我认为课程标准就应该是绝大多数老师能够读懂的。如果需要解读才能读懂，无非两个原因：一是课标的表达有问题，二是教师的阅读理解有问题。如果还要找原因的话那就是个别教师“不屑读”了。一个称职的教师是会认真阅读本学科的课程标准的，同时也一定是会有自己的理解的。总之，在课标“解读”方面不需要我们去絮叨。我们能够做的，同时也是我们必须做的，就是将课程标准与教材的要求转化为具体的教学资源，并在课堂教学中有效地落实课程标及教材的要求。

高手教师的智慧就在于能够根据学生的具体情况确定教学的目标（学习的结果），将课标与教材的要求，转化为实实在在的教学资源，并通过相应的策略与方法调动学生参与到学习中来，在具体的教学活动中发现学生各自的潜能，包括发现如托宾·哈特所说的存在于“自身之内的源泉”，使之喷涌出来，包括找到通往这个源泉的通道，找到“智慧之泉”。转化意味着超越目前的形式。也就是说实际的教学只要在不偏离教学目标的情况下是不应该完全拘泥于教案的。就个体而言，对转化的回应往往是超越自身现有的认知与能力的，这就是强调学习任务要有挑战性的原因。转化是一种整体性的运动，也是尊重个体差异走向多样化、个性化学习（包括教师的多样化、个性化教学）的行动策略。所以，我认为教学的过程从某种程度上说，就是转化的过程。也就是托宾·哈特所说的“一种从信息到知识、从知识到智力、从智力到理解、从理解到智慧”的转化。

托宾·哈特在《从信息到转化：为了意识进展的教育》中说：“转化就是超越当前存在形式。这意味着生长、创造和意识的进化和扩张。当教育服务转化时，它能帮助我们超越分类和归类模式，超越当前社会结构的局限，超越文化条件的影响和自我界定的桎梏。在这种超越中我们立于创造的风口浪尖不断将生命转化为新的形式。”转化是一种创造再生的过程，这就是我常说的“教材是死的，人是活的”，如何用好教材是每一个教师都必须认真思考的问题。

如今2022年版义务教育课程标准已经颁布，于是我邀请了一些志同道合的、绝大多数在南通中小学校及教研部门任职的老师一起商讨编写了这套书，尽管他们绝大多数不在名师之列，但在我看来都是高手教师（主要是上课的高手，其中有几位是江苏省课堂教学大赛的一等奖、特等奖得主），之所以选择这样的编写者，是希望能给广大中小学教师从课标及教材要求到教学设计，再到教学实施的转化，提供一些直观的、可以模仿借鉴的版本。

这套书的编写思路是这样的，致力于将2022年版义务教育课程标准提出的学科核心素养、教学目标、教学任务、教学质量标准在课堂教学中有效落实，凸显课标要求的素养导向、教学评合一、综合学习。鉴于2022年版课标配套的教材尚未发行，这套书提供的教学设计一律以现行教材为例，每一个教学设计均以“以某某版某年级（上或下）第几单元（或具体教学内容）为例”为副标题，大标题根据学科特点和编写者的设计意图确定。每一个设计案例主要由以下三部分组成：

一、教学理解和教学建议。紧扣教学设计内容所在单元（章节或者课标设定的教学内容），比如“方程”，对照课标设定针对目标内容谈设计者的教学理解及教学建议。大致的结构是这个板块的课标教学要求有哪些，譬如，语文的各个学段字词、阅读、交流、归纳四个方面的一一陈述与解析；这些要求在教学中如何落实的建议。

二、教学设计。教学设计部分特别注意的是评价反馈要贯穿在整个教学过程中，评价的标准（包括量表的设计）紧扣具体的教学内容；要有本学科的综合学习与跨学科学习的学习任务或活动安排；呈现的必须是优化后的教学设计（即实施过后又经反思调整确定的方案）。

三、教学设计解读及教学反思。设计者联系自己的教学实施情况陈述教学设计背后的理念与想达成的目的，以及教学中遇到的问题和处理方法。整个行文坚持大统一，但尽可能体现学科特点，还要兼顾教学设计（教案）的文本形式多样化，可以是表格式的，也可以是非表格式的。

特别需要说明的是，这套书中的所有教学设计案例，都力图呈现“反馈”“评价”以及“作业”的设计。《教育七律》中谈到教与学的一套重要规律——“复习和应用之律”：“教学任务的完成、检验和确认要通过学生的复习和应用来进行。”简单来说就是没有复习和检测的教学是不完整的教学。针对这一点，我认为在今天大谈“双减”的背景下，学校管理者与教师更应该以理性的态度审视形形色色的减负举措。

《认知天性》的作者说：“对于学生和教育工作者来说，恐怕再没有什么比考试更令人不快的了。尤其是近年来，社会越发关注标准化评估，网络论坛和新闻报道被读者围攻，他们控诉，强调考试只对记忆力有好处，却让人们损失了领悟能力与创新能力；考试给学生带来了额外的压力，是对一个人能力的错误衡量，等等。”不可否认的是几十年来，学校的作业与考试不仅太多，而且内容也不够优质，这就难怪人们总是以批评的视角看待作业与考试在人们学习过程中的功能。《认知天性》的作者有个建议倒是蛮有意思的：“如果我们不把考试看作衡量学习成果的标尺，而是把它看成从记忆中检索学问的一种练习，并非‘考试’，我们就可以为自己创造另外一种可能：把考试当成一种学习工具。”一种检索、强化与完善的工具。“在诸多研究成果中，有一项发现非常重要：主动检索—考试—强化记忆，而且检索花费的心思越多，受益就越多。”“对于学习者来说，最好的习惯之一应该是进行有规律的自测，重新校准自己知道什么、不知道什么。”

检测，是基本的反馈与评价手段质疑，不仅可以提取记忆中的知识，更重要的是可以在运用中强化记忆，使知识转化为技能。这套书呈现的只是设计者的个人理解与实践，只是一个参考“模板”，不能不加改动的照搬。教学是动态的，设计是设计，实施中需要根据具体的教学情境调整方案与策略。

受本人及编写者的个人认知所限，本书所呈现的案例未必完全符合 2022 年版义务教育课程标准的要求，希望得到广大教师朋友的批评指正。

凌宗伟

目 录 CONTENTS

语文

基于新课标的单元整体教学设计

——以部编版八（上）第五单元教学为例

江苏省南通市通州区教师发展中心　季　勇

第一部分　课标要求及我们的教学建议

一、课标教学要求

《义务教育语文课程标准（2022 年版）》（以下简称“新课标”）第四学段（7 ~ 9 年级）对说明文阅读教学要求表述为“**阅读新闻和说明性文章，能把握文章的基本观点，获取主要信息。阅读科技作品，还应注意领会作品中所体现的科学精神和科学思想方法**”。

当然“识字与写字”“阅读与鉴赏”“表达与交流”“梳理与探究”等板块还有部分要求，比如“累计认识常用汉字 3 500 个左右”“能用普通话正确、流利、有感情地朗读”“养成默读习惯”“在通读课文的基础上，厘清思路，理解、分析主要内容，体味和推敲重要词句在语言环境中的意义和作用”“能提出学习和生活中感兴趣的问题，共同讨论，选出研究主题，制订简单的研究计划。能从书刊或其他媒体中获取有关资料，讨论分析问题，独立或合作写出简单的研究报告”等，这些内容可能涉及说明文阅读教学要求，但不是重点内容，故不再赘述。

“学业质量”要求是“阅读新闻报道、说明性文字以及非连续性文本，能区分事实与观点；能提取、归纳、概括主要信息，把握信息之间的联系，得出有意义的结论；能利用掌握的多种证据判断信息的真实性与可信度，能运用文本信息解决具体问题”。

说明文阅读教学属于“实用性阅读与交流”任务群学习。“教学提示”要求，应紧扣“实用性”特点，结合日常生活的真实情境进行教学，采用学生喜闻乐见的形式，将识字、写字、阅读、写作、口语交际、搜集处理信息等融为一体；应加强对跨媒介阅读与交流的指导，充分利用数字资源和信息化平台，引导学生提高语言理解与运用能力。

二、单元教学建议

（一）提升获取主要信息的能力

不同于传统说明文阅读教学偏执于文体知识的掌握，新课标特别强调“获取主要信息”。这一方面是由于学生在小学阶段已经积累了一定的说明文文体知识，不必再来“翻炒冷饭”；另一方面是出于对说明文教学价值的本质认知。“获取主要信息”是真实生活中阅读说明文的样态，背后需要特定的说明文阅读程序、策略和经验支持。文体知识只是便于我们教师对说明文进行文体判别和文章分析，与“获取主要信息”并没有绝对的因果关系。即使学生熟练掌握说明文文体知识也不一定能“获取主要信息”，学生“获取主要信息”也并非需要熟练掌握说明文文体知识。部编版八（上）第五单元是初中阶段第一个说明文单元，可以采取“$1+x$”的群文阅读形式，将《中国石拱桥》作为精讲篇目，对阅读方法、策略进行具体指导，帮助学生掌握获取主要信息的能力，其余篇目作为能力迁移、运用、巩固的材料。

（二）以促进学生核心素养发展为目的

新课标还要求针对特定的科技作品阅读，除获取主要信息以外，还应特别注意“领会作品中所体现的科学精神和科学思想方法”。科学精神和科学思想方法主要涉及语文核心素养中的思维能力、文化自信两个维度，是理性思维的集中体现，也是人类文明优秀成果，需要我们学生了解和借鉴，“形成比较开阔的文化视野和一定的文化底蕴”。最后特别要强调的，也就是学段要求最后特别强调的内容，“在落实以上要求过程中，注重理解中华优秀传统文化蕴含的核心思想理念、中华人文精神和传统美德，表达自己作为中华民族一员的归属感和自豪感”。课文《蝉》和名著《昆虫记》教学就需要聚焦字里行间内蕴的浓郁的科学精神和科学思想方法，激发学生科学探索的兴趣。教学《中国石拱桥》《苏州园林》《梦回繁华》等课文，重点要让学生感受劳动人民的智慧和卓越成就，获得审美体验，激发对祖国灿烂文化的歌颂，增强文化自信。

（三）实施单元整体教学

传统单篇教学中，教师机械地将知识在单篇之中不断重复，学生光有对一篇篇课文的具体认识，而无对一类课文的规律性的认识，那就不能融会贯通，不能有效转化知识，达到触类旁通。实施单元整体教学，可以有效解决这些现实问题，实现从“教教材”向“用教材教”的蜕变，在一定程度上解决了语文教学长期存在的高耗低效问题。更重要的是，单元教学具有聚合效应和整合收益，在强化文化自信、获得审美体验、发展思维能力方面拥有独特的优势。“实用性阅读与交流”任务群“教学提示”也建议“教师根据课程目标、课程内容和学业质量的要求，创造性地开展语文教学”“体现语文学习任务群特点，整体规划学习内容”。单元课文《中国石拱桥》《苏州园林》《梦回繁华》说明对象及内容与古代的建筑园林、名胜古迹等有关，我们就将其整合为一个学段内容，帮助学生全面提升阅读说明文获取主要信息的能力，并给学生提供一场文化、审美、思维“盛宴”。将课文《蝉》与整本书阅读《昆虫记》进行整合，可以帮助学生领会作品中所体现的科学精神和科学思想方法，激发学生科学探索的兴趣。

（四）设置具体的情境和任务

新课标要求，极力走出教师大量讲解分析、学生反复机械操练的应试应需教学模式，“创设真实而富有意义的学习情境，凸显语文学习的实践性”，“综合考虑教材内容和学生情况，设计不同类型的学习任务，依托学习任务整合学习情境、学习内容、学习方法和学习资源，安排连贯的语文实践活动”，积极倡导“自主、合作、探究”的学习方式，特别是研究性的学习，提升学生的核心素养。本单元可以设置两个学习任务来引领两个学段的学习活动。任务一就是“争当小小讲解员”。设置情境为江苏博物馆要招募一些中学生当小小讲解员，向国外旅行团介绍中国石拱桥、苏州园林、清明上河图，请你制作讲解思维导图，参加模拟的招募讲解比赛，讲解时间为3分钟。任务二是请你不要捕捉“我”。设置情境为小伙伴小明喜欢在小区内捕蝉取乐玩耍，导致夏日小区内蝉的数量骤减。请你写一封信给小明，向他详细地介绍蝉的“人生历程”，劝说他能够与蝉和谐相处。

第二部分　课时教学设计

一、教学目标

（一）教材分析

1. 单元导语分析。教材中有关单元教学目标的内容，具体表现为教科书的单元导语部分，对确定单元教学目标具有重要意义。该单元的导语要求“感受前人的非凡智慧与杰出创造力”“激发科学探索的兴趣”“掌握说明对象的特征，了解文章是如何使用恰当的方法来说明的，还要体会说明文语言严谨、准确的特点，增加思维的条理性和严密性”。

2. 课文分析。本单元教材编排了《中国石拱桥》《苏州园林》《蝉》《梦回繁华》四篇说明文，均为事物说明文。《中国石拱桥》《苏州园林》介绍的是中国建筑，《梦回繁华》则介绍了《清明上河图》这幅传世名画的主要内容和艺术特点，三篇课文可以组成群文阅读，其中《中国石拱桥》最具说明文文体的典范性，其文体特征鲜明，采用了由概括到具体的逻辑顺序，又按照时间顺序说明不同石拱桥的特征，十分适合作为单元整体教学的起始课，帮助学生全面提升阅读说明文获取主要信息的能力，增强文化自信。《蝉》说明的是昆虫的习性和成长过程，可以和名著《昆虫记》一并教学，提升学生阅读科普性说明文的能力，培育学生科学精神和科学思想方法，激发学生科学探索的兴趣。

（二）学情分析

部编版教材说明文教学内容主要安排在八年级上、下两册。八年级上册第五单元是学生在初中学习阶段遇到的第一个说明文单元。学生在小学阶段已经多次接触说明文，如《海底世界》《神奇的克隆》《海洋——21 世纪的希望》等，对说明文有了一定的认识。新课标第三学段（5～6 年级）对说明文学习要求“阅读说明性文章，能抓住要点，了解文章的基本说明方法”。

（三）教学目标

根据课标要求，结合教材、学情分析，我们将八年级上册第五单元教学目标设置为：

1. 通过对中国古代建筑、园林、绘画等文明印记的认识，感受劳动人民的智慧和卓越成就，获得审美体验，激发对祖国灿烂文化的自豪感，强化文化自信。（文化自信、审美创造）

2. 掌握获取事物性说明文主要信息的能力。（语言运用）

3. 能够把握说明对象特征，了解文章是如何使用恰当的方法来说明的。（语言运用）

4. 体会说明文语言的严谨、准确的特点，增强思维的条理性与严密性。（语言运用、思维能力）

5. 领会作品中所体现的科学精神和科学思想方法，激发科学探索的兴趣。（思维能力）

二、核心内容（教学重点、难点）

教学重点

1. 掌握获取事物性说明文主要信息的能力。（语言运用）

2. 体会说明文语言的严谨、准确的特点，增强思维的条理性与严密性。（语言运用）

教学难点

领会作品中所体现的科学精神和科学思想方法，激发科学探索的兴趣。（思维能力）

三、教学任务

根据新课标教学建议，本单元设了两个学习任务来引领两个学段的学习活动：

任务一：争当小小讲解员。设置情境为江苏博物馆要招募一些初中生当小小讲解员，向国外旅行团介绍中国石拱桥、苏州园林、清明上河图，请你制作讲解思维导图，参加模拟招募讲解比赛，讲解时间为 3 分钟。

任务二：请你不要捕捉“我”。设置情境为小伙伴小明喜欢在小区内捕蝉取乐，导致夏日小区内蝉的数量骤减。请你写一封信给小明，向他详细地介绍蝉的“人生历程”，劝说他能够与蝉和谐相处。

四、教学准备（含实验器材、课件制作、教学视频录制等）

交互式电子白板、自制白板课件，多媒体投影机、音箱、视频展示台等。

五、教学流程

第一阶段　争当小小讲解员

（一）情境设置

江苏博物馆要招募一些初中生当小小讲解员，向国外旅行团介绍中国石拱桥、苏州园林、清明上河图，请你撰写讲解提纲，参加模拟的招募比赛，讲解时间为 3 分钟。

（二）学段目标

1. 通过对中国古代建筑、园林、绘画等文明印记的认识，感受劳动人民的智慧和卓越成就，获得审美体验，激发对祖国灿烂文化的自豪感，强化文化自信。（文化自信、审美创造）

2. 掌握获取事物性说明文主要信息的能力。（语言运用）

3. 能够把握说明对象特征，了解文章是如何使用恰当的方法来说明的。（语言运用）

4. 体会说明文语言的严谨、准确的特点，增强思维的条理性与严密性。（语言运用、思维能力）

（三）课时分配：3 课时

（四）学习资源

教材资源	拓展资源
《中国石拱桥》 《苏州园林》 《梦回繁华》	百度百科：说明文 课外阅读：罗英《中国桥梁史料》、陈寿儒《夜宿卢沟观晓月》

（五）评价工具/量规

请写出《中国石拱桥》《苏州园林》《梦回繁华》这三篇课文在说明文基本要素中的不同之处。

教材资源	说明对象（15 分）	对象特征（15 分）	说明顺序（30 分）	说明方法（30 分）	说明语言（10 分）
《中国石拱桥》					
《苏州园林》					
《梦回繁华》					

参考答案：

《中国石拱桥》《苏州园林》《梦回繁华》这三篇课文在说明文基本要素中的不同之处见下表。

教材资源	说明对象（15 分）	对象特征（15 分）	说明顺序（30 分）	说明方法（30 分）	说明语言（10 分）
《中国石拱桥》	中国石拱桥	不但形式优美，而且结构坚固	由总到分的逻辑顺序，先概括介绍石拱桥的一般特征，再分别介绍赵州桥和卢沟桥这两座不同形式的石拱桥	除了采用列数字、摹状貌，还采用了打比方、举例子、引用、作比较	准确、严谨

续表

教材资源	说明对象（15 分）	对象特征（15 分）	说明顺序（30 分）	说明方法（30 分）	说明语言（10 分）
《苏州园林》	苏州园林	务必使游览者无论站在哪个点上，眼前总是一幅完美的图画	由总到分、由整体到局部的逻辑顺序，先概说苏州园林的整体特征，再从局部四个方面具体说明	除了采用列数字、摹状貌，还采用了作比较、举例子	准确、严谨
《梦回繁华》	《清明上河图》	将画作所表现的北宋时期汴梁都城的“繁华”尽量表现出来	逻辑顺序，从画作的时代背景、作者情况写起，进而详细说明画作本身，最后介绍画作的艺术和历史价值，按照“内涵—内容—价值”思路	除了采用列数字、摹状貌，还采用了引用、打比方	语言既平实准确又典雅生动

（六）过程与评价

1. 获取主要信息。

同学们，请大家用三分钟快速默读《中国石拱桥》全文，边读边勾画关键语句，绘制思维导图，再结合文章的关键句为大家介绍本文的主要内容。

教师适时进行方法和策略指导，如勾画关键语句，绘制思维导图，组合文章的关键句。

关键语句参考：

①石拱桥的桥洞成弧形，在世界桥梁史上出现得比较早。这种桥不但形式优美，而且结构坚固，能几十年几百年甚至上千年雄跨在江河之上，在交通方面发挥作用。

②我国的石拱桥有悠久的历史。几乎到处都有，大小不一，形式多样，有许多是惊人的杰作。其中最著名的当推河北省赵县的赵州桥，还有北京丰台区的卢沟桥。

③为什么我国的石拱桥会有这样光辉的成就呢？首先，在于我国劳动人民的勤劳和智慧。其次，我国石拱桥的设计施工有优良传统，建成的桥，用料省，结构巧，强度高。再其次，我国富有建筑用的各种石料，便于就地取材，这也为修造石桥提供了有利条件。

④两千年来，我国修建了无数的石拱桥。解放后，全国大规模兴建起不少石拱桥。近几年来，全国造了总长20余万米的这种拱桥，其中最大的一孔，长达150米。我国桥梁事业的飞跃发展，表明了我国社会主义制度的无比优越。

思维导图示例：

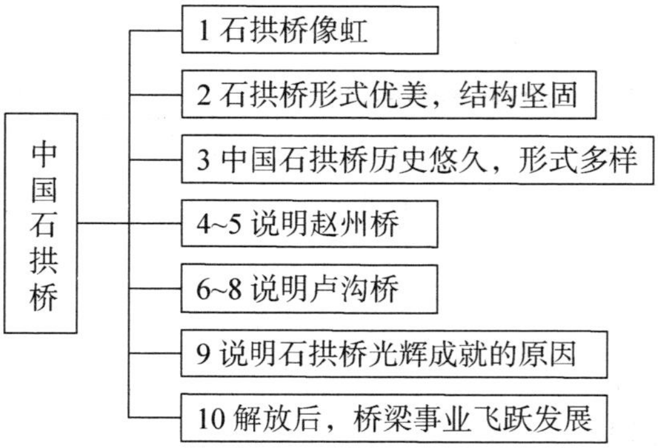

2. 以小组为单位，任选一个角度讨论：这篇文章为什么会放在初中阶段第一个说明文单元的第一篇？

（1）思维支架（提供以下三个思考角度）：

①从说明方法的角度思考。②从说明文语言的角度思考。③从说明顺序的角度思考。

（2）知识支架（说明文文体知识）：

①说明文，就是以说明为主要表达方式来解说事物、阐明事理而给人以知识的文章。它通对实体事物的解说或对抽象真理的阐释，使人们对事物的形态、构造、性质、种类、成因、功能、关系，或对事理的概念、特点、来源、演变、异同等有所认识，从而获得有关的知识。以说明为主是说明文与其他文体从表达方式上相区别的标志。

②说明方法：常见的说明方法有分类别、举例子、打比方、列数据、作

比较、下定义、作诠释、摹状貌、画图表、引资料（引用）等。

③说明文语言特点：准确、简明、周密。

④说明文的顺序：a. 时间顺序：和记叙的时间顺序相似；b. 空间顺序：要特别注意弄清空间的位置，注意事物的表里、大小、上下、前后、左右、东西南北等位置和方向；c. 逻辑顺序：以推理过程来表现，一般包括从原因到结果、从主要到次要、从整体到局部、从总说到分说再到总说、从现象到本质、从特点到用途等几种类型。

参考答案：

《中国石拱桥》最具说明文文体的典范性，其文体特征鲜明。

（1）从说明方法的角度思考，本文运用了多种说明方法，如：

①打比方。如“石拱桥的桥洞成弧形，就像虹。”“桥洞不是普通半圆形，而是像一张弓……”用“虹”“弓”作比，突出了石拱桥形式上的基本特征，富有形象性。

②举例子。作者为了说明中国石拱桥的特点，列举了赵州桥和卢沟桥两个例子。赵州桥是独拱石桥的代表，卢沟桥是联拱石桥的代表，且两座桥都世界闻名，例子具有代表性、典型性，令人信服。

③分类别。如赵州桥：“这座桥的特点是：（一）全桥只有一个大拱……（二）大拱的两肩上，各有两个小拱……（三）大拱由 28 道拱圈拼成……（四）全桥结构匀称……”分类说明，条理清楚，使读者对赵州桥的结构特点有了完整而清晰的印象。

④引用。如引用《水经注》里的“旅人桥”，说明我国石拱桥历史悠久；引用唐朝张嘉贞的话“制造奇特，人不知其所以为”，增强了文章的说服力和感染力。

⑤列数字。有概数、确数之分。如“赵州桥非常雄伟，全长 50.82 米，两端宽 9.6 米，中部略窄，宽 9 米”，给人以准确鲜明的印象。

⑥作比较。如“永定河发水时，来势很猛，以前两岸河堤常被冲毁，但是这座桥极少出事……”以卢沟桥与两岸河堤相比较，充分说明了卢沟桥十分坚固。

（2）从说明文语言的角度思考，本文的说明语言准确严谨，如：

介绍赵州桥和卢沟桥的长、宽、拱长时，运用了列数字的说明方法："赵州桥非常雄伟，全长50.82米，两端宽9.6米，中部略窄，宽9米。""（卢沟桥）桥长265米，由11个半圆形的石拱组成，每个石拱长度不一，自16米到21.6米。"这些数字，都是经过科学的测量得来的，准确地说明了两座桥的规模。同时文中也用了一些表示不完全肯定，或有所限制的词语，如："《水经注》里提到的'旅人桥'，大约建成于公元282年，可能是有记载的最早的石拱桥了。""大约""可能"表示估计而非精确判断，"有记载的"加以限定，表现了作者严谨的治学精神。

（3）从说明顺序的角度思考，本文采用了由概括到具体的逻辑顺序，又按照时间顺序说明不同石拱桥的特征。

所以，《中国石拱桥》作为说明文的传统篇目，十分适用于说明文单元教学的起始课教学，帮助学生把握说明文基本元素。

3. 自主学习：请同学们认真阅读《中国石拱桥》《苏州园林》《梦回繁华》这三篇课文，以及补充拓展资源材料。以小组合作形式，获取课文主要信息。完成表1。

教师适时指导，注意在评点深刻印象环节，要让学生感受劳动人民的智慧和卓越成就，获得审美体验，激发对祖国灿烂文化的自豪感，增强文化自信。

表1：

课文	《中国石拱桥》	《苏州园林》	《梦回繁华》
说明对象			
说明顺序			
说明方法			
说明语言			
深刻印象			

参考答案：

课文	《中国石拱桥》	《苏州园林》	《梦回繁华》
说明对象	中国石拱桥	苏州园林	清明上河图
说明顺序	由总到分的逻辑顺序，先概括介绍石拱桥的一般特征，再分别介绍赵州桥和卢沟桥这两座不同形式的石拱桥	由总到分，由整体到局部的逻辑顺序，先概说苏州园林的整体特征，再从局部四个方面具体说明	逻辑顺序，从画作的时代背景、作者情况写起，进而详细说明画作本身，最后介绍画作的艺术和历史价值，按照“内涵—内容—价值”思路说明
说明方法	1. 打比方。如“石拱桥的桥洞成弧形，就像虹。”“桥洞不是普通半圆形，而是像一张弓……”用“虹”“弓”作比，突出了石拱桥形式上的特征，富有形象性。 2. 举例子。作者为了说明中国石拱桥的特点，列举了赵州桥和卢沟桥两个例子。赵州桥是独拱石桥的代表，卢沟桥是联拱石桥的代表，且两座桥都世界闻名，例子具有代表性、典型性	1. 列数字。如“苏州园林据说有一百多处，我到过的不过十多处。” 2. 作比较。如“我国的建筑，从古代的宫殿到近代的一般住房，绝大部分是对称的，左边怎么样，右边也怎么样。苏州园林可绝不讲究对称，好像故意避免似的”，将苏州园林内亭台轩榭的布局跟宫殿和住宅的布局相比，突出了苏州园林不讲究对称的特点；在介绍花草树木时说，“没有修剪得像宝塔那样的松柏，没有阅兵似的道旁树”；在介绍建筑物的色彩时，又与北京的园林相比较，“与北京的园林不同，极少使用彩绘”，突出苏州园林的色彩独特	1. 列数字。列举确数，说明画作尺寸，列举约数“人物有五百多个”，说明画面中的人数。历来对《清明上河图》中所画人数的说法并不一致，作者取其中一说，以约数表达，很稳妥，也很严谨。 2. 引用。主要用来说明画家生平和画面内容的写实性，直接引用文献，既清楚，又有权威性

续表

课文	《中国石拱桥》	《苏州园林》	《梦回繁华》
说明方法	3. 引用。如引唐朝张嘉贞的话“制造奇特，人不知其所以为”，说明赵州桥设计施工的精巧；引用唐朝张鹭的赞语“初月出云，长虹饮涧”，说明赵州桥形式优美；等等。这些引用增强了文章的说服力和感染力。 4. 列数字。有概数、确数之分，给人以准确鲜明的印象，如“赵州桥非常雄伟，全长 50.82 米，两端宽 9.6 米，中部略窄，宽 9 米”。 5. 摹状貌。如“这些石刻狮子，有的母子相抱，有的交头接耳，有的像倾听水声，有的像注视行人，千态万状，惟妙惟肖”，描绘石刻狮子的“千态万状”，说明卢沟桥在装饰上的重要特点，突出了桥的形式美。 6. 作比较。如“永定河发水时，来势很猛，以前两岸河堤常被冲毁，但是这座桥极少出事，足见它的坚固”，以卢沟桥与两岸河堤相比，充分说明了卢沟桥十分坚固	3. 举例子。如第 4 段以池沼里养着金鱼或各色鲤鱼，夏秋季节荷花或睡莲开放，游览者看“鱼戏莲叶间”为例，说明苏州园林像画一样，既有自然美又有艺术美。第 5 段以几个园里的古藤为例，生动形象地说明苏州园林栽种和修剪树木着眼于画意。 4. 摹状貌。如“高树与低树俯仰生姿。落叶树与常绿树相间”“有些室内墙壁下半截铺水磨方砖，淡灰色和白色对衬”等都是摹状貌。它使说明更具形象性	3. 打比方。主要用来说明不太容易解说的内容，“整个长卷犹如一部乐章，由慢板、柔板，逐渐进入快板、紧板，转而进入尾声”一句以“乐章”比喻长卷的画面布局，将专业性很强的内容解说得通俗可感，而且给人带来一种艺术感。 4. 摹状貌。本文使用的说明方法中比较突出的是摹状貌。作者着力描摹画面的整体和细节，化静为动，将画面转化为一个个生活场景。大量使用这一说明方法，是因为《清明上河图》作为一幅以真实、细腻著称的风俗画，想要将其画面内容说明清楚，就必须进行细致的描写，再现它所绘的社会生活

续表

课文	《中国石拱桥》	《苏州园林》	《梦回繁华》
说明语言	语言准确、严谨。如： 1. “《水经注》里提到的‘旅人桥’，大约建成于公元 282 年，可能是有记载的最早的石拱桥了”一句中，“大约”“可能”都表示不确定，“有记载的”指出后面判断的根据，更增强了严谨性。 2. “全桥只有一个大拱，长达 37.02 米，在当时可算是世界上最长的石拱”一句中，“在当时”是从时间上限定，“可算是”是从程度上限定，这样才更符合实际情况	语言准确、严密。 1. 本文在词语（概念）的使用、内容的概括方面都很准确，精准地反映了说明对象的特点。 （1）词语使用方面，如“倘若要我说说总的印象，我觉得苏州园林是我国各地园林的标本”一句，一般而言使用“标本”或“典范”都可以，作者选择“标本”一词，非常准确。因为“标本”带有“最一般”“最具普遍代表性”的意思，而“典范”则带有“突出的”“集中各种优点于一身”的意思。作者在文章第 1 段强调的是苏州园林对我国各地、各风格流派的园林都有影响，因此它是我国园林最具普遍性的代表者，自然以使用“标本”为佳。作者还很注意以两个近义词语（近似概念）互相比较，以起到辨析其中“微殊”之处，增强说明准确性的作用。如以“美术画”与“图案画”相比，以“艺术”与“技术”相比，准确说明了苏州园林在整体布局和假山堆叠上重视画意画境，彰显自然之趣的特点。如果不重视概念运用的准确性，不做概念辨析，即使花大量笔墨来解说，可能也只能做到“正确”而非“准确”。更难	本文的语言既平实准确又典雅生动。如： 1. “张择端画的《清明上河图》，绢本，设色，纵 24.8 厘米，横 528.7 厘米”此句属于平实说明，通过列数字的说明方法具体准确地介绍了画卷的纵横。 2. “整个长卷犹如一部乐章，由慢板，柔板，逐渐进入快板、紧板，转而进入尾声，留下无尽的回味。”此句语言典雅生动，采用打比方的说明方法，把画卷比作乐章，形象地表明了画卷内容疏密相间，错落有致的特点。 3. “疏林薄雾，农舍田畴，春寒料峭”“摩肩接踵”“络绎不绝”——文中有大量的四字短语，不但概括力强，而且使文章的语言典雅且富有韵味

续表

课文	《中国石拱桥》	《苏州园林》	《梦回繁华》
说明语言	3.“永定河上的卢沟桥，修建于公元 1189 到 1192 年间。桥长 265 米，由 11 个半圆形的石拱组成，每个石拱长度不一，自 16 米到 21.6 米。桥宽约 8 米，桥面平坦，几乎与河面平行”几句，数字具体，实事求是，该用“约”限制时，绝不故作准确；“几乎”强调了桥面与河面并非完全平行	能可贵的是，作者既重视近似概念的“同中之异”，也并不回避其“异中之同”。他指出“美术画”“是不讲究对称的”，意即并非没有画的对称的图案，只是不追求对称为美而已。“假山的堆叠，可以说是一项艺术而不仅是技术”一句中，用“不仅是”而非“不是”，意即假山堆叠艺术是以技术为基础，带有相当的技术成分的，这是符合园林艺术实情的。除了近似概念辨析，作者也很注意从“反面”对概念进行辨析，这也是语言准确的表现。如“大致说来，那些门和窗尽量工细而决不庸俗，即使简朴而别具匠心。”一句中，“工细”过度就变成“庸俗”，简朴过度就变成“陋”，作者把“决不庸俗”“别具匠心”（决不粗陋）这两个短语与“工细”“简朴”分别连接，中间使用转折词“而”，非常简练准确地对苏州园林门窗“工细”与“简朴”的程度做了限定	

续表

课文	《中国石拱桥》	《苏州园林》	《梦回繁华》
说明语言		（2）在使用概括句集中表现说明对象特点时，本文的用语简短而精准。如用“隔而不隔，界而未界”概括苏州园林花墙和廊子的设计，一下子就抓住了园林空间营造中“适当隔断，增加空间层次”的技法，表述得既准确又富有意味。同时，“隔而不隔，界而未界”一说墙的通透度，一说廊子的长度；一说目之所见，一说足之所履，用语精确，令人叹服。 2. 使用限定性词语。有的很有分寸，留有余地。如“我国的建筑，从古代的宫殿到近代的一般住房，绝大部分是对称的，左边怎么样，右边也怎么样”“至于池沼，大多引用活水”“苏州园林与北京的园林不同，极少使用彩绘”这几个句子里的“绝大部分”“大多”“极少”，不把话说死，体现了说明文的准确性。有的限定性词语则不留余地，如“总之，一切都要为构成完美的图画而存在，决不容许有欠美伤美的败笔”“东边有了一个亭子或者一道回廊，西边决不会来一个同样的亭子或者一道同样的回廊”，这两句中的“决不”“决不会”，斩钉截铁，同样体现了说明文的准确性	
深刻印象	文章先概括介绍石拱桥的一般特点：桥洞成弧形；在世界桥梁史上出现得比较早；不但形式优美，而且结构坚固。然后以赵州桥和卢沟桥这两座不同形式的石拱桥作为典型例子，来说明中国石拱桥取得的光辉成就	在作者的笔下，苏州园林的特点可以用文中的一句话来概括：“务必使游览者无论站在哪个点上，眼前总是一幅完美的图画。”换句话说，也就是“一切都要为构成完美的图画而存在，决不容许有欠美伤美的败笔”	作者在介绍《清明上河图》时，中心非常突出，即强调这幅画作所要表现的“梦回繁华”这一主题。为了突显这个主题，作者没有从绘画技巧的角度做过多的介绍，而是扣住这幅画作描绘的现实内容，将画作所表现的北宋时期汴梁都城的“繁华”尽量表达出来

4. 精读《中国石拱桥》第5段，《苏州园林》第4段，《梦回繁华》第4段，完成下列任务。

教师准备多媒体资源，让学生加深有关桥梁的审美体验，感受中国古代桥梁建筑的文化底蕴，在相互异同比较中，又提升了思维能力。

（1）请用“________”画出三个语段中有关“桥”的语句，有感情地读一读。

（2）请指出三个语段中说明“桥”的文字所采用的说明方法及其作用。

（3）请指出三个语段中说明“桥”的文字所采用的说明语言的异同。

附（2）参考答案：

语段一采用举例子的说明方法，作者举了赵州桥和卢沟桥两个例子说明中国石拱桥的特点。赵州桥是独拱石桥世界闻名的代表，例子具有代表性、典型性。

语段二采用举例子的说明方法，作者举了桥梁安排绝不雷同的例子，说明苏州园林中的假山与池沼虽出自人工，却能宛如天成，这也是园林中的山水所追求的境界。

语段三采用摹状貌的说明方法，真实细腻地描绘汴（biàn）河上的拱桥以及拱桥上下百姓的生活场景，表现了京城汴梁繁华而热闹的市井景象。

附（3）参考答案：

语段一说明语言准确严密，如全桥只有一个大拱，长达37.02米，在当时可算是世界上最长的石拱。“在当时”是从时间上限定，“可算是”是从程度上限定，这样才更符合实际情况。语段二说明语言准确，如“假如安排两座以上的桥梁，那就一座一个样，决不雷同。”限定性副词“决不”，斩钉截铁，不留余地，体现了说明文的准确性。语段三说明语言生动，如“其桥无柱，以巨木虚架而成，结构精美，宛如飞虹。”采用打比方的说明方法，生动形象地表现了桥壮观又精美的形态，体现了说明文语言的生动性。

5. 组织开展“小小讲解员”模拟招聘比赛。江苏博物馆要招募一些初中生当小小讲解员，向国外旅行团介绍中国石拱桥、苏州园林、清明上河图，请你撰写讲解提纲，参加模拟的招募比赛，讲解时间为3分钟。

附：评价表

<table>
<tr><td rowspan="2">评价项目</td><td rowspan="2">评价指标</td><td colspan="3">评价者</td></tr>
<tr><td>自我评价</td><td>同学评价</td><td>老师评价</td></tr>
<tr><td>仪态语言</td><td>大方得体
声音清晰
态度真诚</td><td></td><td></td><td></td></tr>
<tr><td>提纲设计</td><td>表述清晰
重点突出
层次分明</td><td></td><td></td><td></td></tr>
<tr><td>现场互动</td><td>语言流畅
反应敏捷
互动自然</td><td></td><td></td><td></td></tr>
<tr><td rowspan="2">综合评语</td><td>小组自评</td><td colspan="3"></td></tr>
<tr><td>同学互评</td><td colspan="3"></td></tr>
</table>

注：评价等级为 A、B、C、D 四级。各等级指标分别为：A—达到三项指标；B—达到两项指标；C—达到一项指标；D—没有达标。

第二阶段　请你不要捕捉“我”

（一）情境设置

小明喜欢在小区内捕蝉取乐，导致夏日小区内蝉的数量骤减。请你以蝉的口吻写一封信给小明，向他详细地介绍自己的一生，劝说他能够与蝉和谐相处。

（二）学段目标

1. 能够抓住说明对象特征，运用适当的说明方法，将事物介绍清楚。（语言运用）

2. 领会作品中所体现的科学精神和科学思想方法，激发科学探索的兴趣。（思维能力）

（三）课时分配：2 课时

（四）学习资源

教材资源	拓展资源
《蝉》 《昆虫记》	百度百科：法布尔

（五）评价工具/量规

用一段文字阐释《蝉》文字中所体现的科学精神和科学思想方法。

评价量规			
项目	评价标准	分值	得分
科学精神	细致地观察、科学地实验	20 分	
	不懈地追问、严密地推理	20 分	
	准确的数据、求实地表达	20 分	
衔接语	能在句段之间添加衔接语，能表述清楚各层次之间的逻辑关联	20 分	
语言表述	准确、流畅、严密、规范	20 分	
总分			

（六）过程与评价

1. 自主学习：获取学习资源中材料主要信息，根据课文结构内容，概括蝉生命形态变化，制作简单的思维导图。

教师适时进行方法和策略指导，如分析课文结构，勾画关键语句，概括段落大意，绘制连缀成图。

思维导图示例：

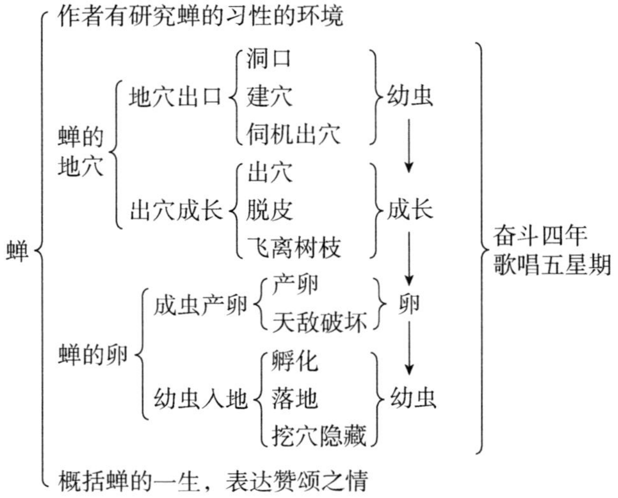

2. 探究《蝉》所体现出的科学精神和科学思想方法，撰写《蝉：严谨的科学精神》微研究报告。班级交流，同伴、教师进行评价。

思维支架：科学精神就是求真求实的精神，包括细致地观察、科学地实验、不懈地追问、严密地推理、准确的数据、求实地表达……以下材料可以论证：

（1）（第2段）我要考察它们遗弃下的储藏室，必须用刀子来挖掘。（细致地观察、科学地实验）

（2）（第18段）我从放大镜里见过蝉卵的孵化。（细致地观察、科学地实验）

（3）（第24段）我从放大镜里见它挥动锄头，将泥土掘出抛在地面。（细致地观察、科学地实验）

（4）（第4段）做隧道的时候，泥土搬到哪里去了呢？为什么墙壁不会塌下来呢？（不懈地追问、严密地推理）

（5）（第3段）因为门还未开，所以不可能在门口堆积泥土。（不懈地追问、严密地推理）

（6）（第14段）它之所以产这许多卵，是为了防御某种特别的危险。必须有大量的卵，遭到毁坏的时候才可能有幸存者。我经过多次的观察，才知道这种危险是什么。（不懈地追问、严密地推理）

（7）（第25段）未长成的蝉的地下生活，至今还是个秘密。不过在它来到地面以前，地下生活所经过的时间我们是知道的，大概是四年（准确的数据、求实地表达）

（8）（第13段）一根枯枝上常常刺出三四十个孔。卵就产在这些孔里。小孔成为狭窄的小径，一个个斜下去。一个小孔内约生十个卵，所以生卵总数约有三四百个。（准确的数据、求实地表达）

《蝉：严谨的科学精神》微研究报告示例：

《蝉》是法布尔长年科学观察与研究的结晶，体现了严谨的科学精神和科学思想方法。首先，他注重细致地观察、科学地实验，对蝉的生活习性进行了大量细致的追踪和研究，以此来理解蝉的生命特征和成长规律。比如“我经过多次的观察，才知道这种危险是什么”“我要考察它们遗弃下的储藏室，必须用刀子来挖掘”“我从放大镜里见过蝉卵的孵化”等句子表明他细致观察生活，用实验的方式证明自己猜想，文中所叙皆为目之所睹、手之所触，真实可信。其次，在掌握大量感性材料的基础上，他不懈地追问、严密地推理，寻求用逻辑思维来求证。“做隧道的时候，泥土搬到哪里去了呢？为什么墙壁不会塌下来呢?”“因为门还未开，所以不可能在门口堆积泥土。”“它之所以产这许多卵，是为了防御某种特别的危险。必须有大量的卵，遭到毁坏的时候才可能有幸存者。我经过多次的观察，才知道这种危险是什么”等句子描绘出“追问—推理—论证”的逻辑思维过程，有理有据，逻辑严密，让人信服。最后，他在表达上数据准确，据实而言，实事求是。如“未长成的蝉的地下生活，至今还是个秘密。不过在它来到地面以前，地下生活所经过的时间我们是知道的，大概是四年”这个句子，就诚实地表达出自己对未长成的蝉的地下生活内容还没有完全掌握，至今还是个秘密。这样与他当时的认知状况保持一致，真实可信。

3. 拓展学习法布尔事迹，激发科学探索的兴趣。

请同学们查阅线上、线下资料，对法布尔人生经历进行专题研究，撰写微研究报告进行班级交流，同学、教师进行评价。

《法布尔人生经历》微研究报告示例：

法布尔 1923 年出生于法国南部圣雷翁村一户农家，童年在乡间与花草虫鸟一起度过。1880 年，他终于有了一间实验室——一块荒芜不毛但却是动植物钟爱的土地，他风趣地称之为“荒石园”。在此后余生的 35 年中，法布尔就一直居住在“荒石园”里，一边进行观察和实验，一边整理前半生研究昆虫的资料，完成了《昆虫记》这部著作。1915 年，92 岁的法布尔在他钟爱的昆虫的陪伴下，静静地长眠于“荒石园”。法布尔“在昆虫身上倾注了深刻的人文关怀，另一方面又用虫性反观人类生活，思考人类的生存状态、生活态度、价值观念等，睿智的哲思跃然纸上”。

4. 撰写劝说信。

小明喜欢在小区内捕蝉取乐，导致夏日小区内蝉的数量骤减。请你写一封信给小明，向他详细地介绍蝉的一生，劝说他能够与蝉和谐相处。

要求：（1）能够抓住说明对象特征，运用适当的说明方法，将事物介绍清楚。（2）语言严谨、准确，注意思维的条理性与严密性。

附：比赛评价表

项目	要求	自我评价	同学评价	教师评价
劝说内容	能够符合说明对象特征，运用适当的说明方法，将事物介绍清楚			
劝说语言	语言严谨、准确，包含情感，能打动人，注意思维的条理性与严密性			
解说仪态	大方得体			
综合评定				

评价等级：优秀、良好、一般。

六、作业设计

本单元作家们用手中的笔为我们展现了建筑、园林、绘画艺术，彰显了前人非凡的智慧与杰出的创造力，沉淀着人类文明的印记。其实生活中的一座桥、一个园、一幅画、一个亭，也有各自独特的魅力，请同学们选取一个具有艺术美感的作品，抓住其特征，用或平实或生动的语言进行说明。

要求：运用准确生动的文字，不仅要抓住说明对象的特征，还要能恰当运用一定的说明方法。

第三部分　教学设计解读

一、教学设计解读

教学设计就是对教学诸要素进行整体化思考和系统化安排，涉及教学目标、学习内容、学习活动、教学设计等要素设计。现将本教学设计简要解读如下：

（一）教学目标的设定与表述

教学目标设定应综合考量课程标准的要求、教材分析和学情分析，思考起点是课程标准及学生认知现状（学情），主要抓手是教材分析，特别是单元提示、思考探究等助读系统。根据课程标准的学段目标和教学建议，本单元教学重点是“阅读新闻和说明性文章，能把握文章的基本观点，获取主要信息。阅读科技作品，还应注意领会作品中所体现的科学精神和科学思想方法”“在落实以上要求过程中，注重理解中华优秀传统文化蕴含的核心思想理念、中华人文精神和传统美德，表达自己作为中华民族一员的归属感和自豪感”。

在领会课标要求的基础上，我们还要结合教材分析。教材中有关教学目标的内容具体表现为单元说明部分。该“单元说明”是“阅读介绍中国建筑、园林、绘画艺术的文章，可以了解我国人民在这些方面的卓越成就，感受前人的非凡智慧与杰出创造力”“而有关动物的文章，则引导我们去发现大自然的奥秘，激发科学探索的兴趣。学习本单元，要把握说明对象的特征，了解文章是如何使用恰当的方法来说明的；还要体会说明文语言严谨、准确的特点，增强思维的条理性和严密性”。

综合课程标准要求、教材系统分析以及学情分析，从文化、语言、思维、审美四个维度思考，我将教学目标设定为 5 个要点：

1. 通过对中国古代建筑、园林、绘画等的文明印记认识，感受劳动人民

的智慧和卓越成就，获得审美体验，激发对祖国灿烂文化的自豪感，增强文化自信。（文化自信、审美创造）

2. 掌握获取事物性说明文主要信息的能力。（语言运用）

3. 能够把握说明对象特征，了解文章是如何使用恰当的方法来说明的。（语言运用）

4. 体会说明文语言的严谨、准确的特点，增强思维的条理性与严密性。（语言运用、思维能力）

5. 领会作品中所体现的科学精神和科学思想方法，激发科学探索的兴趣。（思维能力）

在表述时，“既有所侧重，又融为一体”“注意教学目标之间的关联，避免将核心素养四个方面简单罗列”。

（二）教学内容的组织与呈现

在传统单篇教学中，课文教学之间互相独立，教学内容关联性低，尤其是说明文单元，教师机械地将知识在单篇之中不断重复，教学就一直停留在掌握说明文概念术语的层面。新课标“致力于全体学生核心素养的形成与发展”，引入学习任务群概念进行课程组织与呈现。学习任务群“以学习项目为载体”，要求在教学内容上突破篇章制约，以单元（也就是“项目”）为单位进行整体教学设计，强化知识间的内在关联，凸显学科的本质、思想方法以及内在逻辑。《中国石拱桥》《苏州园林》《梦回繁华》说明对象及内容与古代的建筑园林、名胜古迹等有关，我们就将其整合为一个课段内容，帮助学生掌握获取事物性说明文主要信息的能力，并给学生提供一场文化、语言、审美、思维“盛宴”。我们将单篇课文《蝉》与整本书阅读《昆虫记》进行整合，帮助学生领会作品中所体现的科学精神和科学思想方法，激发学生科学探索的兴趣。此外还应补充多种媒介的拓展资源。这样的教学内容的组织与呈现方式，是一个大的观念的突破，实现从“教教材”向“用教材教”的蜕变，在一定程度上解决了语文教学长期存在的“高耗低效”问题。更重要的是，单元课文的聚合效应和整合收益，在强化文化自信、获得审美体验、发展思维能力方面具有独特的优势。

（三）教学活动的任务与环节

教学活动紧扣“实用性”特点，结合日常生活的真实情境设计了两个大的学习任务引领两个学段学习。任务一是“争当小小讲解员”。任务二是“请你不要捕捉‘我’”。

在任务统领下，安排了两个学段，9 个教学环节，具体设计意图为：

第一学段，环节一：快速默读《中国石拱桥》全文，介绍主要内容。该环节主要是帮助学生掌握获取事物性说明文主要信息的能力，“勾画关键语句，绘制思维导图，组合文章的关键句”就是具体策略支架。环节二：讨论这篇文章为什么会放在初中阶段第一个说明文单元的第一篇。该环节帮助学生把握说明文基本元素，掌握阅读事物说明文的基本方法，强化文化自信。环节三、四：把前面环节所学方法进行迁移运用，系统而深入地提升说明文阅读能力。将一篇说明文的具体认识，上升到对下一类说明文的规律性的认识。环节五：组织开展“小小讲解员”模拟的招募比赛。在这一过程中，以语文活动为载体，强化对说明文进行阅读与写作的理论认识与应用能力。

第二学段，环节一：用自己的话概括蝉生命形态变化及时间，能制作简单的思维导图。该环节还是聚焦于“获取主要信息”。环节二：通过研究性学习，探究《蝉》中所体现的科学精神和科学思想方法。环节三：拓展学习法布尔事迹，加深对科学精神和科学思想方法的认识，激发科学探索的兴趣。环节四：撰写劝说信，这一活动把对蝉的感性认知和对说明文文体的理性知识和实际的应用结合起来，提升学生语文素养。

二、教学反思

（一）凸显语文育人价值

教育部印发《关于全面深化课程改革落实立德树人根本任务的意见》作

为应答，要求“统筹各学科，特别是德育、语文、历史、体育、艺术等学科。充分发挥人文学科的独特育人优势。”新课标引入“核心素养”概念，旗帜鲜明地告诉我们，“语文课程致力于全体学生核心素养的形成与发展，为学生学好其他课程打好基础”。以学科知识为载体，以育人为目标，培养学生的学科核心素养，成为当下语文教育教学领域最深刻的变革和最生动的实践。本单元整体教学立足于培养学生获取主要信息的能力，渗透说明文基本元素的学习，特别是让学生通过对中国古代建筑、园林、绘画等的文明印记认识，感受劳动人民的智慧和卓越成就，获得审美体验，激发对祖国灿烂文化的自豪感，强化文化自信，领会作品中所体现的科学精神和科学思想方法，激发科学探索的兴趣，极大地凸显出语文课程的育人价值，使教师切实担当起落实立德树人根本任务、实施学科育人的使命和责任。

（二）强化语言实践活动

以语文核心素养为纲，新课标课程体系放弃了以往知识、技能的简单线性排列组织方式，以语文活动为主线，以学习任务群为呈现方式组建。“若干个学习项目组成一个学习任务群。”也就是说，新课标下的教学实践以学习项目为基本单位，以项目学习为实施策略，提升学生的核心素养。通俗一点儿说，不要总想着给学生“讲什么”，要更多去设计“让学生干什么”。本单元整体教学从“项目学习”设计理念出发，将课程与生活打通，通过参加讲解比赛、评选最佳解说录播员两个任务情境，提升学生的说明文知识运用能力、口语交际能力、综合写作能力等语文综合素养。此外，还通过思维导图辅助学习、专题研究、拓展学习等方式，帮助学生领会作品中所体现的科学精神和科学思想方法，激发学生科学探索的兴趣。

（三）全程评价及时反馈

新课标新增加了“学业质量”章节，即“应知应会”的要求，整体刻画不同学段学生学业成就的具体表现特征，让学生素养具体化、鲜明化。学业质量的提出，核心素养不再是空洞的语词或者口号，而变成学生真实并且可以评测的能力、品格和价值观。新课标要求语文教师“科学选择评价方式，合理使用评价工具，妥善运用评价语言”，新课标还提倡把评价量表引入学习资源，把教学评价嵌入学习过程中，诊断分析学生学习状况，“注重鼓励学生，激发学习积极性”，有针对性地改善教与学的行为。本单元将整体教学过程性评价与课段形成性评价相结合，除每学段的总评价之外，每一个教学环节大都有配套的练习进行评价，将评价嵌入学习过程之中，及时了解任务学习与单元学习的情况，保持教、学、评的一致性。这也是保证教学质量、减轻学生学习负担的重要一环。

数学

素养导向的学程变构教学

——以人教版九下“反比例函数”教学为例

江苏省南通市通州区平潮实验初级中学　陆志强

第一部分　课标要求及我们的教学建议

一、单元整体解读

（一）学材内容分析

反比例函数是《义务教育数学课程标准（2022 年版）》“数与代数”领域的内容，其学习基础是变量与函数的概念、函数的表示方法、一次函数、二次函数以及反比例关系；可以类比正比例函数、一次函数和二次函数的研究方法，展开反比例函数的概念、图象、性质及其应用的研究。

函数是初中数学的核心概念，它是一种具有普遍意义的数学模型，在分析和解决一些实际问题中有着广泛的应用。反比例函数是一种特殊的函数，是自变量和函数的值成反比例关系的函数。学习反比例函数时，要以既有的研究函数的经验和方法为基础。例如，对于反比例函数的概念，首先应明确其为函数：两个变量相互联系，对于自变量确定的每一个值，对应的函数值都唯一确定；其次，要明确两个变量之间的反比例关系：在变量 y 随 x 的变化而变化的过程中，它们的积 xy 始终保持不变。在这一过程中，体现函数的本质——联系与变化。

函数的图象与性质是函数研究的重要内容，通过对函数图象与性质的研究，从数量和图形两个侧面以及相互联系中，显示函数的本质是联系和变化，这也是研究函数的主线。另外，本单元继续以探究实际问题中的数量关系和变化规律为背景，经历“找出常量和变量—建立并表示函数模型—讨论函数模型—解决函数问题”的过程。在这一过程中，函数思想、数形结合思想、建模思想得到充分体现。

说明：因为小学阶段不讲反比例关系，所以初中阶段最好能通过实例，让学生感知由反比例关系过渡到反比例函数的过程。反比例关系要求两个变量 x 和 y 一起变化，以保证乘积不变；反比例函数表达的是一个量变化，另一个量随之变化。教师教学时应考虑根据小学中两个量成正比例关系的研究方法类比研究。

本单元的结构（如图 1）：

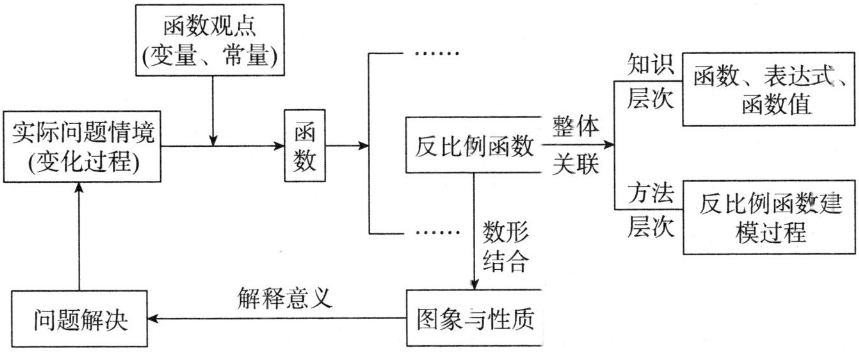

图 1

（二）课标要求解读

《义务教育数学课程标准（2022 年版）》中本单元的课程目标描述为：

1. 结合具体情境体会反比例函数的意义，能根据已知条件确定反比例函数的表达式。

2. 能画反比例函数的图象，根据图象和表达式 $y=\frac{k}{x}$（$k\neq0$）探索并理

解 $k>0$ 和 $k<0$ 时图象的变化情况。

3. 能用反比例函数解决简单实际问题。

本单元的学业要求是：结合具体情境用实例体会反比例函数的意义，能根据已知条件确定反比例函数的表达式；会用描点法画出反比例函数的图象；知道当 $k>0$ 和 $k<0$ 时反比例函数 $y=\dfrac{k}{x}$（$k\neq0$）图象的整体特征；能用反比例函数解决简单的实际问题。

《义务教育数学课程标准（2022 年版）》中对本单元的操作实践提出了教学提示：要通过对现实问题中变量的分析，建立两个变量之间变化的依赖关系，让学生理解用函数表达变化关系的实际意义；要引导学生借助平面直角坐标系中的描点，理解函数图象与表达式的对应关系，理解函数与对应的方程、不等式的关系，增强几何直观；会用函数表达现实世界事物的简单规律，经历用数学的语言表达现实世界的过程，提升学习数学的兴趣，进一步发展应用意识。

教师在教学过程中，要关注数学知识与实际的结合，让学生在实际背景中理解数量关系和变化规律，经历从实际问题中建立数学模型、求解模型、验证反思的过程，形成模型观念；要关注基于代数的逻辑推理，如基于图象的函数想象；能在比较复杂的情境中，提升学生发现问题和提出问题、分析问题和解决问题的能力，以及有逻辑地表达与交流的能力。

（三）单元教学建议

1. 深化认识和理解函数。

初中阶段从变量的角度研究函数，把函数定义为当一个量变化时，另一个量随这个量的变化而变化。函数定义突出了变化与对应思想，其内涵是：两个变量联系紧密，一个变量变化时另一个变量也发生变化；函数值与自变量之间单值对应，自变量的值确定后，函数值唯一确定。我们运用变量描述变化规律，认识函数是重要的数学模型。函数的内涵非常丰富，与数、式、方程等联系非常紧密，当我们从函数角度认识反比例关系时，这种反比例关系就是反比例函数，此时我们对反比例关系的认识进一步提高，增加了一种函数类型，我们对函数的认识也进一步加深。

2. 凸显反比例函数模型。

反比例函数是初中阶段最后一类函数。现实世界和数学中具有反比例关系的问题，我们可以用反比例函数描述。从“路程一定的前提下，平均速度与时间的关系”引出反比例函数的内容。可再设置几个具体问题，让学生发现每个问题中的两个变量，询问这两个变量具有什么关系，得出变量之间的表达式，指出它们的表达式具有相同形式 $y=\frac{k}{x}$，具有这类相同表达式的函数，我们称为反比例函数。

通过典型的实例，并根据问题中的反比例关系，先把它们抽象为数学模型——反比例函数，然后运用反比例函数的性质加以解决。

在反比例函数概念的学习中，再次经历概念学习的几个过程：①概念的引入——通过几个具体实例，反比例关系和函数的概念，引出反比例函数；②概念属性的归纳——对几个具体实例进行分析、比较、综合，归纳这些实例的共同特征（具有相同形式 $y=\frac{k}{x}$）；③概念的明确与表示——指出形如 $y=\frac{k}{x}$（k 为常数，$k\neq0$）的函数叫作反比例函数，并给出文字语言和数学符号语言的准确表示；④概念的辨析——在练习中，以实例为载体分析概念，并恰当使用反例；⑤概念的巩固应用——用概念解决简单问题，形成用概念作判断的具体步骤；⑥概念的“精致”——通过概念的综合应用，进一步认识反比例函数的概念，加深对反比例函数概念的理解。

3. 类比既有方法探究新知。

函数是初中数学重要的概念，函数的研究方法一脉相承。它们都是描述变化规律的数学模型，虽然变化规律各不相同，但都概括得出函数解析式；根据解析式，由自变量的值求出相应的函数值，通过列表表示这些自变量的值和函数值；然后把这些值对应的点在坐标系中表示出来；最后用平滑的曲线把这些点连接起来，得到函数的图象。由它的图象，同时结合其解析式，我们得到其图象特征和性质：图象的形状、位置和变化规律等。这是学习每类具体函数时采用的相同研究方法，反比例函数也不例外。

在每类函数的学习中，我们都是按照从特殊到一般，从具体到抽象的方式展开。对反比例函数的学习，我们重点研究 $k>0$ 时的情形。对 $k>0$，先研究具体的 $k=6$，12 时反比例函数的图象，然后归纳得到 $k>0$ 时反比例函数的图象特征和性质：图象是双曲线；图象分别位于第一、第三象限；在每一个象限内，y 随 x 的增大而减小。然后类比 $k>0$ 的情形，研究 $k<0$ 的情形，进而得出它的图象特征和性质。在得到 $k>0$ 和 $k<0$ 的性质的基础上，总结反比例函数 $y=\frac{k}{x}$（k 为常数，$k\neq0$）的图象特征和性质。

需要注意的是反比例函数自变量的范围，与正比例函数、一次函数和二次函数相比，其特殊之处在于自变量不能取 0，在 0 这点没有定义。不像直线和抛物线那样在整个自变量的取值范围内，其图象是连续的。反比例函数的图象在 0 这个点“断开”了，其图象在两个象限。我们在描述其变化规律时，需要对每个象限的图象进行描述，不能在整个自变量范围描述其增减性。另外，在每个象限研究变化规律时，我们只研究增减性。增减性是基本要求，必须掌握。

为拓展学生的知识面，我们可以借助信息技术软件快速计算、列表和画图方面的优势，研究反比例函数的图象——双曲线的渐近性、对称性以及相对于原点的位置等。渐近性是指双曲线在其所在象限与坐标轴越来越近，但永远不与它们相交；对称性是指双曲线关于直线 $y=\pm x$ 对称，关于原点中心对称；相对于原点的位置是指当 k 取不同值时，双曲线相对于原点的位置的远近；等等。虽然双曲线具有这些丰富的性质，但不作为基本要求，教学时要严格控制。

4. 加强学科间横向联系。

数学既是科学技术的语言，又是科学技术的工具。反比例函数不但在现实世界中具有众多原型，而且在现实世界中具有广泛的应用。本单元有许多问题来源于物理学科，需运用反比例函数知识加以解决，了解这些问题的物理背景知识是解决它们的前提。本单元为九年级下册内容，相关的物理背景知识学生在九年级物理课中才接触。实际上，加强不同学科之间的联系，从其他学科引入数学问题，然后运用数学加以解决始终是数学学习的重要方面。

本单元涉及的主要物理背景包括路程、速度与时间，电流、电阻与电压，电功率、电流和电阻，压力、面积与压强等之间的关系，这些具有反比例关系的物理问题是反比例函数研究的重要内容。实际上，凡是能够抽象为“$a=bc$”型数量关系的物理问题，我们都可以从正比例函数和反比例函数的角度去认识它们。

5. 体验数形结合思想。

函数图象是研究函数性质的直观载体，从图象上可以观察函数的变化规律，整体上把握函数的性质，但是难以深入局部和细节。而解析式可以对函数的性质进行无限“解读”，但很抽象，不直观。我们常常把函数图象和解析式结合起来，研究函数的性质，这体现了数形结合的思想。正如著名数学家华罗庚先生说：“数缺形时少直观，形少数时难入微；数形结合百般好，一朝分家万事休。”数形结合的优势正体现在此。

反比例函数 $y=\frac{k}{x}$ 的图象是双曲线，双曲线非常直观地反映了反比例函数的变化规律，而反比例函数的解析式可以对上述变化规律反映的数量关系进行代数解析。

第二部分　课时教学设计

反比例函数的概念、图象与性质（第1课时）

一、教学目标

1. 在分析、探究、建构反比例函数概念的过程中，初步体会反比例函数是描述现实世界中具有反比例变化规律的一种数学模型。

【依据的课程目标】结合具体情境体会反比例函数的意义。

【核心素养培养】抽象能力，模型意识，类比思想。

2. 会画反比例函数的图象，运用研究函数的已有经验，利用图象特征，自主探究反比例函数的性质。

【依据的课程目标】能画反比例函数的图象，根据图象和表达式 $y=\frac{k}{x}$ （$k\neq0$）探索并理解 $k>0$ 和 $k<0$ 时图象的变化情况。

【核心素养培养】抽象能力，几何直观，空间观念，归纳概括、推理能力。

3. 经历反比例函数的概念、图象与性质的探究过程，感悟“类比”“数形结合”“变化对应”的数学思想，进一步体验函数解析式与函数图象之间的内在联系。

【依据的课程目标】能画反比例函数的图象，根据图象和表达式 $y=\frac{k}{x}$ （$k\neq0$）探索并理解 $k>0$ 和 $k<0$ 时图象的变化情况。

【核心素养培养】抽象能力，数形结合，类比、变化对应等思想。

二、核心内容

反比例函数是在学习了一次函数和二次函数之后的又一个基本的函数，是知识与方法上的一次拓展，是理解和认识上的一次升华，更是思维上的一次飞跃。从函数角度认识反比例关系，有利于进一步加深对函数的认识，并为高中学习不等式、函数及解析几何等知识奠定基础。反比例函数的概念是建立在函数概念、函数的表示方法以及反比例关系之上的，但反比例函数解析式更具抽象性，且其图象比一次函数、二次函数图象的形态丰富，结构复杂，并具有自身的特殊性，因而初中学生对深刻理解和掌握反比例函数的性质，体会和运用性质探究其中的数学思想，还存在一定困难。加之初中学生的认知发展尚未成熟，学生能直观感知反比例函数的解析式，不一定能掌握它的内涵和实质。基于此，可借助前面学习函数的有关知识和研究方法，确定研究路径，类比形成新的知识结构体系。

“反比例函数”第一单元一般分三个课时，其中反比例函数的概念为第一课时，反比例函数的图象和性质为第二课时。这样安排，知识呈螺旋式上升，降低了学生的学习负担，分散了课程学习的难点，但对于知识体系的整体建构以及学生蓄积研究经验是不利的。学生在初中阶段已经有了一次函数、二次函数的学习基础，那么他们顺利获得反比例函数的概念可以说是水到渠成的。另外，考虑到高中阶段解析几何的研究基本遵循“式—数—形”的套路，并结合学生实际，对反比例函数（第一课时）的教学呈现作一定的变构，将反比例函数的概念、图象与性质整合为一个课时，放手让学生自己探索发现，充分发挥学生的主体作用，通过类比、观察、猜想、验证、归纳等培养学生独立思考、善于探究的能力。教学流程为：创设情境→建构反比例函数概念→概念比较辨析→构建知识框架→由“式”（解析式）猜想“形”（图象）的大致特征→再由“数”（自变量与函数值对应的表格）初步验证猜想→进一步发现其他规律、特征→通过“形”（图象）的观察研究，再认识反比例函数的性质→小结归纳，整合建构→分层作业，深化理解。这样就很好地体现数形结合的思想方法，达到“式—数—形”的完美统一，同时也为学生建构了全新的研究函数的方法和经验结构。我们在这样的过程中，加深学生对函数的理解，发展学生的几何直观，培养学生数学学习的兴趣。基于上述分析，结合新课标理念，确定本课时的教学重点与难点如下：

教学重点：反比例函数的概念、图象和性质的探究过程。

教学难点：探究反比例函数的图象和性质。

三、学习任务设计

（一）表现性任务

1. 概念发现：基于正比例关系探索反比例关系，结合函数概念及既有函数知识归纳出反比例函数概念，并能明确其内涵与外延。

2. 由式想形：结合已有认知，由反比例函数解析式猜想图象特征。

3. 由数猜形：提供所列出的自变量与对应的函数值相关数据，在验证猜想的同时，发现图象的新特征。

4. 以形证数：由所画反比例函数图象验证猜想的正确性。

（二）归纳类任务

概括性质：由反比例函数的图象，探索、归纳、概括反比例函数的性质。

（三）评价性任务

1. 精炼建构：提炼研究函数的基本套路及创新举措，猜想后续学习的内容、方法，形成300字左右的学习心得感悟。

2. 达标检测：应用所学知识解决具体问题，并能独立进行归因分析。

四、教学准备

除教学需要的PPT课件、教学视频等外，根据本课时教学内容的特点，为了更直观、形象地突出重点，突破难点，我们借助信息技术，以几何画板软件为平台，绘制反比例函数图象，同时辅之以“点跟踪”等手段，通过动态的演示，观察相关数据的变化，研究图象的变化趋势，抽象概括当自变量变化时，对应的函数值的变化规律，进而探究反比例函数的性质。

五、教学流程

（一）创设情境，建构概念

1. 回顾已有知识。

PPT依次出示下列问题：

（1）矩形的面积 a 一定时，它的长 x 与宽 y 之间有怎样的关系？

（2）路程 s 一定时，平均速度 v 和时间 t 之间有怎样的关系？

（3）土地面积 m 一定时，人均占有土地的面积 y 与总人口 x 之间有怎样的关系？

2. 自主建构概念。

（1）上述三个问题中两个变量之间具有什么关系？（反比例关系、函数关系）

（2）给这些函数取一个名称？（反比例函数）

（3）结合已有经验，如何定义反比例函数？

定义：一般地，形如 $y=\frac{k}{x}$（k 是常数，且 $k\neq0$）的函数叫作反比例函数。

（在学生叙述反比例函数定义的基础上，追问：为什么 $k\neq0$？）

【师生活动】用 x 表示矩形的长度、y 表示矩形的宽度，那么乘积不变意味着这个矩形的面积 $xy=a$（$a\neq0$）不变，如果 x 增大 y 就要减小，y 增大 x 就要减小，x 与 y 是成反比例关系的；而表达式 $y=\frac{a}{x}$（$a\neq0$）意味着矩形的宽度 y 等于面积 a 除以长度 x，当长度 x 变化时宽度 y 随之变化，y 与 x 是函数关系。因此，反比例函数比反比例关系更为一般。

【设计意图】学什么？怎么学？起点在哪里？内在结构、逻辑关系如何？这些是我们初期进行教学预设需要首先思考的问题。这种课堂引入借substantial先有概念，通过几个实际问题引导自然生成新知识“反比例关系”和“反比例函数”，这样设计，自然无痕，可谓是无缝对接，符合学生的认知规律。在学生独立思考的基础上，师生交流，自主建构反比例函数概念，彰显“概念形成的过程性原则”。

（二）理解概念，辨析真伪

下列哪些关系式中的 y 是 x 的反比例函数？依据是什么？

①$y=4x$；②$y=-\frac{2}{x}$；③$xy=1$；④$y=\frac{m}{x}$（m 为常数）；⑤$y=4x^{-1}$；⑥$y=\frac{1}{x+1}$。

追问：第⑥题 y 为什么不是 x 的反比例函数？哪两个变量之间具有反比例关系？第③⑤题呢？

【师生活动】教师出示问题，学生自主思考。穿插学生自主出题，同学解答。

【设计意图】“授人以鱼，不如授人以渔。”从知识、方法、过程和整个知识框架结构等方面进行小结，学生从知识获得、技能形成、能力发展等方面谈自己的收获或体会，有利于学生在构建知识体系的同时，构建经验和思想方法体系，并能以此指导今后的学习和探究，变“学会”为“会学”“乐学”，切实提升学生的数学素养。结合研究一次函数、二次函数方法的回顾，从研究函数的基本套路上引导学生小结，可以进一步深化对代数特征（解析式）与几何特征（函数图象）关系的理解。事实上，学生的潜能是无限的，关键在于我们要善于调取学生已有的经验，给学生一个支点让他们撬起数学大世界。唯有此，教育才可以实现“教是为了不教”的美好愿景。

【反馈与评价】

表 1

评价	优	良	一般
知　识	能准确描述正比例关系和反比例关系，理解反比例函数概念	能准确描述正比例关系和反比例关系，基本能说出反比例函数的概念	基本能说出正比例关系，在教师或同学的帮助下说出反比例关系及反比例函数概念
思　维	能类比正比例关系生成反比例关系，综合所学知识自主生成反比例函数概念	能类比正比例关系生成反比例关系，在教师或同学的帮助下生成反比例函数概念	未形成正比例关系与反比例关系的联系，无法生成反比例函数概念
迁移能力	能根据反比例函数的概念进行概念辨析，并能明晰判别的依据	基本能根据反比例函数的概念进行概念辨析，但无法准确表达判别的依据	仅能对部分显性问题进行概念辨析，说不清判别的依据

（三）调用经验，规划路径

1. 一次函数、二次函数主要研究了哪些主要内容？

从现实问题中得到函数的概念、自变量和函数值取值范围、函数的图象和性质、实际应用等。

2. 回顾一次函数、二次函数图象和性质的研究，你准备如何研究反比例函数的图象与性质？

（1）通过列表、描点、连线画出函数图象，观察图象特征得到函数的性质。

（2）对 k，分 $k>0$，$k<0$ 两种情况讨论，由 k 取具体的数值入手，最后归纳出一般的情况。

3. 师生共同构建“反比例函数”单元知识框架（如图2）。

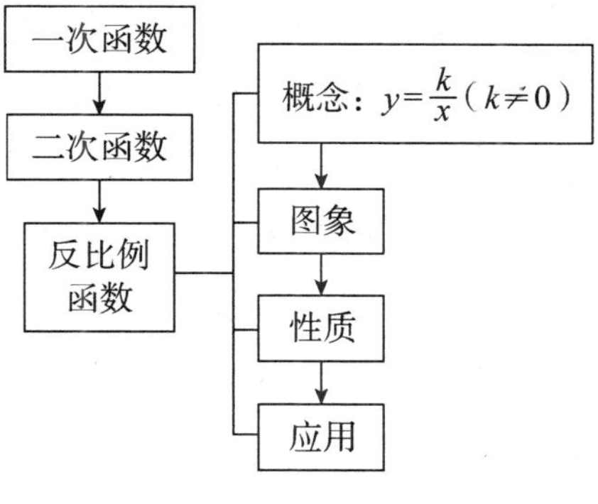

图2

【师生活动】教师引导学生回顾研究一次函数与二次函数的概念、图象和性质的思路与方法，得出研究反比例函数的思路：用“描点法”画函数图象，观察分析图象特征，探究反比例函数的性质。为方便起见，研究时可分为$k>0$和$k<0$两种情况讨论。

【设计意图】调取学生已有的函数研究方法和经验，着力于学生对反比例函数前置的感知，建构反比例函数章知识框架，明确研究方向，有利于整体把握“反比例函数”。类比一次函数（正比例函数）以及二次函数的图象性质的研究，着手对反比例函数的图象与性质的研究路径加以规划。将原来彼此分散、割裂的知识、方法、经验等链接为一个统一的整体，让学生不仅看到树木，更看到森林。学生在自主建构反比例函数概念的基础上，自然想到继续研究它的图象和性质，同时，章知识结构图新颖、系统、醒目且有逻辑性，学生看了一目了然，便于记忆和整体理解。

（说明：反比例函数对于学生来说是一个全新的知识体系，抽象性较强，学生无法全面考虑各个研究的细节，有待教师通过具体的反比例函数进行说明。）

（四）变构学程，建构策略

（引导学生赋予k一个具体的数值，如$k=6$）

探究反比例函数$y=\frac{6}{x}$的图象与性质。

1. 由式想形（分析解析式，猜想图象特征）。

观察解析式$y=\frac{6}{x}$，你能从中获取哪些信息？对应的图象有哪些特征？

【师生活动】学生先独立思考，再组内交流，最后全班汇报：自变量 x、函数值 y 均不等于0，图象不与坐标轴相交；x 与 y 同号，图象位于第一、三象限，因而图象是不连续的，无限接近坐标轴；在每一个象限内图象呈下降趋势等。研究数学一般结论往往从特殊情况入手，引导学生给 k 赋值，再根据反比例函数解析式中的相关信息猜想其图象的大致特征。

【设计意图】从“问题”到“困难”是学程变构的一种途径，这里一改惯常的直接由解析式画出函数图象研究性质，而是在学程推进过程中设置一定的“困难”和“障碍”，给学生以自主探究的时间与空间。学生通过观察、分析、思考反比例函数解析式，猜想其图象的大致特征。其目的是扩大学生的探索空间，引导学生从研究函数的基本套路（自变量取值范围、函数值取值范围、符号特征、增减性等角度）去分析解读函数解析式，预判猜想图象特征及函数性质。这种探究活动可以发展学生的思辨能力，能有效改变学生的学习方式，有利于学生感悟数学思想，积累数学活动经验。

（说明：虽然可以对函数解析式进行“无限”解读，但是很抽象，且不够直观，故不宜苛求学生对解析式的全面分析，亦不必追求完美的结论，让学生从自变量和函数的取值、增减性等角度初步猜想相关结论即可。）

2. 由数猜形（分析表格，验证猜想）。

教师引导学生列出表格如下：

表2

x	…	−6	−4	−3	−2	−1	1	2	3	4	6	…
y	…	−1	−1.5	−2	−3	−6	6	3	2	1.5	1	…

师：分析表中数据，验证猜想？还有什么新发现？

（学生小组讨论交流，全班汇报，形成图3）

x增大 → x增大 →

x	…	−6	−4	−3	−2	−1	1	2	3	4	6	…
y	…	−1	−1.5	−2	−3	−6	6	3	2	1.5	1	…

y减小 → y减小 →

图3

【师生活动】引导学生回顾画函数图象的过程：先列表，再描点，最后连线。列表时关注学生是否注意到自变量的取值应使函数有意义（即 $x\neq0$），同时所取的点既要使自变量的取值有一定的代表性，又不至于使自变量或对应的函数值太大或太小，以便于描点和全面反映图象的特征。一方面，引导学生利用表中数据验证前面猜想，另一方面，由表中数据再次猜想图象的其他特征。

【设计意图】画函数图象的第一步是列表，此时再次变构，引导学生分析表格中点的规律和特征，初步验证前面发现的规律，进一步分析图象的特征，逐步明晰"反比例函数"的性质。同时引导学生对 x 的符号进行分类研究，可以有效丰富学生的数学思考，为准确表述反比例函数性质扫清障碍。

（说明：注意到自变量 $x\neq0$，由于尚不清楚函数图象到底是什么样子的，基于学生已有经验，列表时自变量值正负数都要取，最好关于原点对称。这一过程在不断追问中完成。）

3. 以形证数（观察分析图象，验证归纳性质）。

（1）学生自主画出函数图象。

在这一过程中，暴露学生画图过程中出现的错误，为调整教学提供第一手材料。部分学生在连线过程中出现问题：平滑曲线未向两端无限延伸；第一、三象限的点连接起来；两个象限图象形状稍有不同。通过全班交流，分析出现这些问题的原因。辅以几何画板直观形象地画出 $y=\dfrac{6}{x}$ 的图象，给学生启迪与顿悟，一些困惑也就豁然开朗。

（2）观察图象，归纳性质。

反比例函数 $y=\dfrac{6}{x}$ 的图象是两条"断开"的曲线。该曲线称为双曲线；学生总结归纳图象特征、函数性质。

【师生活动】学生自主画出反比例函数 $y=\dfrac{6}{x}$ 的图象，教师展示学生所画函数图象，师生点评。引导学生利用所画图象，分析其特征，验证前面猜想（由形证数）。

【设计意图】让学生自己动手画图象，验证前面所得到的所有猜想，再次感受“式”“数”“形”之间的内在的联系：式（数）决定形，形刻画式（数）。这样，学生就完整经历由函数解析式分析图象大致特征→列表并分析数据，进一步猜想图象特点→画出函数图象验证猜想→归纳函数性质的全过程，有助于学生积累更为丰富的数学活动经验。同时合理应用多媒体，分解教学难点，切实打造高效课堂。

4. 类比迁移。

自主探究反比例函数 $y=\frac{12}{x}$ 的图象与性质。

【师生活动】小组合作，全班交流：由于有了函数 $y=\frac{6}{x}$ 的图象与性质的研究基础，各学习小组能较快地展示出研究成果：函数 $y=\frac{12}{x}$ 的图象是双曲线，它有两个分支，分别位于第一、第三象限，在每一个象限内，y 随 x 的增大而减小；图象关于原点对称。教师适时点评。

【设计意图】在动手实践的基础上，结合已有经验，找寻学习过程中学生主体的感性与理性思维发展的契合点，进一步体会“式—数—形”之间的统一，实现感性到理性的完美跨越。

5. 归纳小结。

总结归纳反比例函数 $y=\frac{k}{x}$（$k>0$）的图象和性质。

【师生活动】辅以几何画板的演示，由特殊到一般，鼓励学生自主归纳反比例函数 $y=\frac{k}{x}$（$k>0$）的图象和性质：反比例函数 $y=\frac{k}{x}$（$k>0$）的图象为双曲线，位于第一、第三象限，在每个象限内 y 随 x 的增大而减小，图象关于原点对称。

【设计意图】在个人思考的基础上，小组交流。对两个具体的反比例函数 $y=\frac{6}{x}$ 和 $y=\frac{12}{x}$ 的研究，学生已经猜想出反比例函数 $y=\frac{k}{x}$（$k>0$）的图象和性质，再结合几何画板演示，所有性质就呼之欲出了。

6. 调用经验。

自主建构 $y=\frac{k}{x}$（$k<0$）的图象和性质。

【师生活动】以讨论反比例函数 $y=-\frac{6}{x}$ 为例，学生借鉴探究反比例函数 $y=\frac{6}{x}$ 的图象与性质的经验，自主探究其性质，进而归纳 $y=\frac{k}{x}$（$k<0$）的图象特征和函数性质。

【设计意图】结合已有经验，小组合作，全班交流。类比 $y=\frac{k}{x}$（$k>0$）的图象与性质的探究，通过分析解析式、分析表格、画出图象，自主归纳函数 $y=\frac{k}{x}$（$k<0$）的性质，进一步体会"式—数—形"之间的联系。为了说明结论的合理性，依然可以借助几何画板动画演示，研究的路径大致遵循由特殊到一般的规律。

【反馈与评价】

表3

评价	优	良	一般
知　识	准确表述反比例函数的图象特征，理解反比例函数的性质，明晰两者之间的关系	能描述反比例函数图象的大致特征，初步理解反比例函数的性质，但对两者关系的理解模糊	在老师的指导下能描述函数图象大致特征，基本能说出反比例函数的性质，但会混淆两者关系
思　维	能熟练运用特殊到一般、类比等思想方法自主探究反比例函数的性质，并能积累新的数学活动经验	基本能运用特殊到一般、类比等思想方法探究反比例函数的性质，但数学活动经验的积累不够	对运用特殊到一般、类比等思想方法探究反比例函数的性质有一点儿了解，但不能自主完成

续表

评价	优	良	一般
数学素养	能通过对反比例函数图象的观察、感知、分析和概括，体会数学规律的一般性、特异性及数学探究的过程性；经历特殊到一般、具体到抽象的思维过程，采用数形结合和类比的方法研究新的函数。用整体和联系的视角看数学问题，经历完整的探究过程，自主积累探究活动经验的同时，体验数学的严谨性，有一定的创新意识和较强的应用意识	能通过对反比例函数图象的观察、感知、分析和概括，体会数学规律的一般性、特异性及数学探究的过程性；经历特殊到一般、具体到抽象的思维过程，采用数形结合和类比的方法研究新的函数。但缺少用整体和联系的视角看数学问题的能力，探究活动经验的积累不够，有一定的应用意识	能通过对反比例函数图象的观察、感知、分析和概括，借助外力经历数学抽象的思维过程，有采用数形结合和类比的思想方法学习新的函数的意识，但无法用整体和联系的视角看数学问题，不能自主积累探究活动的经验，在教师或同学指导下形成一定的应用能力

（五）小结归纳，整合建构

总结反比例函数 $y=\frac{k}{x}$ （$k\neq0$）的图象与性质。

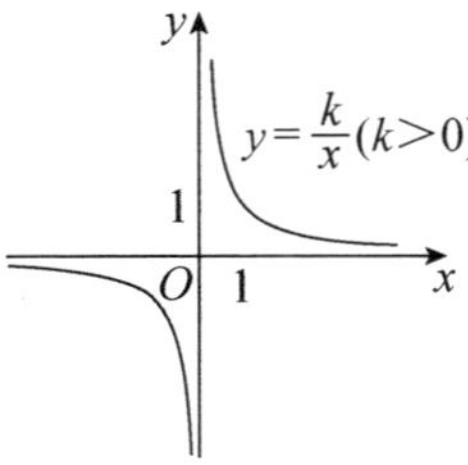

图 4

双曲线的两支分别位于第一、第三象限，在每一个象限内，y 随 x 的增大而减小。

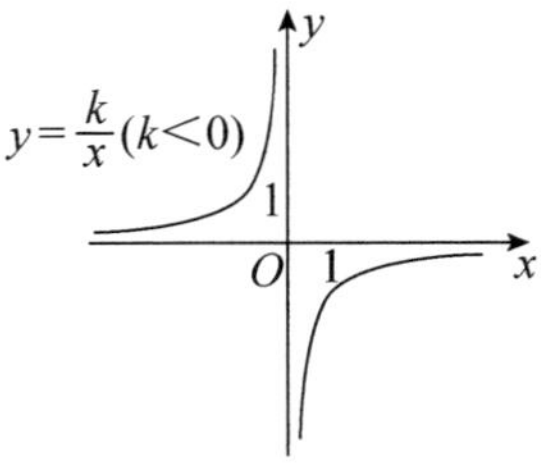

图 5

双曲线的两支分别位于第二、第四象限，在每一个象限内，y 随 x 的增大而增大。

【师生活动】师生交流互动，对整个探究过程中逐渐生成的数学结论进行系统化梳理，进一步精炼和完善结论。

【设计意图】经历上述较为系统的探究过程，从而达到前后一致、融会贯通的目的。学生能自主归纳得出下列结论：（1）反比例函数 $y=\frac{k}{x}$（$k\neq0$）图象是双曲线；（2）当 $k>0$ 时，图象位于第一、第三象限，在每一个象限内，y 随 x 的增大而减小；（3）当 $k<0$ 时，图象位于第二、第四象限，在每一个象限内，y 随 x 的增大而减小；（4）图象关于原点对称。进而提炼出两个基本图象。如时间允许，亦可深入探究 $y=\frac{k}{x}$ 与 $y=-\frac{k}{x}$（$k\neq0$）的图象之间的联系。培养归纳、提炼、概括能力和分类讨论的意识。

（六）反思总结，构建体系

1. 本节课研究了哪些内容？我们还会研究什么？

反比例函数的概念、图象和性质。类比一次函数和二次函数的学习，还要研究实际生活中的反比例函数关系。

2. 我们是如何研究反比例函数的图象和性质的？

分析解析式，猜想图象特征—分析表格，验证猜想—观察图象，归纳性质。

3. 通过反比例函数概念、图象和性质的学习，你积累了哪些学习方法或经验？

【师生活动】师生共同小结梳理，形成思维导图（知识、方法、经验、能力、素养等）。

【设计意图】教师引导学生归纳本课的知识要点和思想方法，使学生对反比例函数的图象和性质有一个较为全面的认识，构建和完善新的认知结构，同时也蓄积数学学习的经验和方法。

六、作业设计

1. 必做题：

（1）阅读教科书第 2 至第 6 页。

（2）教科书第 3 页练习 2，3。

（3）填空：

①函数 $y=\frac{m-2}{x}$ 的图象在第二、第四象限，则 m 的取值范围是________；

②双曲线 $y=-\frac{1}{3x}$ 经过点（-3，______）；

③对于函数 $y=-\frac{3}{2x}$，当 $x<0$ 时，y 随 x 的________而增大，这部分的图象在第________象限。

2. 选做题：

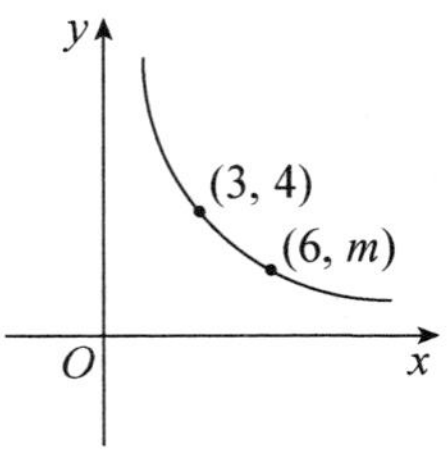

图 6

（1）从图象中你能获取哪些信息？你还能得到哪些结论？

（2）若这个函数的完整图象与直线 $y=kx$（$k\neq 0$）相交，你又有哪些结论？

（3）结合本节课的探究过程，你有哪些体会？形成 300 字左右的学习心得感悟。

【师生活动】学生自主完成，教师点评。

【设计意图】既是对学生课堂教学效果的摸排，也是为查漏补缺提供数据。学为所用助推学生实现知识向能力的转化。分层作业，因材施教，让不同层次的学生都能学有所获、学有所长、学有所成。

七、总结评析

由师生根据学生课堂表现填写评价量规，要求客观真实地描述与评价。并进行展示，师生对总体情况共同点评。

表 4

评价项目	评价要点	自我评价	同学评价	教师评价
目标达成	1. 体会反比例函数是描述现实世界中反比例变化规律的一种数学模型。 2. 会画反比例函数的图象，能利用图象特征自主探究反比例函数的性质。 3. 能感悟“类比”“数形结合”“变化对应”的数学思想，体验函数解析式与函数图象之间的内在联系			
学习过程	1. 独立思考（思维活跃，能提出自己的观点，有一定的独创性并能主动积极展示）。 2. 合作交流（积极主动参与学习，小组学习中能主动承担任务，愿意与同学共享学习资源）。 3. 大胆质疑（学习过程中发现和提出问题）。 4. 认真倾听（认真倾听老师的引导、同学的表述）。 5. 善于归纳（积极参与课堂的各种归纳性小结，善于积累课堂学习中的基本经验）			
综合评价				

评价等级为：很好、好、一般、不好、很不好。

【设计意图】依据《义务教育数学课程标准（2022 年版）》可知，评价不仅要关注学生数学学习结果，还要关注学生数学学习过程，激励学生学习，改进教师教学，体现“教、学、评”全过程一体化。通过学业质量标准的构建，融合“四基”“四能”和核心素养的主要表现，形成阶段性评价的主要依据。采用多元的评价主体和多样的评价方式，鼓励学生自我监控学习的过程和结果。在帮助学生自我评价的同时，也对他人做出客观的评价，激发学生学习的内驱力，增强目标意识，提高反思能力。

八、板书设计

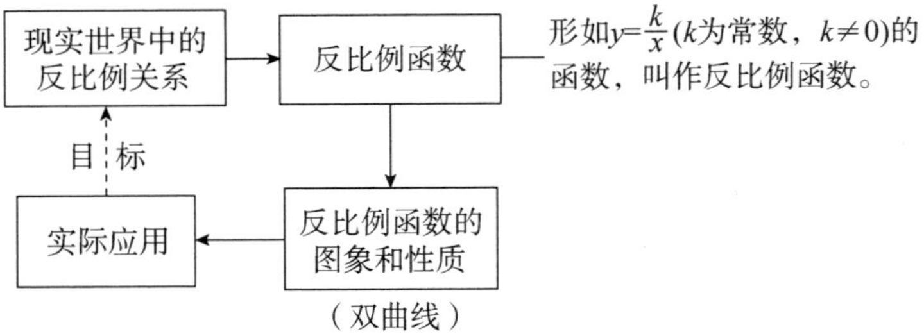

图 7

表 5

$y=\frac{k}{x}$	图象	位置	变化趋势与增减性	对称性
$k>0$	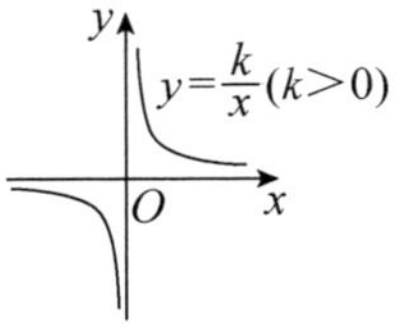	第一、第三象限	在每个象限内 呈下降趋势 y 随 x 的增大而减小	关于原点对称
$k<0$	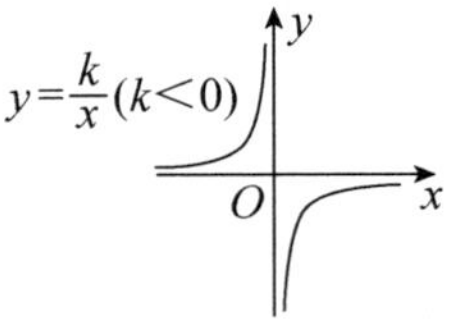	第二、第四象限	在每个象限内 呈上升趋势 y 随 x 的增大而增大	

式：　一般 ← 特殊

$y=\frac{k}{x}(k\neq0)$　　$y=\frac{6}{x}$

数 ←→ 形

$x\neq0$，$y\neq0$　　不与坐标轴相交 ↘ 图象

x，y同号　　位于第一、第三象限 ↗ 不连续

x越大，y越小　　呈 下 降 趋势

数：

x	…	−6	−4	−3	−2	−1	1	2	3	4	6	…
$y=\frac{6}{x}$	…	−1	$-\frac{3}{2}$	−2	−3	−6	6	3	2	$\frac{3}{2}$	1	…

形：

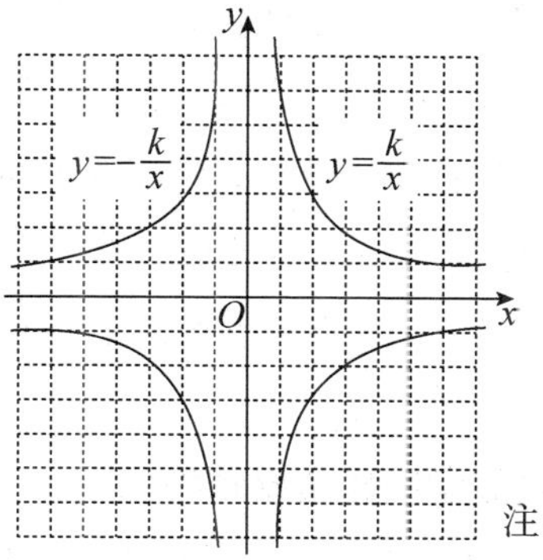

图 8

第三部分　教学设计解读

一、教学设计解读

（一）利用直观想象，将数学抽象过程可视化

《义务教育数学课程标准（2022 年版）》提出：以核心素养为导向，进一步强调学生获得数学基础知识、基本技能、基本思想和基本活动经验（简称“四基”），发展运用数学知识与方法发现、提出、分析和解决问题的能力（简称“四能”），形成正确的情感、态度和价值观。为利于学生抽象出一般结论，本课设计了以下教学流程：创设情境→建构反比例函数概念→概念比较辨析→构建知识框架→由“式”（解析式）猜想“形”（图象）的大致特征→由“数”（自变量与函数值对应的表格）初步验证猜想→进一步发现其他规律、特征→通过“形”（图象）的观察研究，再认识反比例函数的性质→小结归纳，整合建构→分层作业，深化理解。这样就达到“式—数—形”的完美统一，同时也为学生建构了全新的研究函数的方法和经验结构。采用直观手段，学生进一步进行想象。这有利于学生进行数学抽象，从感性认识上升到理性认识。通过数学抽象的过程，学生可以通过直观感知，观察分析、归纳概括、发现新知。通过提供适切的素材，引导学生积极思考，主动参与

学习探究，分析所提供的直观材料，从图象中抽取事物的本质特征；再结合信息技术，让学生体会图象的动态变化过程；最后，从图象的表征抽象出知识的内核（核心概念：反比例函数的性质），使学生形成正确认识。故而在实施中教师应充分调动学生的直观认知，引导学生有意识地利用直观想象探究知识的产生与发展，使学生有效掌握抽象事物的形成过程，逐渐形成数学抽象素养。

（二）归纳整理知识，将数学抽象结果结构化

《义务教育数学课程标准（2022 年版）》指出：在教学中要重视对教学内容的整体分析，帮助学生建立能体现数学学科本质、对未来学习有支撑意义的结构化的数学知识体系。一方面了解数学知识的产生与来源、结构与关联、价值与意义，了解课程内容和教学内容的安排意图；另一方面强化对数学本质的理解，关注数学概念的现实背景，引导学生从数学概念、原理及法则之间的联系出发，建立起有意义的知识结构。通过合适的主题整合教学内容，帮助学生学会用整体的、联系的、发展的眼光看问题，形成科学的思维习惯，发展核心素养。

知识结构展示了相关知识间的内在联系，给予学生清晰的知识线，归纳整理知识结构，明确知识间的联系性、发展性，有利于知识系统化、整体化。数学抽象素养蕴含在丰富的教学内容中，这就要求教师在教学中帮助学生厘清知识间的脉络，获得抽象方法，利用图示促使学生理解记忆。新知的学习是在旧知的铺垫下进行的，学生应当学会“读”材料，“析”材料，注意抽象知识之间的层次分节，同化或顺应知识，表达数学抽象结果，纳入相关知识系统，将其结构化，促进自身的思维训练，这有利于知识之间的正迁移，对其他具体数学内容也能进行逐级抽象。通过对反比例函数性质的学习，接续对变量、函数的深度了解以及对其概念的掌握，学生更深层次地基于图象对反比例函数进行抽象性质的总结，为之后学习各类函数提供了基础方法。反比例函数被广泛应用于函数、方程、不等式乃至高中解析几何的学习中。

（三）强化类比迁移，将探究策略认识深刻化

波利亚说：“类比是伟大的引路人。”开普勒说：“我珍视类比胜过任何东西，它是我最可信赖的老师，它能揭示自然界的奥秘。”类比属于合情推理，

是发现数学规律、认识数学对象的重要思维策略。类比在数学中很常见。在本节课中，将之前学习的一次函数、二次函数的研究方法作为新知识的生长点，采用类比迁移的方法，引导学生自主探究反比例函数的图象和性质，有利于加深学生理解和把握反比例函数的探究思路，促进学习的同化和顺应，完成新知识的建构。

在本节课的学习中，画函数图象就是教学的难点：为什么是两条曲线？学生已有的连续函数图象的惯性认知在此如何打破？$x \neq 0$ 在画函数图象时对学生的困扰如何解决？类比一次函数、二次函数的研究方法，本设计的策略是先猜后做：第一步，先猜测图象可能的情况，引导学生从数值方面建立函数的初步模型。第二步，由猜到动手画图，让学生亲身经历列表、描点、连线成图的过程，让思维生根。第三步，纠错图象并说明理由，让学生从数值上解决图象理解的障碍，更好地体验不连续函数在画图时的注意事项。第四步，结合讨论修正、列表、描点，“几何画板”动态演示，画出正确的反比例函数图象。学生全程参与整个知识形成的过程，他们是探究、实践的主体，在同异、正误的思维碰撞中真正获得知识的学习方法，学会画函数图象的方法，明晰“从特殊到一般，先猜再做后反思”是研究问题的一般方法，培养逻辑推理素养，积累数学活动的基本经验。

二、教学反思

（一）整体设计，实现深度学习

学材内容的设计应该遵循真实性、客观性、发展性、创新性、批判性、综合性的原则。教师依据学生已有知识、方法和经验，合理整合学习资源，适度对教材进行“再开发、再建构”，设计出符合学生深层认知水平的情境，在知识的生长点、思维的连接点及方法的迁移点处唤醒学生的思维。这能促进学生自主生成新的知识与能力，引领学生深度学习。数学知识的教学，要注重知识的“生长点”与“延伸点”，把每堂课教学的知识置于整体知识的体系中。我们从整节课的学习框架（图 1）可以看出，先是提供具体情境，通过列举实例、直观想象、数学抽象认识具有反比例关系的函数，这是进行深度学习活动的基础；再是联系正比例函数，类比一次函数、二次函数的学习思路、研究方法，引导学生获得反比例函数的概念，并在概念的辨析、巩固中积累数学活动经验，进一步精炼概念，建构知识体系，形成数学认知结构，这是实现深度学习的关键；将获得的知识内容、思想方法、活动经验以及深度感悟学以致用，实现有效迁移，感受学习反比例函数的意义与价值，这是实现深度学习的具体表现。

本课中整个学材内容的设计完全基于学生已有的认知，有利于激发学生深度思考，将数学知识、数学技能、数学思想方法的获得统一于探究活动经验的积累过程中，不断提高学生的数学素养。

（二）学法重构，促进概念转化

课堂是学生深度学习的主阵地，学科是深度学习的落脚点，核心素养则呈现了独特价值。因而数学教学过程中，数学素养的培养显得尤为重要。优化教学方式和策略，激发学习者的主动性和创造性，帮助学生进行学法重构，促进学生深度地学习，更有利于学生的知识、方法和经验的迁移，达到灵活运用解决实际问题的目的。教师应理解知识之间的逻辑关系，思考新知的生发点（根）在哪里，又如何由“根”长出“枝叶”。从学生已有知识和经验出发呈现问题，通过一个个“为什么”进行诱思。在知识的生长点、思维的连接点及方法的迁移点唤醒学生的思维，能够促使学生调取已有的知识与经验，激发他们进行自我互动，学生头脑中原有的、零散的知识、方法和经验必将进行重组和转化，自主生成新的知识与能力。

如反比例函数概念的探究过程，并未通过写出几个实际问题的函数解析式，观察这些解析式的共同特征，归纳反比例函数概念的方式进行，而是引导学生分析实际问题中两个变量所具有的关系，以实现“形式的”数学知识向现实生活的“复归”，这样，先有概念（函数概念、反比例关系）就自然转化生成新知识（反比例函数）。整个过程充分尊重和关注了学生的认知起点，把学生带到“最近发展区”，促使学生在自主探究中建构、完善认知，符合学生的认知规律。

（三）呈现变构，精准教学定位

深度学习要求学生在激活已有认知的基础上，对知识体系进行重构，是基于学科本质和问题解决的学习过程。在这一过程中，学生应当有足够的时间和空间经历观察、实验、猜测、计算、推理、验证等活动过程。有效的教学活动应该是学生学与教师教的统一，学生是学习的主体，教师是学习的组织者、引导者与合作者。这就要求教师运用有效的“学程变构”策略，发挥先行组织者“导游图”的作用，为即将学习的内容提供框架或线索，能使学生对学习进程做到心中有数，建立有意义的学习心向。同时，教师在数学的本质之处设置小小的“障碍”，设疑激惑，引导学生主动地理性对质（互动、思考、探究、发现、生成），让高质量的学习真正发生。让学生在已有的知识经验基础上大胆探索，真正亲历知识的研究和发现的过程，在这一过程中适时地提炼、总结，学生原有的和新得的经验将不断得以丰富和发展，并将影响其后继学习。

例如，本课反比例函数的图象与性质的探究过程中，对具体的反比例函数$y=\frac{6}{x}$进行研究时，教师要求学生观察分析解析式，由解析式中获得的信息来猜想其图象的大致特征，再列出表格，分析表中数据，验证猜想并进一步发现图象的其他特征，最后画图验证，归纳图象的特征和函数性质。在这一过程中，教师让学生将所想与现实情况、他人等不断进行理性对质和碰撞，使他们对反比例函数$y=\frac{6}{x}$的图象与性质的认识逐渐由模糊走向清晰。学生获得的不仅仅是数学知识、技能，解决问题的策略、方式、方法，他们还生动地体验了数学活动中探索与创造的活力，并获得了成功的喜悦，激发了自主探究、合作学习的主动性，在建构知识的同时，也收获了新的经验和策略，发展了学力。这真正为“生本课堂”提供了实施的可能。

（四）思维助手，蓄积活动经验

单一的、惰性的知识是零散、不系统和缺乏意义的，通常很难得以有效运用。教学中重点是要指导学生运用思维技能，建立良好的知识体系。这样，知识才会被学生牢固地掌握。运用“思维助手”（如结构性板书，如图7），学生能够借此来组织各种信息或作为生长新知的锚点，这既是师生思维碰撞的产物，又是帮助和指导学生思维的工具。不仅是知识的建构，更是学生学习能力和信心的建构。借助“思维助手”，通过启动元认知，让学生在经历过程中领悟经验，在探究活动中丰富经验，在反思评价中提升经验，在归纳应用中发展经验，切实将数学知识、数学技能、数学思想方法的获得统一于数学活动经验的积累过程中，从而不断提高学生的数学素养。这样的教学也会使学生感受到数学的和谐美、简洁美和整体美，使学生增进对数学美的主观感受能力，真正为学生的数学素养如藤蔓一样自然生长而奠基。

参考文献：

［1］中华人民共和国教育部．义务教育数学课程标准（2022 年版）［S］．北京：北京师范大学出版社，2022．

［2］傅瑞琦．“整体 · 关联”在概念教学中的应用：以“反比例函数”第一课时为例［J］．中学教研（数学），2022（3）：1－4．

［3］李玲，李红梅．性质教学中数学抽象素养的培养：以反比例函数性质为例［J］．数学教学通讯，2022（5）：6－9．

［4］陆志强．激活经验 变构学程：“反比例函数”教学实践与反思［J］．中国数学教育，2017（Z3）：68－73．

［5］王娟．“反比例函数的图象和性质”教学设计及启示［J］．中小学数学（初中版），2016（4）：54－56．

［6］王碧莹．“反比例函数的图像和性质”教学探索［J］．中学数学教学参考，2022（9）：1－4，7．

英语

大单元整体教学逆向设计探索

——以牛津译林版英语八年级下册
8B Module 1 Travel in time and space 教学设计为例

江苏省南通市通州区实验中学　曹爱华

第一部分　课标要求及教学建议

一、单元整体解读

（一）学材内容分析

《义务教育英语课程标准（2022 年版）》三级学业质量提出：学生能够在本学段要求的主题范围内，围绕相关主题群和子主题，根据规定的语言知识和文化知识等内容要求，有效运用听、说、读、看、写等语言技能和学习策略，依托三级内容要求规定的语篇类型，归纳并分析不同的语言和文化现象，使用较为规范的语言进行口头和书面表达，定期反思学习情况，调整学习计划，学会自主探究，主动与他人合作，共同完成学习任务。

本文所用教材选自牛津译林版英语八年级下册第一个模块话题 Travel in time and space“时空旅行”中的第二单元第二课时 Reading A trip to Hong Kong。本模块各单元的主题及内容要求如下：

单元	主题范畴	子主题内容要求（三级）
Unit 1　Past and present	人与社会	家乡和社会的变迁，历史的发展，对未来的畅想
Unit 2　Travelling	人与社会	中外名胜古迹的相关知识和游览体验，文化习俗与文化景观、节假日与庆祝活动
Unit 3　Online tours	人与社会	通过网络获取更多旅游信息，了解世界
Unit 4　A good read	人与社会	中外文学史上有代表性的作家和作品

如教材前言“致同学”所述“在本学期的学习中，我们先在家乡走走，了解她的过去和现在（Unit 1 Past and present）；再背起行囊，去感受外面世界的精彩（Unit 2 Travelling）；丰富的网络资源，还可以让我们足不出户环游世界（Unit 3 Online tours）；行万里路，也要读万卷书，书本可以带领我们穿越时空，通晓古今（Unit 4 A good read）……”很明显，本模块所有语篇的主题都是围绕着“旅游”这个大概念展开：从时间跨越到空间；从国内行走到国外旅游；从实地旅行到“云旅行”再到在“阅读世界遨游大千世界”……各个单元之间环环相扣、紧密相连。本模块所含语篇类型有对话、访谈、日记、报告、书信、广播节目稿、网页、小说节选、说明文和图表等。

结合新课标，本模块一般性教学目标设定如下：

1. 在听语音标准、语速较慢的个人经历或见闻时（广播节目），能获取时间、地点、人物关系等要素。

2. 朗读相关主题的简短语篇时，能做到连读、停顿自然，语音、语调基本正确。能就熟悉的话题同他人进行简单的信息交流；能适当借助图片或多媒体等手段进行描述或介绍；能使用简单的衔接词和其他句法手段连接句子。

3. 能运用一定的阅读策略，借助表格、思维导图等工具梳理书面语篇的主要信息。

4. 能选用正确的词语、句式和时态，通过口语或书面语描述、介绍一次旅行，表达个人看法，表意清晰，话语基本通顺。

5. 积极参与课堂活动，与同伴一起就相关主题进行讨论，合作完成学习任务。

新课标教学建议“加强单元教学的整体性”，要求深入解读和分析单元内各语篇及相关教学资源，并结合学生的认知逻辑和生活经验，对单元内容进行必要的整合或组建，建立单元内各语篇内容之间及语篇育人功能之间的联系，形成具有整合性、关联性、发展性的单元育人蓝图。同时引导学生对各语篇内容进行学习和主题意义的探究，逐步建构和生成围绕单元主题的深层认知、态度和价值判断，促进其核心素养综合表现的达成。基于此，教师就要构建由单元教学目标、语篇教学目标和课时教学目标组成的目标体系，使学生逐步建构起对单元主题的完整认知，促进学生正确态度和价值观的形成。实现语篇教学目标和课时教学目标是达成单元教学目标的前提。教师要以大单元教学目标为统领，组织各语篇教学内容，规划系列教学活动，引导学生在学习过程中逐步建构对大单元主题的认知，发展能力，推动学生核心素养的持续发展。

主题大单元语境如下：某著名作家曾说过："旅行是一种学习，它给你用一双婴儿的眼睛去看世界，去看不同的社会，让你变得更宽容，让你理解不同的价值观，让你更好地懂得去爱、去珍惜。旅行让你以另外一种身份开始一种新的生活，进行新的尝试，让你重新发现自己。"那么生活中的旅行，又能让你收获什么呢？让我们从教材出发，跟随编者一同探寻旅行的意义！

（二）模块单元教学目标

1. 了解游记的写法，能运用丰富的词汇完整、详细（五个要点和细节）、有创造性地介绍一个景点、城市或国家。

依据的课程目标（学业质量标准3–11）：能用所学英语，通过口语或书面语简单介绍中外主要文化现象（如风景名胜、历史故事、传统文化等），语义基本连贯。

依据的核心素养目标：在书面表达中，能选用不同句式结构和时态，描述和介绍身边的人、事物或事件，表达情感、态度、观点和意图等。

2. 能与以英语为母语的人交流有关旅游的感想，能用英语表达自己在旅游过程中的所见所闻。

依据的课程目标：用简单的书面语描写他人的经历或熟悉的事物等（语言技能）。

依据的核心素养目标：初步具备用所学英语进行跨文化沟通与交流的能力。

3. 能通过多媒体资源更多元地了解世界地理，熟悉世界各地的风土人情。

依据的课程目标：在收听或观看主题相关、语速较慢的广播、电视、网络节目时，识别主题，理解大意，获取主要信息（语言技能）。

依据的核心素养目标：能多渠道地获取信息（学习能力）；能通过文化对比，形成理解、尊重与包容的态度（文化知识）。

4. 学生能运用与旅游相关的知识和语言，通过小组合作来制订旅行计划和写网络游记。

依据的课程目标：经常和同学组成小组，合作学习英语（学习策略）。

依据的核心素养目标：能运用相关语言知识进行连贯、流畅的书面表达（语言能力）；能多渠道地获取所需信息（学习能力）；能调动一切已知信息，创新且有价值地解决问题。

（三）模块单元学习任务设计

1. 我们能从旅行主题宣传类材料中了解、收获些什么？

2. 旅行开始前要做哪些准备工作？结束后将用什么方式来记录？

3. 游记怎么写？怎样用英语描述自己的旅行及感受？

（四）模块单元评价任务设计

1. 表现性任务。

（1）听力课堂——听懂、看懂关于旅游话题的英文广播节目或视频，能识别其主题，获取时间、地点、活动安排等主要信息。

（2）人在旅途——创设与偶遇的旅友交流的情景：能制订旅游计划，在对话中描述自己或他人的旅行经历或感受。

2. 根据预期结果，需要收集的其他证据。

（1）复述课文——用课文中游记的写作顺序复述课文。

（2）任务展示——规划一次旅行，写一篇游记。

3. 自我评价和反馈。

（1）自评作文。

（2）组内互评英语短剧《人在旅途》。

（3）单元结束时反思：旅行能收获些什么，该如何计划旅行和记录旅行？

第二部分　课时教学设计

8B　Unit 2　Travelling
Reading 1：A trip to Hong Kong

一、学习目标及重难点

基础组	发展组	提高组
1. 能正确朗读课文，根据拼读规律，读出简单的生词 miss，ride，pie，such，speed，cartoon，magic，couple，并养成按意群阅读的习惯。 ★2. 了解 scanning 和 skimming 两种快速阅读策略：通过略读提升对文本的概括能力，运用查读提高从文本获取信息的能力。 3. 能简单复述短文大意。 4. 能体会到英语学习的乐趣，乐于感知，积极参与课堂学习活动，能与其他同学积极配合和合作，遇到困难时能大胆求助	1. 能连贯、流畅地朗读短文，能根据上下文和构词法推断、理解生词 indoor，roller coaster，character，parade 的含义。 ★2. 能根据不同的阅读目的运用不同的阅读策略获取信息，能读懂该体裁相应水平的读物；整体把握篇章结构、构建段落层次关系、理解同层次关系的衔接手段。 3. 能在有帮助的情况下根据图片或文字说明简单描述自己或他人的经历。 4. 有明确的学习目的，在小组活动中积极与他人合作，相互帮助，共同完成学习任务	1. 朗读相关主题的简短语篇时，连读、停顿自然，语音、语调基本正确；朗读文中含有人物心情的表达时，能体会情感并朗读到位。 ★2. 能用篇章结构的整体概念以及句际间的逻辑关系进行口头或书面表达练习。通过深读提高文本解构能力，增强探究意识和语用能力，将文本信息转换成结构图。 3. 能就熟悉的话题同他人进行简单的信息交流。 4. 能在英语交流中注意并理解他人的情感，勇于克服困难，乐于探究

二、教学准备

配套教学光盘、PPT 课件、英语书、《译林英语初中补充习题》。

三、教学步骤

1. Skimming

(1) T: Skim the whole passage and see where you can find the answers to *when*, *who*, *where*, *how* and *what*, then finish B1 on Page 24.

Amy: Who did you go to Hong Kong with?

Kitty: I went there with ________.

Amy: Where did you go during your stay there?

Kitty: We went to ________.

Amy: How did you get there?

Kitty: We got there ________.

Amy: How long did you stay in the park?

Kitty: We stayed there for ________.

Amy: Did you enjoy yourselves there?

Kitty: Sure. We had ________.

(2) T: Pay attention to the structure of the passage: How many paragraphs are there in the letter? How many parts can you divide them into? What are they?

Keys:

Paragraph 1 　　Greetings and introduction

Paragraphs 2 ~ 6 　　A day at Disneyland

Paragraph 7 　　Wishes

2. Scanning

T: Scan Paragraphs 2 ~ 6 and fill in the blanks.

Paragraph	Time/sequence		Activity
2	morning	first	Had fun on ________
3		next	Hurried to have a ________ and met Disney ________ on the way

Paragraph	Time/sequence		Activity
4	afternoon	________ in the afternoon	Watched a ________ of Disney characters
		________ the parade	Watched a ________
5		then	Did some ________
6	evening	at the ________ of the day	Watched ________ in front of the castle

How did the writer connect the ideas? The writer put the events in the order of ________.

A. space B. time C. logic

T: "Transitions" between paragraphs show time or sequences, and they help connect the ideas. With the help of them, the story has a clear sequence.

3. Careful reading

Read the passage carefully, and find the detailed information.

(1) Paragraph 2: What is the Space Mountain? How was it? How do we know that?

Discussion: When we enjoy ourselves on roller coasters or in restaurants, what's important to keep us safe?

Keys:

Listen to the staffs' order.

Fasten our safety belts.

Don't put our hands out of the window.

Stop using mobile phones through the ride.

Make sure the food is fresh and clean.

Never have too much ice cream or cold drinks.

(2) Paragraph 3:

Work in pairs: Can you guess why they hurried? In this letter, can you find more examples like this?

(3) Paragraph 4: How was the parade? How do we know that?

Why was the film like magic?

Explain what the 4-D film is.

Discussion: How do we show our manners during the show?

Place	Do's	Don'ts
In the theatre		
In the open air		

Keys:

Place	Do's	Don'ts
In the theatre	Turn off/down our mobile phone before the show starts.	Don't shout or laugh loudly during the show. Don' leave halfway.
In the open air	Wait for the parade behind the isolation belt.	Don't pull or push the actors. Don't drop litter everywhere.

(4) Paragraph 5: What did Kitty buy? What did Kitty think of them?

(5) Paragraph 6: How about the fireworks?

Further thinking: How did Kitty feel during the trip? Writers don't always tell us exactly how a character is feeling. We need to find clues from the article. Read Kitty's letter again to find the sentences that show her feelings.

【设计意图】略读—寻读—细读，层层深入，引导运用不同的阅读技巧完成任务，体会表示时间和顺序的连接词的用法，以读促写，为后面的游记写作埋下伏笔。掌握推断的方法，能够关注细节，体会字里行间所表达的情感，提高阅读技能。

4. Post-reading

【基础组】

Activity One: Read the following two passages correctly, underline some useful expressions and try to learn them by heart.

(1)

I went to Hainan with my parents in February. Hainan lies in the south of China.

Haikou is the capital city of Hainan Province. There are many famous attractions in it. We went to the Holiday Beach, a fantastic place. It was a sunny day, so we took a walk along the beach. We also went to the People's Park. We hired a bicycle and rode around the park. It was much fun! Then we went to Sanya. We went to see some underground caves. I took many photos of them.

There is so much to see in Hainan. I want to visit it again in the future.

(2)

Dear Linda,

I have been in Beijing for two weeks. I had great fun here.

I went to the Great Wall last Saturday. I walked on the wall for a long time and I enjoyed the view around the wall. I couldn't stop taking photos. You can see some more on my blog. I took a tour around the Palace Museum yesterday. I was surprised that there were so many beautiful arts and crafts there. I really liked them.

I am going to visit the World Park next weekend. I will spend a whole day there. Let me tell you the details later.

Best wishes,

Lily

选自《2022年江苏省初中英语听力口语自动化考试纲要 朗读部分》

Activity Two: Read the passage and complete the exercise.

John would like to have a vacation in Chengdu, so he is looking for some information online.

The following information is what he reads:

<table>
<tr><th>Day</th><th colspan="2">Hotel</th><th>Departure(出发) Date</th><th>Price</th></tr>
<tr><td rowspan="3">5 days: 2 nights in Wenxin Hotel and 2 nights in Minshan Hotel</td><td rowspan="3">Wenxin Hotel:
Tea and Chinese restaurants,
Swimming pool</td><td rowspan="3">Minshan Hotel:
Restaurants, Coffee club</td><td>June 20, 2017</td><td>RMB 980</td></tr>
<tr><td>July 13, 2017</td><td>RMB 1 068</td></tr>
<tr><td>August 25, 2017</td><td>RMB 1 688</td></tr>
<tr><td colspan="5">Book online: www. Chengdu Journey. com. cn. QQ: 989899978
Call Mr. Wang at 028-68527108</td></tr>
<tr><td colspan="5">Business Hours: Weekdays: 24 hours; Weekends: 8: 30 a. m. —6: 00 p. m.</td></tr>
</table>

1. John can drink coffee at ________.

A. Minshan Hotel　　B. Wenxin Hotel　　C. Dunhuang Hotel

2. According to the information, which hotel can John swim in?

A. Wenxin Hotel.　　B. Tibet Hotel.　　C. Minshan Hotel.

3. John cannot book a ticket by telephone at ________.

A. 8:00 a. m., Monday

B. 9:00 p. m., Thursday

C. 7:00 p. m., Sunday

4. John can book the tickets in ________ way(s).

A. one　　B. three　　C. two

5. According to the information, which of the following is TRUE?

A. John is spending his vacation in Tibet.

B. John can stay in Chengdu for four nights in Minshan Hotel.

C. John can save much more money if he chooses to be on vacation in June than that in August.

《四川巴中2017年中考》

Keys: AACBC

【发展组】

Activity 1: Complete the notes.

T: Daniel is planning a trip to Disneyland in the USA. He is reading some "Frequently Asked Questions" about Disneyland on the Internet.

Q: When is the best time to visit Disneyland?

A: Any time is a good time to visit Disneyland! Weekends, Christmas and the summer holiday are our busiest times. There are more shows and performances on these days.

Q: How many days should I spend there?

A: You need at least two or three days to enjoy Disneyland. However, there is enough fun for a whole week!

Q: Where should I stay?

A: You can stay at the hotels near Disneyland. There are shuttle buses to and from Disneyland. Usually Disneyland is close to an underground station. It is easy for you to go to the city centre or to other areas.

Q: Where should I eat?

A: There are many places to eat in Disneyland. You can find fast food like hamburgers, hot dogs and chips. They also provide cola, milk and water. If you like Chinese food, you can also find Chinese restaurants.

Q: What can I buy?

A: You can buy many souvenirs including toys, key rings and postcards.

Q: What should I bring with me?

A: Bring shorts, T-shirts and sunglasses in summer and trousers and jackets in winter. It might rain, so it is a good idea to bring an umbrella.

Hotels: ________

Transport: ________

Restaurants: ________

Things to buy: ________

Things to bring: ________

Activity 2: Fill in blanks.

My trip to Hainan

I have ever been to Hainan on vacation. Last year, I went there by ________ with my friends on July 7th and stayed there for three days.

The weather was ________ and hot. During that time, I had a ________ time there.

Hainan is a beautiful city. And the beaches and the shopping centres are very famous. Most people there are very ________, so you will feel like part of them. Hainan is also very clean and colourful. The food there is very ________. Have you ________ (听说) of Hainan's fruit and seafood? They are very fresh and famous. Lots of people like eating them. In Hainan, I went ________ (购物), went to the beaches and took ________ (照片). It was ________.

What a ________ vacation! I would like to go there for a second time if I have a chance.

【设计意图】提供相关主题的语篇，增加语言的输入。

【提高组】

Activity 1: Make a summary.

T: A travel note usually includes three parts: introduction, main body and ending. In the introduction part, we often talk about when, who, where and how. We often tell what happens in the order of time. The transitions can help to make the article clearer. Remember that a lot of details are needed too.

【设计意图】总结游记类文章常见的写法，帮助回顾本文的结构和特点。

Activity 2: Present some pictures about Hainan.

T: Kitty had a good time at Disneyland. I'm sure that before she went to Hong Kong, she must make a plan for her trip. So, can you make a plan for Millie's trip to Hainan? First, let's see some pictures about attractions in Hainan. Work in groups of four and discuss what they can do and where they can go in Hainan.

【设计意图】本环节设计出游计划的活动，旨在明确在出游前应制订计划，同时也为下一节课叙述自己的出游经历做铺垫。

附：

多元自主阅读助学单

写一写	有的放矢	参照下文，在书本上用记号笔画出本语篇所含有的四会内容
	达成目标	明确本节内容的重难点表达，有针对性地进行下一步精加工，能把所学知识整理、归纳、提炼并升华到理论高度
	任务内容	完成一篇障碍性阅读； 友情提醒：英语是多形态语言，千万不要得意忘"形"

Fill in the blanks according to the text. （注：在书本相应位置用荧光笔标注）

Hi Millie,

①How are you? We haven't seen each other since last week. I ________ (*vt.* 想念，思念) you so much. My parents and I ________ (be) in Hong Kong for two days. We're having a ________ (*adj.* 极好的，美妙的) time here. Today we spent the whole day at Disneyland.

②We got to the park by underground. First, we had fun on Space Mountain—an ________ (*adj.* 在室内的) ________ (*n.* 过山车，环滑车) in the dark. It ________ (高速运动) and was really exciting! We were screaming and laughing through the ________ (*n.* 乘坐).

③Next, we ________ (匆忙去) a restaurant to have a quick meal. ________ (在路上), we met some Disney ________ (*n.* 卡通片，动画片) ________ (*n.* 人物), ________ (例如) Snow White and Mickey Mouse. They were so cute.

④Everybody got excited when a ________ (*n.* 庆祝游行) of Disney characters began ________ (傍晚). ________ (这是一天中的最佳时刻). I ran after them and ________________ (不停地拍照片). After the parade, we watched a 4-D film. It was like magic. We could even smell the apple pie and feel the wind.

⑤Then we did some shopping. I bought ____________ (一对；几个，几件) key rings for classmates. ____________________ (我确信你会喜爱它们).

⑥____________ (在……末尾) the day, we watched the fireworks in front of Sleeping Beauty ________ (*n.* 城堡). The castle looked bright and beautiful under the fireworks.

⑦I know you ________ (go) to Hainan. I hope you've ________ (玩得高兴) there!

See you soon.

Yours,

Kitty

Pre-reading

1. Make a prediction: What do you think the text will talk about? How do you think the writer will organise the text?

2. Please number the paragraphs. How many paragraphs are there?

【设计意图】训练大意阅读策略。根据标题、次标题、首尾句等预测文章内容、文章结构，培养想象力、预判力。

大意阅读策略：根据标题确定大意；根据首尾段、首句、结论句判断；根据每一段的主题句判断文章主题；根据文章次标题判断主题；通过对文章核心内容的概括判断主题；快速阅读全文，概括大意。

While-reading　Global reading with a focus on structure

读一读	有效先学	整体感受文章框架结构：能迅速查找要点和细节
	达成目标	掌握快速浏览、了解主要内容的阅读技巧，最终完成以读促写的转换
	学习任务	分析文章内容结构，试着拿出自己独到的见解，更深刻地领会知识，体验创新学习的喜悦。

1. How many parts can we divide the letter into and what are they?

2. When we write about an experience or event, we can organise our ideas using the following five main points. Please read the text and see where you can find the answers to the following questions.

(1) When did it happen?

(2) Where did it happen?

(3) Who was there?

(4) What happened?/What did they do or see there?

(5) How did they feel?

3. The writer develops the passage mainly by ________.

A. providing special examples

B. following the natural time order

C. giving out a cause and analysing its effects

D. comparing opinions from different worlds

4. How did the writer connect the ideas, time, place or logic?

5. Fill in the table according to the letter.

A day at ________

Paragraph	Time/sequence		Activity
2	morning	first	Had fun on ________
3		next	Hurried to have a ________ and met Disney ________ on the way
4	afternoon	________ in the afternoon	Watched a ________ of Disney characters
		________ the parade	Watched a ________
5		then	Did some ________
6	evening	at the ________ of the day	Watched ________ in front of the castle

Sum up(小结): How do students read the text quickly to get the main idea?

While-reading Intensive reading with a focus on structure

读一读	大胆质疑	主动学习，发现问题；积极思考，解决问题。自我提问，促进理解和记忆，激发学习的无限潜能和乐趣
	达成目标	掌握查找细节的阅读技巧
	任务内容	编写至少一道阅读理解题，小组合作时，和同学互相提问，比一比对文本及知识的理解深度；每组选两题用于全班交流

1. Answer the following questions:

(1) What can we infer about Kitty's feeling from the sentence in Paragraph 2 "We were screaming and laughing through the ride"?

A. She's frightened. B. She's amazed. C. She's hurt. D. She's excited.

(2) What does the phrase "a couple of key rings" in the fifth paragraph mean?

A. Two key rings.

B. A pair of key rings.

C. A small number of key rings.

2. 请参照下列所给句子设计问题，检验文章细节理解，看一看谁的问题更精彩。

(1) Which of the following is the right order of...?

(2) What's the main idea of the passage?/What is the text mainly about?

(3) What is the writer's purpose to write the passage?

（4） What is the author’s attitude towards…？

（5） What can we infer from the underlined sentence in Paragraph…about…？

（6） What conclusion can you come to after reading the passage？

（7） What does the underlined word/phrase “________” in the…paragraph mean （in Chinese）？（词义猜测题）

（8） Which word can give an example to explain the meaning of the word…？

（9） What does the underlined word “they” in Paragraph…mean？

（10） What do you think of…？

说明：参阅型问题（应用、分析层次）——在理解并获得文本的事实信息后，为进一步理解挖掘文本信息而设计的问题，作答时参阅文本内容，同时结合自身的认知和经验，对这些信息进行分析、比较、推理和总结后得出结论。

①What is the text about？How do you know？

②Who would be most likely to read this text and why？

③Who is this text most probably intended for？

④What are the structures and features of the text？

⑤What type of text does the text belong to？

⑥Is the passage well organised？

⑦What do the images/words suggest？

评估型问题（综合、评价层次）——一个具有评判性思维能力的读者总是通过询问自己“为什么”来对自身的阅读进行检测和控制，并通过与作者不断“对话、沟通和交流”构建知识，形成自己的观点和看法。更为重要的是，在经过认真思考文本中或别人的新思想、新观点后，愿意修正或改变自己就某一问题的看法，不断发展思维，完善心智模式。

①What （content/sentence/expression/idea） impresses you most？Why？

②If you were…，what would you do？/If you were…，how would you react？

③Do you agree with the writer’s opinions？Why （not）？

④Which one do you most agree with？Why？

⑤Can you provide some more strong reasons/examples/evidences to support the writer's conclusion?

Further thinking　Intensive reading with a focus on language

想一想	大胆质疑	多思多问，自问自答
	达成目标	自我提问，促进理解和记忆，激发学生学习的无限潜能和乐趣
	任务内容	从语言表达的角度，品味作者的精美措辞

1. Discussion: Discuss in groups of four: What touches you most in the text? Give your reasons. Or what can you learn from it?

2. How did Kitty feel during the trip? Writers don't always tell us exactly how a character is feeling. We need to find clues from the article. Read Kitty's letter again to find expressions that show her feelings.

参照书本 P25 B4: Find the sentences in her letter that show her happiness.

____

____

____

质疑: Is Kitty just happy? Can you find a better word to describe Kitty's feeling? Please give us more details to support your idea, OK?

参考思路: 比较下面每组表达，哪个更好，为什么?

L4. We're having a fantastic time here.

& We're having a good/great/nice/wonderful time here.

L10. Next, we hurried to a restaurant to have a quick meal.

& Next, we went to a restaurant to have a meal.

L12. They were so cute.

& They were very cute.

L13. Everybody was excited when a parade of Disney characters began later in the afternoon.

& Everybody got excited when a parade of Disney characters began later in the afternoon.

L16. We could smell the apple pie and feel the wind.

& We could even smell the apple pie and feel the wind.

Tips: While enjoying some good writings, we'd better pay attention to the checkpoints:

(1) Is the writing well-organised?

(2) Are the given useful words and expressions properly used?

(3) Is it creative and attractive?

【设计意图】引导学生关注作者用词的恰当性、精确性和简洁性；关注句子的清晰性、连贯性和多样性，帮助学生认识到语言的有效使用可以有效达成交际目的。

Homework

1. 基础组的作业目标定位：查漏补缺、理解课文。

(1) Read the passage after the recording.

【意图】帮助学生复习课文，查漏补缺。

(2) 话题简述：

例一要点：

①我和父母已经在香港待了三天了，我们在这儿过得很愉快。

②今天，我们在迪士尼乐园度过了一整天。迪士尼乐园是个著名的主题公园，共有四个不同的区域，我们都去参观了。最后，我们观看了一场烟火表演。

③我在那儿拍了许多照片，回去后会给朋友们看。

Keys: My parents and I have been in Hong Kong for three days. We are having a good time here. Today, we spent the whole day at Disneyland. It is a famous theme park. It has four different areas. We visited all of them. At the end of the day, we watched a fireworks show. I took a lot of photos there. I will show them to my friends when I get back.

例二要点：

①上星期六我们乘地铁去了迪士尼乐园。

②我们先在大门口拍照，然后参观了乐园里的四个区域。下午当迪士尼人物开始游行时，我们非常激动——这是一天中最精彩的部分。游行后，我

们观看了一部4-D电影。

③我们在乐园里待了大约八个小时。这可真是激动人心的一天。

Keys: Last Saturday we went to Disneyland by underground. First we took photos at the entrance. Then we visited the four areas inside. We were very excited when a parade of Disney characters began later in the afternoon. It was the best part of the day. After the parade, we watched a 4-D film. We stayed at the park for about eight hours. It was a really exciting day.

选自《2022年江苏省初中英语听力口语自动化考试纲要 话题简述部分》

2. 发展组的作业目标定位：提升能力、自由表达。

(1) Pick out at least five new expressions in the text and make sentences with them.

【意图】旨在帮助学生运用本课所学词汇。

(2) Make a poster about Disneyland.

创造性地运用本课语言，并以书面成果体现，发展综合语言运用能力。鼓励运用网络资源，拓展语言知识。

3. 提高组的作业目标定位：夯实基础、重构课文。

(1) Write at least 70 words about the topic.

Suggested questions: What impression does the text leave on you after reading it? Why?

【意图】开放式提问的目的在于拓展思维，引导与文本开展深度对话，并用所学语言表达自己的想法。

附：

阅读自评单

概览——选择目标

1. 从标题看，这篇文章讲的是什么？

2. 从文章开头和结尾（或小标题、各段首句）来看，该文章的内容是否与刚才的猜想一致？

3. 这篇文章值不值得（我）细读？

提要——把握文章脉络

4. 我用了摘要还是别的方式提炼文章主题的？

5. 我采取纲要法厘清文章的脉络了吗？

6. 我很好地把握了文章的主题和结构了吗？

细读——对文章进行深层次理解

7. 我每读一句是否能够考虑它与上文的联系？

8. 在读的过程中我能否对下文进行预测？

9. 读完一段我能够考虑其与上文的联系吗？

10. 我能根据上下文猜测词义吗？

11. 我理解了文章的潜在含义吗？

12. 我了解作者的写作意图吗？

13. 我同意文章中的观点吗？

14. 我能够把整篇文章连贯起来理解吗？

检测——任务自查

15. 我理解了文章的字面意思和隐含的意思了吗？

16. 我把握了文章的结构了吗？

17. 我学到了哪些知识（包括词汇和句法）？

18. 我在阅读中遇到了什么困难？原因是什么？解决得如何？

19. 我在阅读过程中运用了哪些阅读技巧？运用是否得当？效果如何？

20. 我解答理解题质量如何？为什么？

21. 我完成阅读任务了吗？

22. 本次阅读对以后的阅读有什么启示？

【设计意图】自我评估，检查在阅读、过程中策略的运用和效果，培养自我监控能力和元认知阅读能力。

书面表达自评单

<table>
<tr><td rowspan="2">内容
(8分)</td><td colspan="2">7～8分</td><td colspan="2">5～6分</td><td colspan="2">2～4分</td><td>0～1分</td></tr>
<tr><td colspan="2">内容切题，意思连贯，表达清楚、完整</td><td colspan="2">内容基本切题，意思大致连贯，表达基本清楚，但不够完整</td><td colspan="2">内容不够切题，意思不够连贯，表达不够清楚，有些离题</td><td>文不对题，表达不清</td></tr>
<tr><td>语言
(8分)</td><td colspan="7">词数：每少5个单词扣0.5分，以此类推。只写出个别单词、词不成句不给分。
拼写：每处错误扣0.5分，同一错误不重复计数。
语法：每处错误扣0.5分，同一语法错误不重复扣分。
标点符号、大小写：每两处错误扣0.5分，但扣分总和不超过1分</td></tr>
<tr><td rowspan="2">组织结构
(4分)</td><td colspan="3">3～4分</td><td colspan="3">2分</td><td>1～2分</td></tr>
<tr><td colspan="3">内容充实，上下文连贯，用语规范，表达准确，无语法错误。
词汇和句型句式运用恰当，多见好句型和习惯表达用语者，可给3～4分</td><td colspan="3">内容充实，不写废话，上下文连贯，用语规范，表达准确，无或少见语法错误。
词汇和句型句式运用恰当，多见好句型和习惯表达用语者，可给2分</td><td>一般情况下，内容和语言累计得分在15分以上者（含），方可得到1～2分组织结构分</td></tr>
</table>

学习日志：快乐分享，协作共赢！

本次学习，你一定通过思考解决了很多问题。请记录下你认为最满意或最成功的思考成果或学习到的经验和大家交流分享：

____

____

还需要进一步和同学合作讨论或等待解决的困惑：

____

____

第三部分　教学设计解读

一、教学设计解读

为了落实新课标“坚持育人为本；面向全体学生，充分尊重每一个学生，对学生抱有合理期待，让他们获得积极学习体验，感受到学习的乐趣和教师的信任，得以健康、自信、阳光地成长”，提供的教学设计和学案设计是基于“差异化教学”理念，兼顾了不同学生的认知水平，有利于教师和学生都能看得见学习的进步，同时每一层级（基础、发展、提高）的学生都有相应表现性任务，落实了新课标提出的“教学评”一致性要求。

本文提供的是牛津译林版八年级下册 Unit Two 的核心语篇 Reading 的教学设计。语篇主题属于“人与社会”范畴、“文学、艺术与体育”主题群、三级子主题内容中的“世界主要国家的文化习俗与文化景观、节假日与庆祝活动”。根据新课标课程内容中三级的语篇类型内容要求，本文属于“记叙文”。

语篇是表达意义的语言单位，是人们运用语言的常见形式。在使用语言的过程中，人们需要运用语篇知识将语言组织为意义连贯的篇章。语篇知识是有关语篇如何构成、如何表达意义，以及人们如何使用语篇达到交际目的的知识。语篇中各要素之间存在复杂的关系，如句与句、段与段、标题与正文、文字与图表之间的关系。语篇知识在语言理解与表达过程中具有重要作用，有助于语言使用者理解听到、看到或读到的语篇，以及在口头和书面表达过程中根据交流的需要选择恰当的语篇类型、设计合理的语篇结构、规划语篇的组成部分、保持语篇的衔接和连贯。

教材文本是非常好的语言载体，不仅能够给我们提供丰富地道的语言，还能提供不同体裁的文本框架结构。我们需要对不同体裁的文本结构进行图式构建，从而提升有意识的输入及有效输出，实现阅读能力和写作能力的相辅相成。

本文属于记叙文，具有一定的代表性，学习本文为后续同类文章的学习积累了方法和经验。学生大致按照以下流程展开学习：预测课文内容—略读概括文本大意—细读了解文本细节—深读探究语言表达—学习与运用建议性词块谈论相关话题。

鉴于学生学习的准备状态、学习风格等方面的差异，同样的学习任务，我们设计了不同层级或不同方式的学习成果的输出要求；针对同样的学习任务，我们采用了适合不同学习风格的学习内容呈现方式。

做任何事情都要讲究策略，学习英语也不例外。使用有效的外语学习策略，不仅可以改进外语学习方式，提高学习效果和质量，还可以减轻学生的学习负担。另外，把学习策略的培养渗透到教学之中，可以帮助学生克服学习上的困难。因为本文属于记叙文，新课标语篇知识内容要求“理解记叙文语篇的主要写作目的、结构特征、基本语言特点和信息组织方式，并用以描述自己和他人的经历”。在指导学生学习时，我们要帮助学生注意相同问题类似或共有的语篇结构和语言特征，建立问题图式、内容图式和语言图式，引导学生充分利用语篇知识有效获取和传递信息，表达观点和态度。

新课标倡导我们要注重培养和发展阅读素养，为学生提供课外阅读的环境、资源和方法，创设良好的课外阅读氛围，帮助学生在阅读中得到全方位的发展。我们要鼓励学生将阅读经验与现实生活相联系，引发情感共鸣和阅读期待。为了帮助学生进一步发展阅读技能和策略，提升阅读流畅度，同时构建词汇语义网络、积累词汇，我们还可以借用其他英语教材版本中该主题的语篇作为学生的学习资源，帮助学生建构基于主题的结构化知识。针对本主题，我们还可以开展更多的英语综合实践活动，如与历史和地理学科联合的“家乡一日游”活动设计。

另外，我们在完成本课思维导图 A day at Disneyland 时，可以引导学生回顾八年级上册第三单元 Unit 3 A day out 的 Task“A big day out”这一篇文章，并进行对比学习。设计如下学习活动：Change the letter into an invitation letter to your friend and make a day trip plan at Disneyland，将本语篇改写成一封邀请信，邀请朋友去迪士尼乐园一日游，并帮助设计一份一日游的旅游攻略。旨在帮助学生运用所学语言，围绕真实情境和真实问题，激活已知，参与到指向主题意义探究的学习理解、应用实践和迁移创新等一系列相互关联、循环递进的语言学习和运用活动中。

二、教学反思

目前大多数英语阅读教学都处在一种浅层次阅读的状态，对文本信息的理解停留在表层，是一种以完成阅读任务为目的的被动阅读。且多项活动设计停留在同一思维水平，缺乏富含高阶思维（推理能力、归纳能力等）的活动创设。

阅读学习的目的：通过阅读文本掌握基本的语言、文化等知识；发展阅读技能并逐步完善自己的阅读图式能力；形成自主获取信息，处理信息的能力。

阅读过程：并不是简单的信息传递和读者被动接受的过程，而是一个读者已有的知识和经验与文本信息和作者之间非常活跃的互动过程。在此过程中读者自始至终处于积极主动的状态，不停对视觉信息进行解码、加工和处理。这个过程也正是评判性思维的过程。

阅读不仅要认识单词、理解句子，读懂基本信息，更要了解作者的观点态度。学生不能仅仅通过阅读理解作者的观点与立场，还要分析作者的观点和立场是否恰当，从而形成自己的观点和立场。所以阅读教学的目的就是培养学生的交际性阅读能力，即根据不同的阅读目的运用简单的阅读策略获取信息，并对信息进行分析、推理和评价，以实现交际目的。

综上，阅读教学的两大核心主题：教师对文本的深入解读和学生的阅读体验。正确深入多角度的文本解读、关注阅读策略的培养、关注文本意义与语言形式的结合，这一切需要我们努力营造一种将语言、内容、思维有机融合的英语阅读教学过程，帮助学生全面正确地了解文本内容、文本结构、主旨大意，体验思维的过程，理解作者意图，表达自己的观点。

对于文本结构，要研究阅读文本对于写作教学的启示，同样要关注写作教学对于阅读文本的依赖。读写结合（reading for writing），首先是文本话题作为写作的内容基础，然后是表达形式的借鉴。平时教学中的这种教学思路，应有利于实现以阅读促写作、以写作促阅读的良性循环。

关于文本语言，需要关注“语境”意识。英语阅读教学中的语言处理不是孤立、抽象的词汇、语法等语言知识的讲解，而是融入文本理解过程的体验式的、语境化的语言学习，培养“赏析”意识。每一篇课文都有自己独特的语篇优势。英语教学不但要指导学生清楚作者表达了什么内容，而且更应该指导学生明白作者是通过哪些语言手段增强表达效果的，以及为什么这样表达。

只有“读”得恰到好处，才能“写”得恰如其分。我们要引导学生模仿文本提供的语言范式，总结该话题的核心表达，激发学生语言学习的原动力，让他们进行口头和笔头输出表达。即文章构思的过程包含着一个复杂的思维过程：确定什么样的主题，选择什么样的内容，模仿什么样的语言，按照什么样的顺序来组织语篇等。

道德与法治

核心素养导向的深度学习

——以人教版八上“国家好 大家才会好”教学为例

江苏省南通市通州区金沙中学 王 卫

第一部分 课标要求及我们的教学建议

一、单元整体解析

（一）学材内容分析

“国家好　大家才会好”为部编《道德与法治》八年级上册第四单元的内容。通过第一单元“走进社会生活”、第二单元“遵守社会规则”、第三单元“勇担社会责任”的学习后，学生对个人与他人、个人与社会的关系有了较为清晰的认识，同时明确认识了对自己、对他人、对社会需要承担的社会责任，以此为契机，第四单元将引导学生从对他人、对社会的认知进一步扩展到国家层面，从国家利益、国家安全和国家发展三个维度形成对国家全面、深入的认识，并要求学生将这种认识落实到自己的行动上，进而培育学生的政治认同、道德修养、法治观念、健全人格、责任意识。

改革开放40多年来，我国综合国力持续增强，经济社会持续发展，人民生活水平持续提高。经过长期努力，中国特色社会主义进入了新时代，我国开启了全面建设社会主义现代化国家的新征程。2020年，中国全面建成小康社会，新冠肺炎疫情暴发；2021年，中国共产党成立100周年。面临百年未有之大变局、疫情形势的不稳定性，我国经济依然能够逆势上行，人类命运共同体得到了世界上大多数国家的认可，这些都是值得我们引以为豪的。但是，我们更应清醒地看到我国的发展并不是一帆风顺，多种敌对势力对中国的迅速崛起充满了敌意，对中国进行全面的经济封锁。所以，在这样的背景下，我们每位公民必须意识到国家利益、国家安全的重要性，更要从认知落实到行动上。

当前我国国家安全的内涵和外延比历史上任何时候都更丰富，时空领域比历史上任何时候更要宽广，内外因素比历史上任何时候都更复杂，必须坚持总体国家安全观。国安才能国治，治国必先治安。保证国家安全，是完善和发展中国特色社会主义制度，推进国家治理体系和治理能力现代化的有机组成部分。我国国家安全治理，是新形势下的安全治理深化。当前我国国家安全的内涵和外延比历史上任何时候都更丰富，决定了新形势下国家安全治理不同于计划经济时期，不同于改革开放初期，而是必须准备进行具有许多新的历史特点的安全治理。我国国家安全治理，是坚持中国特色国家安全道路的安全治理实践。国家安全是实现国家利益最根本的保障，关系人民幸福、社会发展进步和中华民族伟大复兴。所以我们要树立总体国家安全观，切实增强国家安全意识，以实际行动维护国家安全。

在我国，国家利益是广大人民最根本、最长远的利益。国家安全利益是国家的最高利益。身处在百年未有之大变局的时代，我们面临的国际安全环境日趋复杂，青年是祖国的未来和希望，每一个中华儿女应该肩负起实现中华民族伟大复兴中国梦的光荣使命。

根据以上背景，教材将“维护国家利益”作为一个单元，全面落实习近平新时代中国特色社会主义思想，集中进行国家利益、总体国家安全观、家国情怀的专题教育，将国家安全的重大主题教育有机融入课程，增强课程思想性。

本节课是八年级上册人教版初中《道德与法治》第八课第一课时的内容，主要是引领初中生由个人与他人、个人与社会上升到国家利益的层面，立足于国情和社会生活，以国家利益的内涵为基点，围绕国家利益的外延、核心利益、国家利益与人民利益之间的关系，坚持社会主义核心价值观的引导，培育学生的家国情怀、政治认同、责任感与使命感，增强初中生政治意识、大局意识、核心意识、看齐意识，提升学生的价值认同，增强学生做中国人的志气、骨气、底气，更好构筑中国精神、中国价值、中国力量，引导学生树立正确的历史观、民族观、国家观、文化观，为培养以实现中华民族伟大复兴为己任的有理想、有本领、有担当的时代新人打下牢固的思想根基。

（二）课标要求解读

《义务教育道德与法治课程标准（2022 年版）》（以下简称《课标》）中对本章的课程目标描述为：

【核心素养】

（1）政治认同。具备热爱伟大祖国、中华民族、中华文化、中国共产党、中国特色社会主义的情感，以及为中华民族伟大复兴而奋斗的志向。主要表现为：

①政治方向。坚持中国特色社会主义道路。

②价值取向。践行和弘扬社会主义核心价值观。

③家国情怀。热爱伟大祖国，热爱中华民族，自觉铸牢中华民族共同体意识，有以实现中华民族伟大复兴为己任的使命感。

（2）道德修养。养成良好的道德品质和行为习惯，把道德规范内化于心、外化于行。主要表现为：个人品德。践行以爱国奉献为主要内容的道德要求。

（3）法治观念。树立宪法法律至上的理念，使尊法学法守法用法成为人们的共同追求和自觉行为。

（4）健全人格。理性平和。学会处理与家庭、他人、集体和社会的关系。

（5）责任意识。主人翁意识。对自己负责，关心集体，关心社会，关心国家，维护祖国统一和国家安全，具备国家利益高于一切的观念。

【总目标】

学生能够把个人发展和国家命运联系起来，维护国家利益和安全；能够以实现中华民族伟大复兴为己任，增强做中国人的志气、骨气、底气，不负时代，不负韶华，不负党和人民的殷切期望。

学生能够关心集体、社会和国家，具有主人翁意识、责任感和集体主义精神，主动承担对自己、家庭、学校和社会的责任，自觉维护祖国统一和国家安全。

【学段目标】

健全人格：理解个人与社会、国家和世界的关系，积极适应社会发展变化。

责任意识：具备国家利益高于一切的观念，能够以实际行动维护民族团结，捍卫国家主权。

【课程内容】

法治教育：认识国家主权的内涵，树立国家利益至上的观念，理解总体国家安全观，知道维护国家安全是每个公民的义务，自觉维护国家安全。

中华优秀传统文化教育：感悟“天下兴亡，匹夫有责”的担当意识，厚植爱国主义情怀。

本章的学业要求：铸牢中华民族共同体意识，坚定对伟大祖国、中华民族、中华文化、中国共产党、中国特色社会主义的高度认同，不断推进中华民族共同体建设；能以积极态度对待自己面对的各种挑战，主动承担自己力所能及的责任，具备服务社会、奉献社会的意识和能力。

本章的学业质量描述：能够结合实例理解维护国家安全的重要性，阐明如何自觉维护国家安全（政治认同、法治观念、责任意识）。

学业质量是学生在完成课程阶段性学习后的学业成就表现，反映发展学生核心素养的要求。学业质量标准是以核心素养为主要维度，结合课程内容，对学生学业成就具体表现特征的整体刻画。

学业质量是新课标中的新增内容，旨在引导教师转变育人方式，树立科学的学业质量观。学业质量标准是指导评价与考试命题的基本依据，也用于指导教材编写、教学与课程资源建设。所以教师在进行真正教学前，是非常有必要先将学业质量标准研究一下，明确考试的具体内容与要求。

本课的核心价值观念是国家利益与人民利益在根本上是一致的，国家利益与人民利益是高度统一的。学生只有真正深入理解人民利益的实现与维护离不开国家的支持，才能对国家利益形成积极的情感体验。

二、单元教学建议

1. 立足核心素养，制定彰显铸魂育人的教学目标。

本单元教学的最终目标是要让学生形成政治认同，树立法治观念，增强责任意识，理解维护国家利益的重要性，阐明如何自觉维护国家利益。所以，确立教学目标时，政治立场需鲜明；符合马克思主义基本要求；价值导向需清晰；单元教学需将践行社会主义核心价值观贯穿始终；知行要求明确；制定具体、适切和可操作的目标，在教学中引导学生知行合一。

2. 进行大单元整体设计。

本单元的核心：维护国家利益。其分为三个部分："国家利益至上""树立总体国家安全观""建设美好祖国"。三个部分环环相扣，由感性到理性，由具体到抽象，由理论到行动，每个环节都有它存在的必要性，不可跨越。所以本单元教学要以"维护国家利益"这一学科大概念进行统领，以"政治认同"为学科核心素养的重点，用爱国情怀的培养主线贯穿起学科大概念与情境、任务、活动的关系，围绕"我和我的祖国"进行整体设计，以点带面，以小见大。

3. 把握思想教育基本特征，实现说理教育与启发引导相统一。

本单元内容较抽象，按照灌输性和启发性相统一的原则，做到"灌中有启""启中有灌"。教师选择可以激发学生兴趣的素材进行引导和过渡，在活动中引导学生主动思考，不搞填鸭式"硬灌输"，要在鼓励学生主动学习、积极思考中对政治方向和价值导向加以规范和引导。

4. 丰富学生实践体验，促进知行合一。

课程要与社会实践活动相结合，加强课堂内外联结，实现隐性课程与显性课程相配合。本单元主要是引导学生认识国家利益、国家安全和国家发展，帮助学生树立国家利益至上意识、总体国家安全观等，养成自觉维护国家利益、安全和发展的行为。在教学中，教师要从学生日常生活中常面对而又容易出现偏差的问题入手，展开讲解；既要关注学生思想认识方面存在的偏颇，又要引导学生对自己的行为进行反思，做到"内化于心，外化于行"。笔者建议采用下列策略实施教学。

（1）情境体验法：

情深才能意切，情到深处理自明。用图片、视频资料，营造真实的、具有震撼力的教学情境。例如，在讲授“国家好 大家才会好”这一框时，我们可以搜集一些反映中国近代遭受西方列强侵略，人民遭受奴役、欺凌和屈辱的事例；反映其他国家遭受战乱以致生灵涂炭、人民生活困苦的事例；反映当代中国综合国力日益增强、国际影响力不断提高、人民生活水平节节高的事例，如中国倡议共建“一带一路”，在国外举办中国文化年，等等。通过纵横对比，学生切身感受到国家利益与个人的前途、命运息息相关，只有国家繁荣昌盛，社会才能和谐稳定，人民才能幸福安康。

（2）案例教学法：

案例教学法可以做到以事说理、理事结合，尤其是与学生生活、学习密切相关的材料或例子，往往能够使学生感同身受、产生共鸣，从而主动反思自己的思想或行为，提高认识和行为能力。例如，在教学“天下兴亡 匹夫有责”时，建议教师通过学生可以参与或感受的实际案例，引导学生认识即使再平凡的工作，只要社会需要，都是为国家和社会发展做贡献。教师也可充分挖掘学生自身的素材，请学生说一说自己父母的工作及其对社会、国家的影响，直观感受劳动者的快乐和价值。

（3）辩论式教学法：

辩论能够很好地激发思维，使学生在他人引导、推动下积极思考，尤其是通过激烈的观点交锋，逐步澄清错误认识，让思维进入更广阔、更深层的世界，实现思想认识的洗礼和道德情感的升华。例如，在讲“坚持国家利益至上”一框时，教师可以采用辩论式教学法。受社会上各种思想的影响和思维水平的局限，这一框有许多观点会引发学生的认识冲突。如面对其他国家对我国的责难和挑衅，到底应该采用什么样的方式表达爱国情感；国家利益和个人利益哪个更重要，当个人利益与国家利益发生矛盾和冲突时，应该如何做出正确选择；等等。在教学中，教师不妨把这些问题直接提出来，引导学生进行辩论，充分表达自己的真实想法。在这一过程中，教师可以通过反问和追问，适时加以引导。

第二部分　课时教学设计

一、教学目标

1. 感悟国家利益与个人的前途、命运息息相关，形成维护国家利益的行为倾向

【依据的课程目标】能够把个人发展和国家命运联系起来，维护国家利益和安全。

【核心素养培养】政治认同 责任意识

2. 深入领悟国家利益与人民利益之间的关系，提升科学精神

【依据的课程目标】能够关心集体、社会和国家，具有主人翁意识、责任感和集体主义精神，主动承担对自己、家庭、学校和社会的责任。

【核心素养培养】责任意识　法治观念　健全人格

3. 探究国家利益的内涵和外延，理解国家核心利益的基本内容

【依据的课程目标】能够在生活和学习中自觉维护国家主权、尊严和利益。

【核心素养培养】政治认同　责任意识　健全人格

二、核心内容

本课时的教学内容是《道德与法治》八年级上册第四单元第八课“国家利益至上”第一框“国家好　大家才会好”。这一部分内容在新版课标中表述虽然不是很多，但是地位重要。在新时代的历史方位中，国际社会风云变幻的背景下，使学生意识到国家利益和国家安全的重要性，这是党和政府能够把握国际局势发展规律的重要保证。本课时内容是单元的开篇课，引导学生把对社会的认识进一步拓展到国家层面，从国家利益方面形成对国家的初步

认识，坚持主流价值观的引导，培养初中生的家国情怀、责任感和使命感，增强学生对中国特色社会主义的道路自信，制度自信。

本课时主要介绍了国家利益的含义、国家核心利益的内涵、国家利益是人民利益的集中表现，使学生正确认识个人与国家的关系，明确自己作为祖国一员应该承担的责任和使命，从而使学生感受到国家利益并不是抽象的，而是与我们的日常生活密切相关。本课时又分为两目：

第一目“认识国家利益”。本目主要是通过“热爱祖国是我们的美好情感”“国家利益的内涵”“国家利益的外延”“国家核心利益的基本内容”来引导学生了解和认识国家利益。

第二目“国家利益是人民利益的集中表现”。本目主要是通过“国家利益与人民利益相互统一”“人民利益的维护离不开国家利益”“国家利益的实现离不开人民利益”“在当代中国，国家利益与人民利益是高度统一的”来引导学生正确理解国家利益和人民利益的关系，使学生深入理解国家利益在当代社会与人民利益是高度统一的。

初中阶段是学生世界观、人生观、价值观形成的关键时期。新时代的初中生思维活跃、视野开阔，认知能力和思维水平较小学阶段有了很大的提高，能够热情参与课堂的分析、讨论，开始会用联系的、发展的、全面的观点分析国家和社会现象。但是他们的思想还不成熟、社会经验比较欠缺，国家利益的知识对于他们而言是抽象的。所以本课时的内容对于学生而言有一定的难度，需要教师精心设计教学环节，选取生活化的材料，深入浅出地帮助学生理解，努力激发和培育学生的国家利益意识，厚植爱国情怀，帮助学生逐步形成正确的国家利益观，使学生自觉成为维护国家利益的公民。

基于以上分析，结合新课标理念，确定本课时重点与难点如下：

教学重点：国家利益是人民利益的集中表现。

教学难点：国家利益的内涵与外延。

三、学习任务设计

（1）探究国家利益的内涵、外延；

（2）理解国家核心利益的基本内容，增强政治认同；

（3）感悟国家利益与个人的前途、命运息息相关；

（4）深入领悟国家利益与人民利益之间的关系。

四、教学准备

比较筛选适合导入的视频；让学生课前了解“一二·九”运动；了解篆书“国”字的产生及意义；搜集进入新时代，我国在各方面所取得的成就。

五、教学流程

（一）导入新知

活动一：唱《国家》。

播放歌曲《国家》的视频，学生共唱。

师：“家是最小国，国是千万家。有了强的国，才有富的家。”在大声歌唱的过程中，很容易体会到，国与家时刻都不能分离，国家与我们每个人、每个家庭密切相关，国家利益与每个人都是时刻相伴的。今天我们来一起学习第四单元第八课“国家利益至上”的第一框“国家好　大家才会好”。

【设计意图】通过欢快、活泼的歌曲，拉近与学生的距离，通过熟悉的歌曲导入新课，更易让学生迅速进入本课主题。对比了几首“国家与个人”关系的歌曲，这首歌的节奏、歌词、MV 的内容等都更适合当下的初中生。

（二）内容讲授

活动二：画“国”字。

投影展示篆书“国”字，学生跟着书写篆书“国”字，结合课前搜集的有关篆书“国”字的资料，在对“国”字的拆解中，增强学生对“国”字形象化的理解，从而进一步分析国家生存和发展需要具备哪些条件。

师：从大家刚刚画的“国”字中，可以看出“国”中有什么吗？

生：“国”中有人口、土地、军队、主权等。

（播放“一二·九”运动视频）

引导学生思考：八十多年前，华北之大，为什么无法安放一张平静的书桌呢？

学生结合课前了解到的“一二·九”运动情况，运用教材资源和历史知识分析“一二·九”运动爆发的原因。

师：日本侵略者残害我们的同胞，导致同胞们遇难。（此时可以擦掉里面的“口”）

日本占领东北三省，侵占我们的土地。（此时可以擦掉“一”）

但是当局政府软弱无能，缺乏钢铁般的军队保家卫国。（此时可以擦掉“戈”）

日军狂妄无耻，侵占了东三省，还想侵占华北，妄想侵占全中国。（此时可以擦掉最外面的“囗”）

通过以上形象的分析后，学生可以得出结论：国家利益是一个主权国家在国际社会中生存需求和发展需求的总和，包括人口、领土、主权和政权等。

师：现在人民安居乐业，国家繁荣富强，不再受人欺凌，不再任人宰割。为什么现在我们可以迅速坚定地反对佩洛西窜访中国台湾？为什么我们可以迅速采取制裁措施？为什么国家的地位发生了改变？因为国家在日益强大！只有国家获得发展，我们的民族才能屹立于世界民族之林。国家要强大，需要在哪些方面付出努力？请举例说明国家在这些方面都有哪些重大成就。

学生结合课前搜集到的相关资料，讨论我国在经济、政治、文化、生态等方面的发展成就，小组合作讨论，派代表发言，透过国家发展的成就，明白这些成就构筑起国家的力量，切实维护了人民的利益，是国家利益的体现，明确国家利益的范围、国家核心利益的内容。

【设计意图】结合篆书“國”字和已有的生活经验，学生在画的过程中，可以更形象地理解“国”的意思，结合不同时期国家发展的成就，深入理解国家利益的范围与核心。篆书是中华优秀传统文化，通过对这些优秀的传统文化的学习，在体验中华优秀传统文化源远流长、博大精深的过程中，落实基础知识的学习。

【反馈与评价】（见表1）

表1

评价	优	良	一般
政治认同	自觉意识到热爱祖国是我们的美好情感	在歌唱中，在对“国”字的分析中意识到热爱祖国是我们的美好情感	在老师的提醒下意识到热爱祖国是我们的美好情感
责任意识	准确表述国家利益的内涵、重要性	能描述国家利益的内涵、重要性	在老师的指导下描述国家利益的内涵、重要性
健全人格	自觉树立维护国家利益的意识	在国家利益的外延的分析中树立维护国家利益的意识	在老师的指导下明白需要有维护国家利益的意识

活动三：议《时局图》。

投影：《时局图》。

师：让我们回到一百多年前的中国。这是一张中国近代时事漫画，每个动物代表着一个侵占中国的国家，以及它们所侵占的区域。这部漫画生动形象地反映出19世纪末，甲午中日战争后，中国沦为半殖民地半封建社会的悲惨境地。请一位同学结合所学的历史知识，上台给大家讲讲这张图。

师：近代中国出现这个局面的原因是什么?

学生讨论得出结论：当时中国的综合国力十分落后，清政府又腐败无能。

师：那时候的情形是怎样的呢？我们来看一个特写。

投影：不少家庭为了免受侵略军的屠杀和侮辱，举家自焚或者服毒自杀。一夜之间，北京城尸积如山，哀鸿遍野。

师总结：因此，国家利益得不到保障，人民利益就会受到损害，人民就会遭受奴役、欺凌和屈辱。

投影：叙利亚外交官贾法里的照片。

师：叙利亚驻联合国代表贾法里在联合国安理会召开的紧急会议上怒斥美国以谎言为由发动侵略战争，他的发言没能阻止联军对叙利亚的空袭。这张照片中他孤独地坐在这里，萧索的身影如此触动我们，是因为他让我们想起近代中国，我们的外交官无数次被迫在谈判桌前签字……

师：通过以上事例，可以得出什么结论？

生：落后就要挨打，国家力量太弱，国家利益得不到保障，人民利益就会受到损害，人民就会遭受奴役、欺凌和屈辱。

【设计意图】通过对经典的《时局图》的讨论，营造一种有共鸣的教学情境，学生们在讨论的过程中会深深地感受到只有国家繁荣昌盛，社会才有和谐稳定的保障，人民才能幸福安康。

【反馈与评价】（见表2）

表2

评价	优	良	一般
政治认同	自觉意识到只有国家繁荣昌盛，社会才有和谐稳定的保障，人民才能幸福安康	能够意识到只有国家繁荣昌盛，社会才有和谐稳定的保障，人民才能幸福安康	在老师的指导下意识到只有国家繁荣昌盛，社会才有和谐稳定的保障，人民才能幸福安康
责任意识	主动承担对自己、家庭、学校、社会、国家的责任	能够承担对自己、家庭、学校和社会的责任	在老师的指导下意识到需要承担对自己、家庭、学校和社会的责任

活动四：绘愿望。

每个人描绘一下自己的目标，在愿望卡上写下自己对九年级、对未来的期待、盼望和美好的祝福。小组选派代表展示自己的愿望卡。

师：刚刚大家的展示非常好，其实这些愿望都代表了我们对美好生活的向往和期盼，这其实就是人民的切身利益。代表我们切身利益的这些愿望能否实现呢？谁来保障这些愿望的实现？

教师引导学生对自己的愿望进行梳理和归纳，让学生将细微的愿望和人民对美好生活的期待进行有序的联系。我们的愿望归结起来就是：更优质的教育，更稳定的工作，更满意的收入，更优美的环境，更全面的社会保障，更舒适的居住条件，更高效的医疗卫生服务，更丰富的精神文化生活。

师：刚才我们所描绘的都是个人的愿望，是我们要努力实现的目标。那么国家发展的目标又是什么样的呢？大家一起来看看。

出示材料：要坚持在发展中保障和改善民生，在幼有所育、学有所教、劳有所得、病有所医、老有所养、住有所居、弱有所扶上不断取得新进展，保证全体人民在共建共享发展中有更多获得感。

师：大家对照一下我们的愿望和国家的奋斗目标，二者具有一致性。大家想想，个人愿望和国家奋斗目标具有一致性的原因是什么？这些愿望实现的可能性有多大？这些愿望的实现，目前已有哪些阶段性成果？

【设计意图】通过几个问题，教师帮助学生分析清楚：人民对美好生活的向往与期盼是人民的切身利益，我国政府是人民的政府，人民对美好生活的向往就是党和国家的奋斗目标。国家利益反映广大人民的共同需求，是人民利益的集中表现，人民利益只有上升、集中到国家利益，运用国家的工具，才能得到真正的维护。

在学生思考我国应该如何实现这些目标的过程中，教师引导学生把目光转向国家发展现状和取得的阶段性民生成就上：一是绝对贫困人口得到了历史性解决。全面打赢脱贫攻坚战，9 899 万农村贫困人口全部脱贫，“一个都不掉队”成为全面小康的标志性成就。在此基础上，有效衔接乡村振兴战略，持续巩固拓展脱贫成果。二是人民生活水平全方位提升。城镇新增就业年均超过1 300万人，居民人均可支配收入超过 3. 5 万元，比 2012 年增长近八成，增速快于经济增长。城乡居民收入比显著缩小至 2. 5：1。中等收入群体的规模超过 4 亿多人。三是公共服务全方位普及普惠。这十年，农村地区、边疆民族地区、革命老区、脱贫地区教育水平得到了历史性的提高，区域城乡校际差距明显缩小，义务教育普及程度超过了高收入国家的平均水平。四是社会保障网全方位织密织牢。十年来，基本养老保险参保人数由 7. 9 亿增加到 10. 3 亿。

教师引导学生梳理出国家利益与人民利益的关系：人民有需要，国家有保障，国家独立自主、繁荣富强、国际地位提高，从而更好地满足人民对美好生活的需要。

师：人民利益的维护离不开国家利益的实现，那么，国家利益的实现又要靠谁来完成呢？

习近平总书记在 2017 年的新年贺词中强调“撸起袖子加油干”，在 2018 年提出“幸福都是奋斗出来的”，在 2019 年提出“我们都是追梦人”，在 2020

年提出“让我们只争朝夕，不负韶华”，在2021年提出“每个人都了不起”，在2022年提出“让我们一起向未来”。2019年9月29日，2020年9月8日，习近平总书记为对党、国家和人民的事业做出巨大贡献的功勋卓著的杰出人士授予共和国勋章。要实现中华民族的伟大复兴，只靠他们够吗？为什么？

学生结合课前搜集的材料，了解共和国勋章的获得者们都是为党、国家和人民的事业做出巨大贡献的功勋卓著的杰出人士。但是当前实现伟大复兴的中国梦，绝不是靠个人轻轻松松敲锣打鼓就能完成的，而是需要所有中国人同心同德，需要全社会一起努力，开拓创新，不断进取。新时代是奋斗者的时代，更是追梦人的舞台。社会主义现代化目标的实现，中华民族伟大复兴的梦想离不开每一个中国人的奋斗，离不开全国人民的共同努力。实现中华民族伟大复兴最鲜明的特点，就是将国家和人民视为命运共同体，将国家利益和人民利益紧密联系在一起，如此才能共同建设富强、民主、文明、和谐、美丽的社会主义现代化强国。

通过以上分析，学生进行梳理归纳后会发现，个人愿望的实现要以国家为强大后盾，国家奋斗目标的实现要靠人民的艰苦奋斗这样一种辩证关系。国家和人民是命运共同体，国家利益和人民利益相辅相成，高度统一。

【设计意图】通过描绘个人的愿望和理想，以小见大，让学生能够明白国家利益的实现离不开个人的努力，通过国家民生成就的展示，让学生领悟个人目标的实现要以强大的国家为后盾。

【反馈与评价】（见表3）

表3

评价	优	良	一般
政治认同	能够在生活和学习中自觉维护国家主权、尊严和利益	能够在生活和学习中意识到需要维护国家主权、尊严和利益	在老师的指导下意识到需要维护国家主权、尊严和利益
责任意识	主动承担对自己、家庭、学校、社会、国家的责任	能够承担对自己、家庭、学校和社会的责任	在老师的指导下意识到需要承担对自己、家庭、学校和社会的责任

活动五：挑担当

学生朗诵诗歌《盛世中国》，感受国家富强、人民幸福。

思考：听完有什么感觉？

总结：作为中国梦的见证者，我们为生在这样的国家感到安全、幸福；为近几年伟大祖国取得的进步感到自豪。

接下来进入“我为祖国代言”环节。课前已布置学生选择国家某一领域，并为其代言。学生展示代言项目：

项目1：我为二十四节气代言；

项目2：我为汉服代言；

项目3：我为城市繁华代言；

项目4：我为航天事业代言。

思考：看完精彩展示后，请对展示小组进行点评，评价他们的优点和待完善的地方。

学生讨论交流。

师：在大家的集思广益下，代言方案会更棒！看完同学们的展示，老师情不自禁想为给我们安全感、幸福感，让我们为之自豪的强大祖国拍手叫好。国家好，大家才会好。老师相信，在不久的将来，这些成就里，一定有你们的身影和汗水。

【设计意图】通过对未来的担当和“我为祖国代言”活动，充分发挥学生学习主动性和合作精神，培养学生关心社会、与人交流、活动策划能力，培养学生爱国情感，让学生在认识、体验与践行中深刻理解个人命运和祖国命运密不可分，增强维护国家利益的责任感。

课堂小结：今天我们通过“唱”“画”“议”“绘”“挑”等五个环节，让大家在课堂实践中了解了国家利益的内涵，理解了国家利益是人民利益的集中表现，充分感受到国家好，大家才会好！最后请所有同学，跟随歌曲视频，再次唱响我们的《国家》！

【反馈与评价】（见表4）

表4

评价	优	良	一般
政治认同	能够在生活和学习中自觉维护国家主权、尊严和利益	能够在生活和学习中意识到需要维护国家主权、尊严和利益	在老师的指导下意识到需要维护国家主权、尊严和利益
责任意识	主动承担对自己、家庭、学校、社会、国家的责任	能够承担对自己、家庭、学校和社会的责任	在老师的指导下意识到需要承担对自己、家庭、学校和社会的责任
健全人格	主动关心集体、社会和国家，具有主人翁意识、责任感和集体主义精神	能够关心集体、社会和国家，具有主人翁意识、责任感和集体主义精神	在老师的指导下明白需要关心集体、社会和国家，需要具有主人翁意识、责任感和集体主义精神

板书设计

课后作业：依据国家“十四五”发展规划，设计一份个人成长愿望图，可以从“愿望是什么”“愿望的意义”“愿望的实现途径”三个角度进行设计。

【设计意图】简要总结，让学生明确本课学习内容与方向，结尾再次唱歌曲《国家》，与开篇呼应，让学生通过新的感受体会新的收获。作业是一种学习化活动，具有独立育人的功能。基于“双减”背景，通过道德与法治学科作业的创新设计和合理布置，建构以学为中心的大作业观是破“超负荷”的可行之道，依托大作业体系，化解重压困境，建构新时代道德与法治学科的学习化系统，实现育人进阶。

【反馈与评价】（见表5）

表5

评价	评价要点	自我评价	同学评价	教师评价
目标达成	1. 知道国家利益的内涵和外延； 2. 能理解国家利益是人民利益的集中表现； 3. 能够把个人发展和国家命运联系起来，维护国家利益和安全，具有主人翁意识、责任感和集体主义精神，主动承担对自己、家庭、学校、社会、国家的责任			
学习过程	1. 独立思考（思维活跃，能提出自己的观点，有一定的独创性并能主动积极展示）； 2. 合作交流（积极主动参与学习，小组学习中能主动承担任务，愿意与同学共享学习资源）； 3. 大胆质疑（学习过程中发现和提出问题），认真倾听（认真倾听老师的引导、同学的表述）； 4. 善于归纳（积极参与课堂的各种归纳小结，善于积累课堂活动中的基本经验）			
综合评价				

第三部分　教学设计解读

一、用好经典歌曲，树立报国之志

初中阶段的学生比较喜欢教师用形象直观的视频、图片和真实的事例等阐释抽象深刻的道理。歌曲以其独特的艺术魅力，在启发学生思维的同时，还可以陶冶学生的情操。它通过精美的歌词、悠扬的旋律、多变的节奏给学生以强烈的情绪感染，激起学生的情感波澜，潜移默化地启迪心灵、鼓舞斗志，燃起学生为实现美好理想而奋斗的火焰。本课开始和结尾，我充分利用歌曲资源，升华学生爱国情感。

歌曲资源的运用，营造了激情洋溢的氛围，使学生置身其中，深入体验，再次感悟国家利益与人民利益紧密相连、高度统一的关系，激励学生树立报国之志，自觉肩负起新时代青年学生的使命担当。

二、用好教材资源，适时挖掘时政热点，深化国家认同

教学时，很多老师通用的毛病就是抛开教材的材料，另起炉灶。教材的插图、文字材料都是经过仔细斟酌的。“国家好　大家才会好”一框，教材理论色彩较重，插图和案例太少，教学难点多，学生理解难度较大，但是教材中不乏经典原材料：篆书“国”字。通过拆解“国”字，学生能够更好地理解国家利益的内涵和外延。但是“理解国家利益和人民利益的关系，懂得国家利益是人民利益的集中表现”是教学重点又是教学难点，比较抽象，学生不易理解和掌握。于是，我对教材进行了二次开发，补充了图片、材料等资源，挖掘了革命文化，深化了学生对国家、中国共产党和社会主义制度的认同感。

三、丰富学生实践体验，促进知行合一

教学要与社会实践活动相结合，加强课内外联结，实现隐性课程与显性课程相配合。本节课通过“唱”“画”“议”“绘”“挑”五个环节，让学生在课堂上动起来，鼓励学生探究、讨论，提高学生的价值辨析能力，引导学生参与体验，促进学生感悟与建构，增进学生对国情、社情、民情的了解，增强学生爱国情感，促使学生在课前准备、课堂活动中扩展自己的视野，提升自己的能力，通过老师从认识、经历、体验到践行的引导，学生能完成对本课政治理论的深入理解和认识，学以致用，知行合一。

四、立足学生学科素养的培养

本课的设计以素养目标为导向，力求将学科逻辑与实践逻辑、理论知识与生活关切有机融合，将教学情境、问题设计、知识生成和素养培养融为一

体。通过课前查阅资料，课堂多元实践，精心设计序列化问题、行动，让学生在合作探究中锻炼思维能力，在师生良性互动中加深对教材知识的理解，在解决学科任务中提升学生的责任素养、政治认同素养，引导学生对国家利益与个人利益的关系做出正确的价值判断与价值选择。

五、坚持教师引导与学生主导相结合

注重对学生的及时指导和引领，为学生“敢说”“敢做”创造条件。五个实践环节，都需要每位学生亲自动手，在思考的过程中进行实践，从而有效激发学生思维，使学生“想说”；运用丰富的材料引导，极大调动学生积极性，使学生“能说”。整个教学过程，以师生活动、生生互动的形式为主，让学生在活动中获新知、在活动中得新知，在思考中理解、在理解中认同、在认同中创新，使学生思维在课堂中得到极大锻炼，素养得到极大提升。

六、大作业观，创新作业设计

作业具有全面育人的现实意义，如何秉持学生中心、服务学习的科学作业价值观，如何基于对作业的意义理解，开展多元参与、精心设计、精准诊断的创新作业实践，将直接影响到作业育人的效果。本课作业试图将第三单元“勇担社会责任”、第四单元“维护国家利益”其余两课串联，确保学生的学习减压增质、减重增趣、减负增效、减量增能、减虚增实，促进学生坚持国家利益至上，树立总体国家安全观，汇聚起维护国家安全的强大力量。

参考文献：

［1］中华人民共和国教育部. 义务教育道德与法治课程标准：2022 年版［S］. 北京：北京师范大学出版社，2022.

［2］林梦. 学科融合视域下的情境教学在道德与法治课堂中的运用：以《国家好，大家才会好》为例［J］. 山东教育，2021（50）：44-45.

［3］吴艳希. 在国家的发展中实现愿望：《国家好大家才会好》教学设计［J］. 福建教育，2020（8）：57-59.

［4］孙杰. 大作业观：撬动思政课育人进阶［J］. 思想政治课教学，2022（4）：33-36.

历史

初中历史跨单元整合教学设计

——以人教版八年级上第三单元“资产阶级民主革命与中华民国的建立”为例

江苏省南通市通州区教师发展中心　邵光前

第一部分　课标要求及我们的教学建议

一、课标要求

初中历史《义务教育历史课程标准（2022 年版）》在向着我国第二个百年目标迈进之际，在“双减”大背景下做了贴近新时代要求的较大变动。在课程标准上强化了育人导向，优化了内容结构，研制了学业质量标准，增强了指导性和加强了学段衔接。在课程目标上要求落实立德树人的根本任务，提出了与高中历史学科素养相衔接的唯物史观、时空观念、史料实证、历史解释、家国情怀五大核心素养的培养目标，引导学生初步树立正确的历史观、民族观、国家观、文化观，明理、增信、崇德、力行。落实到教学要求上，主要关注以下几个方面：

（一）以正确的教学思想统领历史课程教学

坚持以唯物史观为指导，落实立德树人的根本任务，发挥历史课程的育人功能。用坚定理想信念、厚植爱国主义情怀、加强品德修养、增长知识见识、培养奋斗精神、增强综合素质这“六个下功夫”来引领课堂。

（二）强调必备知识，突出基本概念和主体知识结构（大概念教学）

初中历史课程具有基础性的特点，以普及历史常识为主，需要引领考生掌握基本的、重要的历史知识和技能，逐步形成正确的历史意识。新课标要求的知识点，尤其是基本概念、核心概念、主体知识结构等最精华、最有价值的学科内容既是问题情境创设的基础，也是核心价值、学科素养、关键能力的载体，这些能力将在很大程度上影响情境活动中的问题解决。

（三）重视基本方法，突显学科素养对历史认知的重要性

初中历史学科基本方法包括：计算历史年代的方法、阅读教科书及历史读物的方法、识别和运用图表的方法、查找和收集历史信息的途径与方法、运用史料具体分析历史问题的方法等。新课标对历史学习基本方法的持续关注越来越成为历史课堂的主流趋势。

（四）紧扣核心概念，凸显关键能力对问题解决的影响力

新课标要求的能力包括：在具体时空条件下对历史事物进行认知的能力，了解多种历史呈现方式并从多种渠道获取历史信息的能力，从历史发展的进程中认识历史事物的地位和作用的能力，初步形成重证据的历史意识和处理信息的能力等。这些能力的养成要循序渐进，要在每堂课里都有所体现，从基础能力到高阶能力，直至成为学生的思维习惯。

（五）运用丰富的素材，创设生活化和现场感的实践探究型情境

新课标要求：注重初中学生的心理特征和认知水平，了解学生的生活经验和知识基础，结合具体、生动的史实，从多方面调动学生的积极性，激发学生学习历史的兴趣，培养学生的问题意识，引导学生主动地进行历史学习，积极参与历史教学活动。在大概念统领下，整合教学内容、创造性使用教材、科学的创设情境是以“学生为主体”进行教学活动的基本前提和助推器。

（六）渗透跨学科的理念，注重考查多学科知识的灵活应用

历史是一门包含古今中外学问的学科，这就要求教师引导学生从整体上把握历史，而不是孤立、分散地机械记忆历史知识。特别要注意历史发展的纵向联系、同一历史时期的横向联系、历史发展的因果联系、历史现象与现实生活之间的联系，以及历史学科知识和其他相关学科知识的联系和渗透等，如历史与地理知识结合、历史与诗歌的结合、历史与道德法治的结合、历史与美术鉴赏的结合等。在教学设计中可以通过情境创设、材料呈现、课堂练习、合作探究等环节加以体现。

二、教学建议

（一）以大任务、大概念为引领，整合单元教学内容

教师应该把教材中的每一个单元作为一个整体分析和考量，确定该单元的核心内容和关键问题，为接下来的教学立意确定方向、提供路径、搭建平台，同时寻找和发掘单元主题教学中蕴含的具有核心素养价值的要素，然后对其进行教学情境的设计。

（二）把握单元教学中的关键内容，确定教学重点和难点

教师要把每一单元中的每一课的关键问题和学习重点、难点梳理出来，围绕这些关键问题整合教学资源，结合学生核心素养的生成、发展来设计教学问题，突破重点和化解难点。

（三）设计富有教学新理念的教学过程

利用各种教学资源创设历史情境，以学生活动为抓手，明确学习任务，设计有层次性的探究问题，开展学生自主探究活动。在操作过程中还要注意培养学生的批判性思维和创新意识，合理地运用史料进行观点的说明和论证。

（四）采用丰富多样的教学方法

教学有法，教无定法，贵在得法。注重学生的自主探究活动并不是让教师不再讲述，历史课堂教学中教师必要的讲述是不可或缺的，能讲好历史故事也是历史老师的必修技能。当然，课堂教学活动的主体还应该是学生，教师要根据教学内容设计合理的、有思维力度的探究问题，通过组织各种类型的活动展开教学。这中间，要注意现代信息技术的合理运用，通过多媒体手段呈现具体的、形象的、动态的、多维度的历史情境，提高学生的关注度和学习历史的兴趣。

（五）教学过程中要对学生进行有针对性的学法指导

授人以鱼不如授人以渔，课堂教学中经常进行学习方法的总结和指导是一个优秀教师的必备品质。历史学法指导包括指导学生梳理教材，提炼线索，阅读和概括史料信息，学会分析和评价历史现象，以及与他人进行交流合作等。

（六）教学过程中要有对学生进行评价的环节

历史教学评价要以学生核心素养的发展为指标，并用评价结果改进教师的教学行为和学生的学习方式，达到教、学、评相互促进，共同服务于学生核心素养的生成和发展的目的。关于教学评价，新课标的评价建议中从原则、内容、方法和结果的使用四个方面进行了专门的叙述。这也将成为教师们在实践中评价学生的指导性意见。

第二部分　课时教学设计

第三单元　资产阶级民主革命与中华民国的建立

单元整合思路：基于对课标、考试说明、学情及教材的分析，围绕教学立意，把第三单元 4 课内容以及第八单元的第 25 课“经济和社会生活的变化”，整合为 3 课时进行教学。

◇第 1 课时　走向共和

◇第 2 课时　缔造共和

◇第 3 课时　维护共和

第 1 课时　走向共和

一、教学目标

根据新课标核心素养方面的要求，结合教材、学情分析，将该单元第一课时“走向共和”教学目标设置为：

唯物史观：从中国近代化的角度认识中国在辛亥革命前政治上摆脱专制走向民主共和的必然趋势。

时空观念：列举孙中山的早年革命活动，从空间上由点到面地认识辛亥革命前的全国革命形势。

史料实证：通过对典型史料的理解和辨析，认识到孙中山是中国民主革命的先行者。

历史解释：通过对孙中山早年革命活动的历史叙述，尝试对不同的历史解释加以分析和进行价值判断。

家国情怀：学习孙中山、邹容、秋瑾等先进的中国人不断探索国家出路的高尚情怀和使命感，增强对国家和民族的认同感、自豪感、责任感。

二、核心内容（教学重点、难点）

教学重点：孙中山早年的革命活动；三民主义。

教学难点：知道孙中山是民主革命的先行者；理解三民主义的内涵。

三、教学任务

1. 通过自主学习了解孙中山走上革命道路的历程，认识孙中山是民主革命的先行者，引导学生、学习历史人物的品格。

2. 通过研读提供的史料理解三民主义的内涵，提升学生的阅读理解能力。

3. 结合 41 页【知识拓展】开展合作探究：评价三民主义。培养学生的唯物史观、历史解释等核心素养。

4. 通过播放革命志士发动起义的视频，或介绍徐锡麟、秋瑾、林觉民等人的革命事迹，引导学生感受革命志士为救国救民而百折不挠、不怕牺牲的革命勇气和爱国主义精神，以达到滋养学生家国情怀的目的。

四、教学准备

电子白板、自制课件、辛亥革命视频、实物投影仪等。

五、教学流程

导入：介绍南京中山陵景区（请曾去过的学生进行课前准备）

授课：

（一）走上革命道路

学生活动：

1. 阅读课本 38 页第一段、“人物扫描”、39 页第一段文字，说一说孙中山是怎样走上革命道路的，鼓励学生自信表达，学会讲历史故事。

提示：称赞洪秀全　行医实践　上书遭拒　成立兴中会

2. 依据所学，想一想，孙中山为什么选择革命道路？（开展小组合作）

提示：

思想转变：从“医人”到“医国”；

从改革到革命：从寄希望于自上而下的改革到决心以革命方式推翻清朝统治（戊戌变法的失败宣告资产阶级改良道路的破产）。

3. 教师介绍历史概念：民主革命（目标：反封建）。再让学生依据教材39页内容，指出孙中山早年的革命活动有哪些，最终得出孙中山是中国民主革命的先行者的结论。

民主革命：指反对封建地主阶级统治和封建专制制度并建立民主制度的革命。领导者是资产阶级或无产阶级，参与者包括农民、知识分子、手工业者、工人阶级。根据领导阶级的不同，民主革命可分为旧民主主义革命（资产阶级领导）和新民主主义革命（无产阶级领导）。

提示：

早年的革命活动：成立兴中会→发动广州起义→流亡期间考察欧美社会，继续发展革命组织。

引导学生通过孙中山的早年革命活动，认识孙中山首先举起民主革命旗帜，以革命手段推翻清政府，建立共和国（三民主义），所以他成为中国民主革命的先行者。

（二）成立革命政党

学生活动：

1. 依据以下材料及课本39～40页，分析概括同盟会成立的背景。

……八国联军之破北京，清后、帝之出走，议和之款九万万两而后，则清廷之威信已扫地无余，而人民之生计从此日蹙。国势危急，岌岌不可终日。有志之士，多起救国之思，而革命风潮自此萌芽矣。

——《孙中山自述》

提示：

背景：（1）《辛丑条约》签订后，清政府沦为帝国主义统治中国的工具，国内革命情绪日趋高涨；

（2）资产阶级革命思想迅速传播；

（3）各种革命团体纷纷成立；

（4）孙中山成为革命党公认的领袖。

2. 阅读课本40、41页，自主列表归纳同盟会成立的目的、时间、地点、创立者、同盟会的政治纲领、机关报、性质、意义。

提示：

名称	目的	时间	地点	创立者	政治纲领	机关报	性质	意义
同盟会								

（三）提出革命纲领——三民主义

学生活动：

1. 要求学生读、写三民主义的基本内容；

2. 教师解析同盟会十六字政治纲领的内涵，板书并说明与三民主义的对应关系；

3. 开展小组合作探究：结合41页“知识拓展”评价三民主义。

历史评价基本原则和方法介绍：

五大原则：

1. 全面性原则：坚持两点论，一分为二看问题。

2. 发展性原则：用发展的眼光看问题。

3. 阶级性原则：在阶级社会里，一切历史事物都打上了阶级烙印，不能脱离其阶级立场分析问题。

4. 阶段性原则：某些历史事件延续时间很长，复杂多变，不同阶段结果不同，不能一概而论。

5. 联系性原则：历史事件不是孤立的，而是相互制约和影响的。

提示：

进步性：明确反对满族贵族的民族压迫，具有反封建的民主革命精神，为资产阶级革命指明了前途和方向；土地纲领体现了资产阶级的经济要求；三民主义是比较完整的资产阶级革命纲领，成为孙中山领导资产阶级革命的指导思想。

局限性：狭隘的民族观；没有明确的反帝要求；土地纲领不彻底，没有从根本上废除封建土地所有制；反映出资产阶级的软弱性（妥协性）和革命的不彻底性。

（四）进行革命斗争——革命志士的奋斗

学生活动：

1. 阅读教材42～43页，设计表格列举出革命志士为了推翻清政府做了哪些斗争。（可提供项目：时间、地点、领导者、经过、结果、影响）

提示：

项目	萍浏醴起义	安庆绍兴起义	广州起义	黄花岗起义
时间				
地点				
领导者				
经过				
结果				
影响				

教师挑选学生优秀作品用实物投影仪投影展示。

2. 阅读教材43页孙中山《〈黄花岗烈士事略〉序》和补充材料，分析黄花岗起义的历史意义，加深对本部分知识的理解。

补充材料一：

本日即赴阵地，誓身先士卒，努力杀贼，不敢有负诸贤之期望……绝笔于此，不胜系恋。

——黄兴《绝命书》

补充材料二：

汝体吾此心，于啼泣之余，亦以天下人为念，当亦乐牺牲吾身与汝身之福利，为天下人谋永福也。汝其勿悲！

——林觉民《与妻书》

六、作业设计

1. 完成配套练习上相应部分作业内容；
2. 人物介绍（300 字）：秋瑾（图书馆查阅、上网）；
3. 学生对照反馈评价表进行自主评价。

学习目标	评价标准 （以作业 1、2 为依据）	评价等级 （A、B、C、D）
唯物史观：从中国近代化的角度认识中国在辛亥革命前政治上摆脱专制走向民主共和的必然趋势	作业 1： A. 配套练习得分 85 ~ 100 分 B. 配套练习得分 75 ~ 84 分 C. 配套练习得分 60 ~ 74 分 D. 配套练习得分低于 60 分	
时空观念：列举孙中山的早年革命活动，从空间上由点到面地认识辛亥革命前的全国革命形势		
史料实证：通过对典型史料的理解和辨析，认识到孙中山是中国民主革命的先行者		
历史解释：通过对孙中山早年革命活动的历史叙述，尝试对不同的历史解释加以分析和价值判断		
家国情怀：学习孙中山、邹容、秋瑾等先进的中国人不断探索国家出路的高尚情怀和使命感，增强对国家和民族的认同感、自豪感、责任感	作业 2： A. 能全面介绍秋瑾的一生，突出其革命气节，符合字数要求 B. 能介绍秋瑾的革命活动和气节，符合字数要求 C. 能够体现秋瑾的革命气节 D. 不能体现秋瑾的革命气节	

七、总结评析

通过对孙中山、陆皓东、章炳麟、邹容、陈天华、黄兴、秋瑾、徐锡麟、林觉民等人革命事迹的回顾和总结，认识到清王朝封建专制统治岌岌可危，民主革命逐渐成为不可阻挡的时代潮流。

本课整体设计的最大特点是以学生为主体，学生活动始终贯穿整个教学流程，以材料阅读、信息提取、表格设计、小组合作探究等形式最大限度地发挥学生的主观能动性，把学科素养的培养目标化整为零，渗透到具体的活动设计中，完全体现了新课标的教学理念和要求。

八、板书设计

（一）走上革命道路——弃医从政

（二）成立革命政党——同盟会（自主列表）

（三）提出革命纲领——三民主义

评价方法：

进步性：

局限性：

（四）进行革命斗争——革命志士的奋斗（自主列表）

第 2 课时　缔造共和

一、教学目标

唯物史观：从社会发展演变的角度认识君主专制制度终结的历史进步性；从经济基础与上层建筑之间的关系认识辛亥革命后的社会变化。

时空观念：通过了解武昌起义的背景、过程，识读《武昌起义和全国各省独立形势图》，认识辛亥革命后的全国革命形势。

史料实证：通过研讨典型史料，提炼有效历史信息，学会全面认识、评价历史事件的方法。

历史解释：通过描述中华民国建立后中国政治、经济、思想、社会生活的变化，深刻理解辛亥革命的伟大意义，培养学生的历史思维能力。

家国情怀：学习革命党人为国为民、敢于牺牲的奉献精神；认识辛亥革命推翻帝制、缔造共和的伟大历史意义。

二、核心内容（教学重点、难点）

教学重点：武昌起义和中华民国的建立、辛亥革命的历史意义。

教学难点：

1.《中华民国临时约法》的性质。

2. 辛亥革命的历史意义。

三、教学任务

1. 通过自主学习，了解孙中山走上革命道路的历程，认识孙中山是民主革命的先行者，引导学生感悟、学习历史人物的品格。

2. 通过史料研读理解三民主义的内涵，提升学生的阅读理解能力。

3. 通过小组合作探究，培养学生的唯物史观、历史解释等核心素养。

4. 通过播放武昌起义的视频，国旗、国歌的介绍，直观感知孙中山等革命党人共建民主共和国的强烈愿望，引导学生感受革命志士为救国救民而百折不挠的革命勇气和爱国主义精神，以达到滋养学生家国情怀的目的。

本课教师主要采用合作探究、史料分析等教学方法，而学生则配合以自主学习、分组讨论等方法来加深对教材内容的理解，同时采用联系法和归纳法理解历史事件的前后联系。

四、教学准备

电子白板、自制课件、《辛亥革命》视频文件。

五、教学流程

导入：介绍皇帝制度的建立和终结。

授课：

（一）武昌起义（辛亥革命）

学生活动：武昌起义是本课重点，在学生观看《辛亥革命》视频基础上，结合书本内容设计问题让学生自主解决，培养学生提炼历史信息的能力。

问题一：请指出武昌起义的时间、地点、经过、结果和影响。

问题二：阅读《武昌起义和全国各省独立形势图》，描述武昌起义后的全国革命形势。

提示：

武昌起义掀起了辛亥革命的高潮，打开了清王朝统治的缺口。大江南北、长城内外，到处燃烧着革命的烈火。

问题三：为什么武昌起义后仅仅一个多月的时间，清朝的半壁江山就土崩瓦解？

提示：

进一步明确武昌起义的成功是革命形势成熟的必然结果，理解清王朝灭亡的历史必然性。

（二）辛亥革命的三大成果

1. 中华民国的建立；
2. 清帝退位；
3. 《中华民国临时约法》的颁布。

学生活动：

1. 通过国旗、国歌的介绍，思考：国旗和国歌的出现说明了什么？

国旗：五色旗（象征五族共和）

亚东开化中华早，
揖美追欧，旧邦新造。
飘扬五色旗，民国荣光，
锦绣河山普照。
我同胞鼓舞文明，
世界和平永保。

——南京临时政府颁布的　《中华民国国歌》

2. 学生通过完成两道选择题，自己总结出公元、民国时间换算公式：民国 = 公元 − 1911。

例 1　下图是《新申报》民国八年五月五日的号外，它报道了当时发生的一件重大历史事件。该事件是（　　）

A. 武昌起义　　B. 新文化运动

C. 五四运动　　　　　　　　　　D. “一二·九”运动

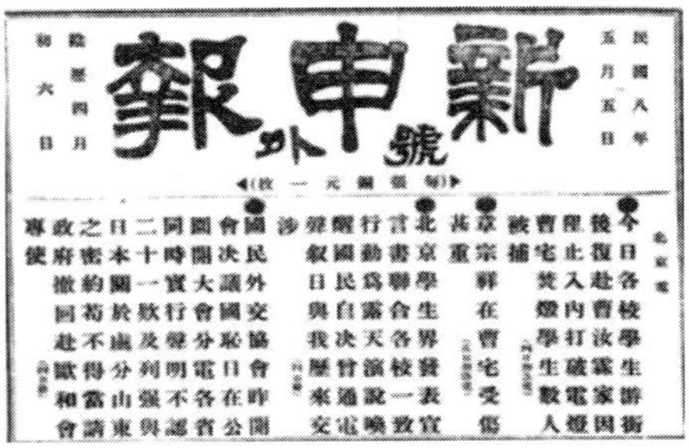

例 2　“宋案”发生后，孙中山、黄兴等号召南方各省起来反袁，发动了“二次革命”。此次革命行动的时间是　　　　　　　　　　（　　）

A. 民国元年　　B. 民国二年　　C. 民国三年　　D. 民国四年

3. 介绍张謇起草的《清帝退位诏书》的情况并展示诏书全文，让学生们集体朗读一遍，然后逐句分组讨论分析，看看能从诏书中提炼出哪些信息？

奉旨：朕钦奉隆裕皇太后懿旨：前因民军起事，各省响应，九夏沸腾，生灵涂炭，特命袁世凯遣员与民军代表讨论大局，议开国会，公决政体。两月以来，尚无确当办法，南北睽隔，彼此相持，商辍于途，士露于野，徒以国体一日不决，故民生一日不安。今全国人民心理，多倾向共和，南中各省既倡议于前，北方诸将亦主张于后，人心所向，天命可知，予亦何忍因一姓之尊荣，拂兆民之好恶？是用外观大势，内审舆情，特率皇帝，将统治权公诸全国，定为共和立宪国体，近慰海内厌乱望治之心，远协古圣天下为公之义。袁世凯前经资政院选举为总理大臣，当兹新旧代谢之际，宜有南北统一之方，即由袁世凯以全权组织临时共和政府，与民军协商统一办法，总期人民安堵，海宇乂安，仍合满、汉、蒙、回、藏五族完全领土，为一大中华民国，予与皇帝得以退处宽闲，优游岁月，长受国民之优礼，亲见郅治之告成，岂不懿欤？钦此。

信息提示：

懿旨，说明皇帝说的不算，是皇太后决定的。当然，清朝末期时，皇太后说的也不算。最初是摄政王说的算，清朝灭亡前是袁世凯说的算。

第一句是说因为你们起义导致民不聊生的，完全推卸了清廷自己的责任。所以清廷派袁世凯和起义军协商，属于清朝主动协商。之所以专门提到袁世凯，是因为清朝已被袁世凯掌控了。

第二句也是在推卸责任。说南北双方在一起协商了两个多月，还没有协商好，这又导致了民不聊生。总之一句话，就是因为袁世凯和起义军，才造成我们民不聊生的现状。

第三句意思是多数人都倾向共和，北方诸将也认可，指的是袁世凯手下在北京逼迫清帝退位的事。

第四句说正因为这么多人都认可共和，再加上这是大势所趋，所以我们也认可共和制度。

第五句也是最后一句，最长也最重要。首先，清廷让袁世凯全权组建共和政府。其次，“仍合满、汉、蒙、回、藏五族完全领土，为一大中华民国”，这句对维护领土完整来说是必不可少的，也有认可五族共和的意思，直接杜绝边境地区独立的可能性。之所以特意提到这五个民族，是因为革命党当时提倡五族共和，意思是五族平等。清廷之所以认可这样，就是怕自己退位后，满族受其他民族的迫害。

这里面清廷只字不提自己的过错，只说因为民不聊生，所以认可共和。然后让袁世凯处理后事，皇帝退位。看起来诏书没什么意义，实际上意义还是很大的。要知道，当时确实有很多人并不支持共和。如果没有这个诏书的话，这些人极有可能会继续与共和政府对抗，但有了退位诏书之后，这些人就没有对抗的依据了。

4. 阅读材料中《中华民国临时约法》的部分内容，开展小组合作探究，讨论并回答问题：据《中华民国临时约法》的内容，分析《中华民国临时约法》的性质及颁布的重要意义。

材料：

中华民国的主权属于全体国民。

国民不分种族、阶级、宗教信仰，一律平等；国民有人身、居住、言论、出版、集会、结社、宗教信仰及请愿、考试、选举、参政等自由和权利。

参议院行使立法权，国务员辅佐临时大总统行使行政权并负其责任，司法独立等。

提示：课本第 48 页。

（三）辛亥革命的历史意义

学生活动：

1. 让学生阅读书本第 120 ~ 121 页，归纳并介绍以下历史名词：民族资本主义、实业救国、大生纱厂、短暂的春天、官僚资本主义；解释“短暂的春天”出现的原因。

提示：

官僚资本主义：

半殖民地半封建国家中国家政权与买办的、封建的资本主义相结合所形成的一种国家垄断资本主义。在旧中国，它是国民党统治的经济基础。中国共产党掌握政权后，立即没收了全部的官僚资本。

“短暂的春天”出现的原因：①辛亥革命后，中华民国临时政府颁布了一系列奖励发展实业的法令；②实业救国思潮的出现；③一战期间，西方列强忙于欧洲战事，暂时放松了对中国的经济侵略。

2. 让学生阅读书本第 49 页“知识拓展”和第 122 ~ 123 页“社会生活的变化”部分，概括指出清末民初社会生活的变化有哪些主要表现，进一步说明辛亥革命的思想解放作用。

提示：总结出称谓、社交礼仪、剪辫、易服、劝禁缠足、教育平等，以及交通方式、生活方式、风俗习惯、饮食服饰、婚丧礼仪等方面的变化。

3. 展示四则材料，小组合作探究辛亥革命的历史意义。

材料一　辛亥革命开创了完全意义上的近代民族民主革命……为中国革命的进步打开了闸门，使反动统治秩序再也无法稳定下来。

材料二　1915 年，袁世凯公开复辟帝制，遭到全国人民的强烈反对，83 天后被迫取消帝制。1917 年，军阀张勋拥戴清朝废帝溥仪登基，在全国人民的怒斥声中，12 天后复辟丑剧草草收场。

材料三：“中国处在大规模的工业发展的前夜，商业也将大规模地发展起来，再过五十年我们将有许多上海。”

材料四：辛亥革命后，民众都把辫子看成是甘心作清朝奴隶的标志，纷纷自行剪去；当时流行的服饰：中山装、西装、领带、皮鞋、礼帽……

请回答：根据上述材料，结合课本知识，评价辛亥革命。

提示：材料一　反帝反封建；材料二：民主共和观念深入人心；材料三：促进资本主义经济的发展；材料四：革除旧风。

六、作业设计

1. 完成配套练习上相应部分。

2. 思考：依据课本 49 页“课后活动”，结合所学知识撰写一篇 200～400 字的小论。你认为辛亥革命有什么历史意义，还有什么遗憾？

3. 学生对照反馈评价表进行自主评价。

<table>
<tr><th>学习目标</th><th>评价标准
（以作业 1、2 为依据）</th><th>评价等级
（A、B、C、D）</th></tr>
<tr><td>唯物史观：从社会发展演变的角度认识君主专制制度终结的历史进步性；从经济基础与上层建筑之间的关系认识辛亥革命后的社会变化</td><td rowspan="4">作业 1：
A. 配套练习得分 85～100 分
B. 配套练习得分 75～84 分
C. 配套练习得分 60～74 分
D. 配套练习得分低于 60 分</td><td rowspan="4"></td></tr>
<tr><td>时空观念：通过了解武昌起义的背景、过程，识读《武昌起义和全国各省独立形势图》，认识辛亥革命后的全国革命形势</td></tr>
<tr><td>史料实证：通过研讨典型史料，提炼有效历史信息，学会全面认识、评价历史事件的方法</td></tr>
<tr><td>历史解释：通过描述中华民国建立后中国政治、经济、思想、社会生活的变化，深刻理解辛亥革命的伟大意义，培养学生的历史思维能力</td></tr>
</table>

续表

学习目标	评价标准 （以作业 1、2 为依据）	评价等级 （A、B、C、D）
家国情怀：学习革命党人为国为民、敢于牺牲的奉献精神；认识辛亥革命推翻帝制、缔造共和的伟大历史意义	作业 2： A. 能全面叙述辛亥革命的历史意义，并指出辛亥革命的不足，史论结合，符合字数要求； B. 能全面叙述辛亥革命的历史意义，并指出辛亥革命的不足，有结论无史实，符合字数要求； C. 部分叙述辛亥革命的历史意义，指出辛亥革命的不足，有结论无史实； D. 不能全面叙述辛亥革命的历史意义，没有指出辛亥革命的不足	

七、总结评析

课堂总结时，根据书本第 45 页辛亥革命的历史意义，用具体史实逐点列举辛亥革命的成果，从而既当堂巩固了所学的重点知识，又培养了学生的史料实证意识。

本课教学设计在体现大单元知识整合上特别成功，首先是用辛亥革命的三大成果把中华民国的建立、清帝退位、《中华民国临时约法》的颁布概括其中，既突出了辛亥革命的历史功绩，又有利于学生知识结构的构建。其次是大跨度地把第 25 课“经济和社会生活的变化”的内容整合到辛亥革命的历史意义中，从而完整地呈现了辛亥革命政治、经济、思想、社会生活的历史进步性。

八、板书设计

（一）武昌起义（辛亥革命）

（二）辛亥革命的三大成果

1. 中华民国的建立；

2. 清帝退位；

3.《中华民国临时约法》的颁布。

（三）辛亥革命的历史意义（政治、经济、思想、社会生活）

第3课时　维护共和

一、教学目标

唯物史观：从社会发展演变的角度认识袁世凯独裁统治和复辟帝制失败的历史必然性。

时空观念：通过阅读《军阀割据示意图》，让学生从空间上了解各派军阀控制的区域，深刻理解北洋军阀统治的黑暗。

史料实证：通过研读教材和史料，培养学生概括和提炼信息的意识和方法。

历史解释：通过对北洋军阀的统治、二次革命、护国战争等概念的了解，认识到反动势力的强大是维护共和失败的重要原因。

家国情怀：通过了解孙中山等人维护共和的努力，感受革命先驱不屈不挠、为国为民的爱国情感。

二、核心内容（教学重点、难点）

教学重点：袁世凯复辟帝制；二次革命。

教学难点：维护共和的失败；北洋军阀的概念。

三、教学任务

1. 通过自主学习了解袁世凯窃取辛亥革命果实的过程；

2. 通过史料研读，认识资产阶级革命派的阶级局限性；

3. 通过小组合作，探究袁世凯复辟帝制失败的原因，培养学生的唯物史观、历史解释等核心素养。

4. 通过研读所提供的地图、表格，全面认识军阀割据混战的危害，培养学生学会提取图表有效信息的能力。

5. 通过研读所提供的史料，用史料实证的方法认识辛亥革命的成功和失败，初步培养学生论从史出的史学素养。

四、教学准备

电子白板、自制课件等。

五、教学流程

导入：介绍北洋政府和北洋军阀的统治。

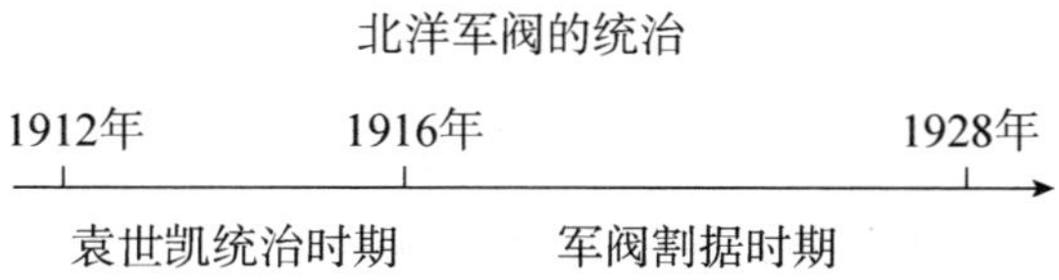

北洋政府：是指中华民国前期以袁世凯为首的北洋军阀在政治格局中占主导地位的中国中央政府。北洋名称的由来：袁世凯是从担任清末直隶总督北洋大臣起家的，各地军阀也大多是其控制的北洋新军的主要将领（段祺瑞、冯国璋、张勋等）。

授课：

（一）袁世凯窃取革命果实（北洋军阀统治的建立）

学生活动：

问题一：阅读书本第 47 ~ 48 页，用历史事件勾连出袁世凯窃取辛亥革命果实的过程。

提示：

◇1912 年 2 月，袁世凯逼迫清帝退位；

◇1912 年 3 月，袁世凯在北京就任临时大总统（北洋军阀统治开始的标志）；

◇1912 年 4 月，孙中山辞去临时大总统职务。

问题二：阅读材料，思考袁世凯为何能窃取革命果实。

材料一 在革命派内部，妥协思想也已占上风……南北双方达成了一项协议：革命党人同意让出政权，袁世凯则同意宣布赞成“共和”，并逼清帝退位。

——李侃《中国近代史》

材料二 以北洋新军（袁世凯建立的新式军队）为主体的清军所表现出

来的军事能力，大大震惊了革命党人和立宪派人物。

——张岂之主编《中国历史·晚清民国卷》

材料三 各国驻华公使……拒绝承认南京临时政府的合法地位，声称必须由袁世凯“统一”南北，还出动军舰在长江上示威。

——张岂之主编《中国历史·晚清民国卷》

提示：

1. 资产阶级革命派的软弱性和妥协性（根本原因）。

2. 北洋新军的强大，袁世凯掌握清政府军政大权。

3. 袁世凯得到了帝国主义列强的支持。

（二）孙中山维护民主共和

学生活动：

1. 阅读书本50~52页内容，提炼、列举袁世凯的独裁统治活动和革命党人维护共和的斗争，完成下表。

提示：

袁世凯的独裁统治活动	革命党人维护共和的斗争
破坏责任内阁制	宋教仁等组建国民党，展开议会斗争
刺杀宋教仁，武力镇压国民党	孙中山和黄兴等发动二次革命
镇压二次革命	
解散国民党和国会	
废除《中华民国临时约法》 颁布《中华民国约法》	
修改总统选举法，规定总统可无限期连任； 可指定继承人	
牺牲国家主权和民族利益，接受日本灭亡中国的“二十一条”	
公然复辟称帝	孙中山发表《讨袁檄文》； 护国战争爆发
	孙中山组织护法运动

2. 结合材料进行小组讨论：袁世凯复辟帝制失败的原因。

材料一 袁世凯以符合民意而再起者，卒以伪造民意而亡。

——李大钊

材料二 日本责备袁世凯“断行帝制，无视友邦劝告”，“日政府当然不能承认”……袁世凯亲信也感到复辟帝制已经绝望，不愿跟他同归于尽。

——李侃《中国近代史》

材料三 天下大势，浩浩荡荡，顺之者昌，逆之者亡。

——孙中山

提示：

1. 辛亥革命后民主共和的观念深入人心，复辟帝制不得人心。
2. 袁世凯复辟帝制导致国际上失去日本的支持，国内众叛亲离。
3. 复辟帝制违背了民主共和的历史发展潮流（根本原因）。

（三）维护民主共和的失败——军阀割据

学生活动：

1. 让学生阅读书本第53页内容，结合《北洋军阀统治时期军阀割据示意图》，指出袁世凯的继任者们分别控制了哪些地区，施行了怎样的内、外政策。结合“材料研读”中的表格说说军阀割据的危害。

提示：

内外政策：

对内：连年混战；拒绝恢复《中华民国临时约法》和国会。

对外：出卖国家利益，依附帝国主义。

危害：

政治上：军阀割据混战，分崩离析，导致中国社会动荡不安。

经济上：农户数量和耕地面积大量减少、荒地大量增加，民众流离失所，农业生产和经济发展遭到严重的破坏。

民生上：日益增长的军队人数和军费，加重了人民的负担，给中国人民带来了深重的灾难。

2. 阅读材料，合作探究：辛亥革命是成功了，还是失败了？请结合所学说出判断依据。

材料一 共和政体成，专制灭；中华民国成，清朝灭；总统成，皇帝灭；新内阁成，旧内阁灭；新官制成，旧官制灭；新教育兴，旧教育灭；枪炮兴，弓矢灭；新礼服兴，翎顶补服灭；剪发兴，辫子灭；……阳历兴，阴历灭；鞠躬礼兴，拜跪礼灭。

——1912 年 3 月 2 日上海《时报》

材料二 风云变幻感沧桑，拒虎谁知又进狼。

无量头颅无量血，可怜购得假共和。

——同盟会元老蔡济民

提示：

成功依据：

三大革命成果：

1. 中华民国建立；

2. 清帝退位；

3. 《中华民国临时约法》的颁布。

失败依据：

一块招牌、两个没有：

1. 革命果实被袁世凯窃取，北洋军阀废除《中华民国临时约法》和国会，民主共和有名无实；

2. 没有改变半殖民地半封建社会的社会性质；

3. 没有完成反帝反封建的革命任务。

六、作业设计

1. 完成配套练习上相应部分。

2. 展示图片，回顾并总结先进的中国人探索中国近代化的道路历程，揭示出中国人学习西方的三个阶段：器物（技术）—制度—思想，并列举出接下来思想方面的探索有哪些。尽管孙中山维护民主共和的努力失败了，资产阶级共和国的梦想也彻底破碎了，但先进的中国人不会停止探索，还会前赴后继地为中国谋新的出路，这新的出路是什么？是由哪些人来完成新出路的探索的？

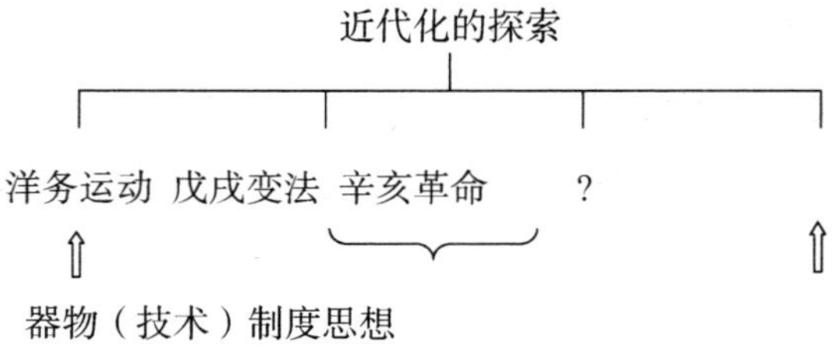

提示：

事件：新文化运动、十月革命后李大钊宣传马克思主义、五四运动后马克思主义的传播。

出路：中国共产党领导的新民主主义革命（过渡到第四单元）。

3. 学生对照反馈评价表进行自主评价。

学习目标	评价标准 （以作业 1、2 为依据）	评价等级 （A、B、C、D）
唯物史观：从社会发展演变的角度认识袁世凯独裁统治和复辟帝制失败的历史必然性	作业 1： A. 配套练习得分 85～100 分； B. 配套练习得分 75～84 分； C. 配套练习得分 60～74 分； D. 配套练习得分低于 60 分。 作业 2： A. 充分预习第四单元，能完整叙述中国近代化的历程，准确指出继续探索的事件、出路和探索者； B. 能完整叙述中国近代化的历程，部分指出继续探索的事件、出路和探索者； C. 能部分叙述中国近代化的历程或部分指出继续探索的事件、出路和探索者； D. 预习不充分，不能叙述中国近代化的历程，不能准确指出继续探索的事件、出路和探索者	
时空观念：通过阅读《军阀割据示意图》，让学生从空间上了解各派军阀控制的区域，深刻理解北洋军阀统治的黑暗		
史料实证：通过研读教材和史料，培养学生概括和提炼信息的意识和方法		
历史解释：通过对北洋军阀的统治、二次革命、护国战争等概念的了解，认识到反动势力的强大是维护共和失败的重要原因		
家国情怀：通过了解孙中山等人维护共和的努力，感受革命先驱不屈不挠、为国为民的爱国情感		

七、总结评析

可以在课堂总结时展示和讲解“近代化的探索”的示意图，既提升了本单元的教学高度，也为学生的课后作业做出了提示。

本课主要采用合作探究、史料分析等教学方法，而学生则配合以自主学习、分组讨论等方法来加深对教材内容的理解，同时采用联系法和归纳法理解历史事件的前后联系。

本课将教学内容设计成三部分，每部分都设置了两个具体的情境任务（问题、探究活动）来引领学生活动，提升学生的获取材料信息能力、语言表达能力、知识整合能力等历史综合素养，促进学生核心素养的发展。此外，本课作为第三单元的最后一课，在课堂总结和作业设计中让学生利用“近代化的探索”这条主线联系到第四单元，既有利于学生历史思维的养成，也起到承上启下的作用，同时得出中国共产党领导的新民主主义革命才是能够救中国的唯一正确道路的历史认识，潜移默化地渗透家国情怀和革命传统主义教育。

八、板书设计

（一）袁世凯窃取革命果实——北洋军阀统治的建立

（二）孙中山维护民主共和

（三）维护民主共和的失败——军阀割据

第三部分　教学设计解读及教学反思

一、教学设计解读

（一）单元主题教学内容的整合

根据新课标课程实施的教学建议，教学内容的整合要以核心素养为导向，把握教学内容的关键问题，运用大概念确定学习主题，设计大任务和大问题统领整个学习过程。

本单元内容应是上承第一、二单元中农民阶级、地主阶级洋务派、资产阶级维新派对救亡图存及近代化的探索，下启第四单元“新民主主义革命的开始”及中国共产党的探索，是中国近代中华民族救亡图存及近代化的探索的重要阶段和内容。整个单元一共4课（第8课~第11课）、11个子目，人物多、事件多。根据新课标规定的本单元课程内容，要求学生在学习辛亥革命基本史实的基础上，至少要获知两点历史认识：第一，孙中山是中国民主革命的先行者；第二，要充分认识辛亥革命的历史意义。所以，应该通过展现以孙中山为首的资产阶级革命派对民主共和的追寻历程，认识辛亥革命的成功与失败作为引领本单元的学习主题。

基于以上分析，结合新课标的内容要求可以把本单元4课内容，整合为3课时进行教学。第1课时“走向共和”（包括子目：孙中山早年的革命活动、同盟会与三民主义、革命志士的奋斗）、第2课时“缔造共和”（包括子目：武昌起义、中华民国的建立、《中华民国临时约法》、第25课　民族资本主义的发展、社会生活的变化）、第3课时“维护共和”（包括子目：袁世凯窃取革命果实、二次革命、袁世凯复辟帝制、护国战争、军阀割据）。如此的整合与呈现，让学生既能把握整个单元的主线，也能从整体上认识到探索近代共和道路的艰辛坎坷，进而了解以孙中山为首的资产阶级革命派对民主共和的追寻历程，认识辛亥革命的成功与失败。教学立意的高度是课堂教学的起始点和落脚点，更是教学设计最初应该明确的主旨和方向。有了这个方向，再具体设计教学目标和流程也就水到渠成了。

（二）教学目标的设定与表述

根据新课标的内容要求，本单元教学重点是“辛亥革命和中华民国的创建”，学业要求是“能够了解中国近代历史的基本线索，以及中国近代历史上重要的事件、人物、现象等，知道这些历史事件发生的时间和地点、原因和结果，初步养成历史时序意识和历史空间感；能够初步阅读和理解中国近代史的史料，并运用这些史料分析近代中国逐步成为半殖民地半封建社会的原因；认识中国近代史是中国人民对外反抗列强侵略、对内反对封建专制统治的历史；知道争取民族独立和人民解放是近代中国的历史任务”。

在领会新课标内容要求、学业要求和教学提示的基础上，结合教材内容的分析，从唯物史观、时空观念、史料实证、历史解释、家国情怀五个方面的历史学科核心素养的角度，分别对经过单元整合后的三课时的内容进行目标设定。同时在表述时，既有所侧重，又要融为一体，注意教学目标之间的关联，不刻意拔高能级要求。

在目标设定和表述上实事求是，体现新课标在教学理念上的先进性，与高中接轨的同时考虑到评价与考核的针对性和适合度。

（三）教学活动的任务与环节

所有教学活动紧扣“学生主体”的特点，结合情境设计学习任务引领三个课时的学习。如第 1 课时“走向共和”中，以孙中山等历史人物为主线，通过自主学习、史料研读创设情境，突出历史人物的活动，引导学生感悟、学习历史人物矢志不渝追求民主共和的品格。这样的设计意图，不仅培养了学生解读材料的能力，以材料解析的方式落实史料实证的核心素养，也可帮助学生了解孙中山革命意识觉醒的过程，体会孙中山等资产阶级革命派对民主共和的坚定追求，渗透家国情怀。

教学环节中采用图表、名词解释形式让学生归纳知识要点，有利于教材内容层次化和简单化，有利于学生理解，符合学生心理特点。如第三课时“维护共和”中的学生活动设计：阅读书本 50～52 页内容，提炼、列举袁世凯的独裁统治活动和革命党人维护共和的斗争，完成表格。学生通过阅读、提炼有效历史信息，形成袁世凯破坏共和、孙中山维护共和的两条线索的对比。这使学生从感性和理性方面体会探索近代共和道路的艰辛，从而进一步理解孙中山维护共和的努力最终失败的必然性。

用任务驱动的方式提高学生阅读的目的性，有利于学生活跃思维和参与课堂教学环节。如第 2 课时“缔造共和”中展示了四则材料，让学生合作探究辛亥革命的历史意义。通过解读这四则材料，用现代史观进行分析，表现出辛亥革命成功的一面，强调了辛亥革命对中国历史的贡献，做到论从史出、史论结合。

教学环节中以合作探究的方式突破教学难点，并培养学生多角度分析、评价问题的能力。如第 2 课时“缔造共和”中，通过探究辛亥革命前后的社会变革，使学生认识到辛亥革命不仅废除了帝制，还解放了思想，是一次思想观念的革命，使民主共和深入到社会各个层面。在第 3 课时“维护共和”中，设计了合作探究：辛亥革命是成功了，还是失败了？并结合所学说出判断依据。合作探究的方式深化了学生对辛亥革命的理解，训练了史论结合、史料实证的学科方法。

（四）对教学实践活动的评价

根据新课标的评价建议，对课堂教学实践活动的评价必须围绕学生核心素养的达成度来进行。评价方法包括课堂评价、作业评价、单元评价、跨学科主题学习评价和期末评价。其中，作业任务的设计和评价要体现层次性。如第 2 课时“缔造共和”的作业：1．完成配套练习上相应部分；2．思考：依据课本第 49 页“课后活动”，结合所学知识撰写一篇 200～400 字的历史小论文。你认为辛亥革命有什么历史意义，还有什么遗憾？第一项作业属于基础性要求，第二项作业带有一定的综合性和探究性，教师评价时要注意设计统一的量规进行量化评价（如作业 3 的学生自主评价表），要把学生的核心素养达成、心理感受、学业收获的差别体现出来。

关于跨学科主题学习评价要设计以历史学科为本位，兼从多学科的角度进行评价的学习任务，既包括时空观念、史料实证、历史解释的历史素养，也包括唯物史观、家国情怀的共通素养。如第三课时“维护共和”中的作业活动设计：2．展示图片，回顾并总结先进的中国人探索中国近代化的道路历程，揭示出中国人学习西方的三个阶段：器物（技术）—制度—思想，并列举出接下来思想方面的探索有哪些事件？尽管孙中山维护民主共和的努力失败了，资产阶级共和国的梦想也彻底破碎了，但先进的中国人不会停止探索，还会前赴后继地为中国谋新的出路，这新的出路是什么？是由哪些人来完成新出路的探索？这样的设计就包括了历史学科和政治学科（道德与法治）在内的主题：历史证明，只有中国共产党才能救中国，这是历史的选择，是历史赋予中国共产党的使命和担当。而且，“哪些事件”“出路是什么”“哪些人”的设问不仅有着明显的层次性的思维引领，还能激起学生探究的兴趣，为下一单元的学习做了最好的铺垫。

二、教学反思

通过教学实践，教师主要反思这三个方面：

一是教学活动的设计是否在实际操作上得到有效落实。

二是设定的教学目标是否全部达成，如果没有全部达成，未达成部分的原因是什么？

三是在教学实践中是否想出了更好的活动设计的情境、思路和方法。

地理

基于新课标理念的整体化教学设计

——以人教版地理七上第二章“陆地和海洋”为例

江苏省南通市通州区金沙中学　邱　磊

第一部分　课标要求及我们的教学建议

一、课标要求

《义务教育地理课程标准（2022 年版）》（以下简称《地理课程标准》）在旧版（2011 年版）基础上发生了诸多变化。厘清这些变化，是高质量完成本单元教学的先决条件，且以表格来表达：

<table>
<tr><th colspan="4">新课标</th><th colspan="2">旧课标</th></tr>
<tr><th colspan="3">主题</th><th>具体内容</th><th>具体内容</th><th>知识点</th></tr>
<tr><td rowspan="7">主题：地球的表层</td><td rowspan="7">范围：自然环境</td><td rowspan="7">陆地和海洋</td><td rowspan="2">阅读世界地图，描述世界海陆分布状况，说出七大洲、四大洋的分布</td><td>运用地图和数据，说出地球表面海、陆所占比例，描述海陆分布特点</td><td rowspan="2">海陆分布</td></tr>
<tr><td>运用世界地图说出七大洲、四大洋的分布</td></tr>
<tr><td>通过阅读地形图、图像，观看影视资料，观察地形模型或实地考察等，区别山地、丘陵、高原、平原、盆地的形态特征</td><td>在地形图上识别五种主要的地形类型</td><td>地图</td></tr>
<tr><td><u>在世界地形图上指出陆地主要地形和海底主要地形的分布，观察地形分布大势</u></td><td></td><td></td></tr>
<tr><td rowspan="2">结合实例，说明海洋和陆地处于不断的运动变化之中；说出板块构造学说的基本观点，并解释世界火山、地震带的分布与板块运动的关系</td><td>举例说明地球表面海洋和陆地处在不断的运动和变化之中</td><td rowspan="2">海陆变迁</td></tr>
<tr><td>知道板块构造学说的基本观点，说出世界著名山系及火山、地震分布与板块运动的关系</td></tr>
<tr><td><u>结合实例，说出海洋对人们生产生活的影响</u></td><td></td><td></td></tr>
</table>

表中黑色下划线部分为2022年版新增。要理解这些变化，需要全面看待此次课标的重要变化。在新课标中，提出了“维护生态安全”“建设美丽中国”的新目标，要求培育具有“家国情怀”“全球视野”“实践能力”的社会主义接班人。就学科价值而言，地理对于解决当代人口问题、资源问题、环境问题和发展问题，具有不可或缺的作用。

旧版的课程理念曾详细论述“学习对生活有用的地理”“学习对终身发展有用的地理” “构建开放的地理课程”这三个维度，但新版将之统一设在“核心素养”的范畴之下，并使其具有更为丰富、完整的体系。我们简单归纳，新版突出表现在八个方面：

●凝练地理课程独特育人价值；

●关心世界、保护地球家园、健康生活、终身学习、有科学精神、有责任担当；

●在不同的主题中贯穿地理工具应用和地理实践活动；

●开展地理户外实践；

●深度参与地理学习活动；

●教、学、评的内在一致性；

●设计多层次的学习任务；

●优选与学生生活和社会发展密切相关的地理素材。

这些特征在本单元中有不少体现。如“在世界地形图上指出陆地主要地形和海底主要地形的分布，观察地形分布大势”突出了学生对地图的实际运用能力，尤其是结合时代发展需要和海洋资源的勘探与利用，增加了海底地形分布等知识。再如“结合实例，说出海洋对人们生产生活的影响”则明晰了地理对生活、生产的实际价值。

新版《地理课程标准》多次强调“实地考察”“结合实例”，并新增了“说明”“解释”等能力较高的教学要求。从新教材的指导思想中可以看出，整个课标要求紧紧围绕着“核心素养”开展。具体来说，可分成以下几个方面：

一是人地协调观。其指人们对人类活动与地理环境之间的关系秉持的正确价值观。新课标表明：“人地关系是地理学研究的核心内容，协调人类活动与地理环境的关系，是建立人与自然生命共同体的需要。人地协调观的培育，有助于学生形成尊重和保护自然、绿色发展等观念，滋养人文情怀，增强社会责任感。”

在本章中，陆地和海洋是人类赖以生存的客观环境，人类在生存、发展的过程中，与自然环境不断产生交互作用。认识七大洲、四大洋，区别山地、丘陵、高原、平原、盆地等地形特征，以及说明板块运动、海洋影响等，本质上是增进学生对自然界的了解的过程。这一过程中，同时也包含着人自身的态度。如板块运动引起的地震、火山活动等，既是重要的知识点，同时又与人类息息相关，两者的“协调”，才是教学的重中之重。

二是综合思维。其指人们综合地认识地理环境和人地关系的思维方式和能力。新课标强调：“人地系统是一个综合体，需要从多种地理要素相互联系、时空变化等角度加以认识。综合思维的培育，有助于学生形成系统、动态、辩证地看待问题的思维方式，树立求真务实、开拓创新的科学精神。”

在本章中，“系统、动态”可以体现在板块的形成、移动、组合等方面。而不同地形的解读，可以视作板块间的挤压、分离等运动的结果；也可以从外力的角度看，是流水、风力、冰川等外力作用的结果。但无论是何种成因，均是时空变化的结果，具有长期性、系统性、动态性等基本特征。教学中，需要体现“教育即过程”的发展观，建立综合与运动的思维方式。

“辩证”体现在对地震、火山活动等地质灾害的看待上。火山爆发产生的火山灰，一方面对经济、生活产生严重的不利影响，造成巨大损失；但另一方面，火山灰一旦沉降之后，又是优质的土壤，有利于提高农业质量。地震通常被视作一种自然灾害，实际上它也有一定的有益方面。比如，地震释放了发生地四周蓄积的能量，地震后，该地因能量释放地质结构变得稳定；目前研究地球内部的主流方法就是地震波，但是人工生成地震波有很多不利因素（比如噪声），地震形成的地震波却相对“纯净”，对地球内部成像分析具有帮助；地震还可能发现普通观测工具难以找到的断层。

辩证思维作为综合思维的有机组成部分，在教育教学中，常常不被教师所重视。相反，固化思维较为盛行，孩子学到的是“绝对的”“终结性的”“不会变化的”知识。仅仅用某一把尺去衡量世界，用一种观念看待世界，是当前教学中亟待克服的一大问题。

三是区域认知。其指人们从“空间—区域”的视角认识地理环境及人地关系的思维方式和能力。新课标指出：“人类生存的地理环境复杂多样，人们将其划分成不同空间尺度、不同类型的区域加以认识。区域认知的培育，有助于学生建立地理空间观念，认识不同的区域既各有特色，又相互联系，增强热爱家乡的情感和国家认同感，增进对世界的理解，逐步形成人类命运共同体意识。”

区域认知是最具有地理特征的认知手段之一。从本章看，区域认知的表现并不是非常明显，因此，在实际教学中，教师往往会忽视它。实际上，区域认知依旧在本章中有所体现，并非缺位。比如五大地形，当时空尺度不同，地形的名称、分类也有差异。以四川盆地为例，从全国的“尺度”看其是“盆地”，但从省内“尺度”观察，其内部又包含成都平原、山地等地形。实际上，不同的地形在客观世界中往往是组合的，组合的范围不同，观察的精度有别，就会得出不同的结果。

帮助学生确立“区域观”，也是一种空间上的“辩证思维”。区域认识极具学科特质，需要在教学中为学生树立示范，形成一定的学科品质。

四是地理实践力。其指人们在地理实验、社会调查、野外考察等地理实践活动中所具备的行动力和意志品质。新课标要求：“地理实验、社会调查、野外考察是地理学常用的研究方法，也是地理课程重要的学习方式。地理实践力的培育，有助于学生在真实环境中运用适当的地理实践活动方式，观察和认识地理环境，体验和感悟人地关系，并在活动中做到知行合一、乐学善学、不畏困难。”

纵观整个《地理课程标准》，前后共分 8 次不厌其烦地阐述地理实践力，并将之列为新版地理课程的目标之一，由此就可感受到其在新版地理课程中举足轻重的地位。毫无疑问，地理实践力将在整个新版初中地理教科书中，从七年级到八年级，贯穿始终。

本章中的地形教学，比较适合开展地理实验。如利用不同的地形模型，让学生进行观察、对比、总结；动手制作一些地形模型，体会其中的乐趣；带领学生到本地的野外环境中，就某一地形，进行实地观察与讨论，做到“知行合一”。另外，像板块运动、地震、火山等知识，也可以搬到地理实验室中去学习，通过仿真模拟等手段，让学生们发现其中的奥秘，做到“乐学善学”，感受地理科学的价值与魅力。

简单说，2022 年版的《地理课程标准》始终围绕“四大核心素养”（见下图）这一中心，对教学的指导、设计、实施、测评予以系统建构。四大核心素养是一个相互联系的有机整体。人地协调观是地理课程内容蕴含的最为核心的价值观，陆地和海洋的自然环境，实际上是对“人”提出的课题：它们既是资源，又是挑战。如何用理性的态度、科学的方法、有效的实践，去处理两者的关系，成为所有问题的焦点。综合思维和区域认知是学生建立人地协调观所需要的重要思维方式和能力，地理实践力则是学生在分析和解决地理实践中遇到的问题时所具备的行动力和意志品质。这里面不但有知识、技能层面的要求，更有对学科育人、立德树人的高层次要求。

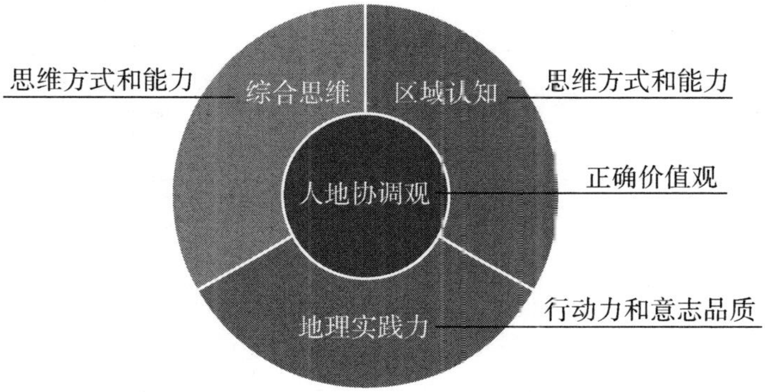

二、我们的教学建议

（一）关注地理工具的运用

地理工具是本次新课标提出的新要求，其既是认识全球的“手杖”，又是认识区域的“指南”。地理是一门实践性很强的学科。学习地理离不开必要的地理工具（见下图）。

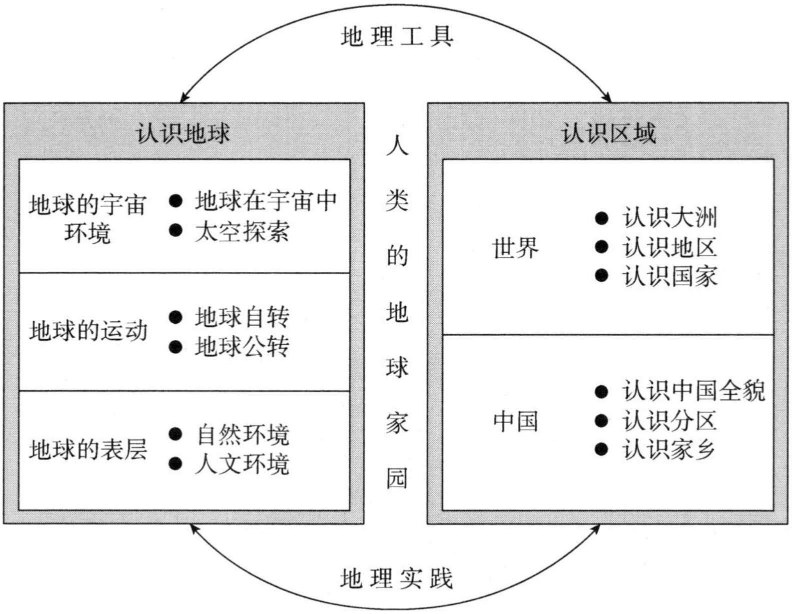

课标中的“教学提示”对本章提出了“用地球仪、地图、遥感影像、影视资料、数据可视化图等资料”等要求，这正是对运用地理工具的强调。地理空间思维是地理学科思维方式的特点，地理空间思维能力是地理学科能力区别于其他学科能力的关键所在。地理教学以地理空间概念为基础，通过空间想象并运用空间思维规律和方法，来获得有关地理事物的空间分布、空间联系和空间变化等概念和知识。地图、地理图表以及地理信息技术等是这个过程中认识地理空间分布规律、培养地理空间思维能力的主要工具。

“没有地图就没有地理学。”地图是地理教学过程中不可缺少的主要工具，任何正常、有效的地理教学都要充分利用地图。地图用经纬坐标准确地再现海陆的空间分布，用各种符号表现多种多样的地理事物，可在小的图幅范围内容纳大量的地形、板块等知识，反映地理事物及其空间分布和时间变化特征，从而使学生在地理教学过程中突破空间、时间的局限来观察、认识与分析地理事物成为可能。

由于地理研究的对象——地球表面规模巨大，其分布空间尺度广泛，决定了地理学科的学习相对较难。本章的海陆分布，视域辽阔，时空跨度巨大，学生在日常生活中难有体验，经验不足，真正学习起来难度较大。因此，更需要直观形象的支持，即借助地理图像、图表——景观图、示意图、结构分布图、统计图、教学挂图、遥感图像、航空照片等，以及地球仪、地形模型等地理模具来实现。这对于帮助学生拉近感知范围、激发对地理的学习兴趣、突破空间抽象思维、建立地理表象、掌握地理概念与原理，特别是对发展地理的观察、思维、记忆、想象、创造等能力，有着重要意义。

（二）实施单元整体教学

整体性是地理学科的学科特质之一，自然地理、人文地理、区域地理本就是彼此联结的整体。传统的割裂式教学法，对这一整体造成了较大破坏。在本章中，学生学了地形，却不能将之与人类生活、生产，乃至文化相联系；学了板块，却不能与当地的地形地貌、自然资源、自然灾害等紧密挂钩……这类问题往往是地理教学实践中最常见、最棘手的问题。

因此，在本章的教学中，从教案设计、教学实施，到教学评价，均应按照整体性教学（未来的新教材，也将体现这一点）来设计。一方面将知识与技能，有序地嵌入到地理学科的知识树、技能树上，用逻辑融通、彼此关联的网络，把地理真正教活、教通，并能与学生的经验、心理、审美等“儿童特质”形成“同频共振”。另一方面，将四大地理核心素养作为一个整体，体现在本章的不同章节中，自觉地把教材内容无缝转化成四位一体（人地协调观、综合思维、区域认知、地理实践力）的核心素养。

（三）使用真实的情境和任务

在本章中，《地理课程标准》要求“从情境中引发问题，再转化为解决问题的任务，促使学生在完成任务的过程中领会和建构知识，如利用地图和其他资料，了解世界地形……的空间分布特征”，只有在真实的情境下，产生真问题（最好还是学生自主提出的）与真任务，教学的基石才算是真正建立。

由于传统教学对情境的忽视，导致后续的分析、讨论、总结、评价等，都如同悬在空中，难以满足学生的需求。即便教学过程设计完美、操作得当，依旧会大大削弱教学的有效性，甚至造成学生反感、对抗等负面反馈。

从高考改革的角度看，基于真实的时空和真实的事件，而引发的陌生环境下的真问题，已经成了命题特征之一。世界各洲各地的地形分类、特质、运用，以及板块的分布、运动、影响，都应该始终置于某种具体的情境理解之下。离开了这一点，就难以真正建立学生的地理核心素养，更难以实现学科的育人目标。

（四）重视地理实践力

在以往的教学实践中，地理实践力因观念、条件、评价等种种限制，并未受到足够重视。但从新课程标准来看，地理实践力是学生人地协调观、综合思维与区域认知能力的综合体现，其必将在未来的中考、高考中体现，并会不断加大力度，成为地理科目的改革方向。

旧版课程标准中的评价维度提到“知识与技能”；新版课程标准的核心素养不只是知识与技能，它是在特定情境中，通过使用和调动心理社会资源（包括技能和态度），以满足复杂需求的能力。“实践素养”正越来越受到重视，其强调的是个人内在的品质和涵养。

地理课程具有很强的实践性，在真实的情境中运用所学的地理知识和技能，观察、理解、感悟地理环境和人地关系状况，是学生学以致用的能力体现。面对不同的地形条件、地质灾害，学生何以自处、何以运用、何以改造，均是当代公民的必备素养。尤其是从时代的发展需要看，全球性问题逐步融入人们的日常生产与生活中，社会结构多样性与趋同性并存，知识与信息爆炸式发展，国家重大政策的制定、部署与实施，重大工程的规划、建设与完善，都需要以全球视角来解读。这对于本章来说，进一步突出了七大洲、四大洋等知识的重要地位。有效地在实践中理解、诠释、运用这些知识，成了重中之重。

简单说，当学生具备地理实践力时，他们就能够运用适当的地理工具完成既定的实践活动，对地理探究活动充满兴趣与激情，并会用地理眼光认识和欣赏地理环境。

第二部分　课时教学设计

大洲和大洋、海陆的变迁（3课时）

一、教学目标

（一）教材分析

本章教材编排了“大洲和大洋”“海陆的变迁”两节内容，主要讲述世界海陆分布的特点、七大洲与四大洋的基本状况，并从全球板块分布、运动的角度，对上述内容予以阐述、解释。课本中出现的地理概念、地名较多，但学生多在小学时接触过，或在日常生活中已经了解。

从知识体系来看，本章内容直承第一章，首次将地球、地图的知识运用于教学内容中，突出了对地理工具的理解、使用，初步培养起学生在图中提取信息、概括描述、分析比较、独立说明的能力。熟悉了地图等地理工具，不但有助于巩固本章知识，还为后续学习奠定了基础。

本章两节内容在知识体系上体现出明显的整体性、承接性，具备一体化设计的有利条件。同时，在地形模型、板块模型等内容上，也可以设计相关的地理实验，培养与发展学生的地理实践力。

（二）学情分析

七年级学生对新课程总是好奇的，依据其心理年龄特点，具有模仿性强、活泼好动、注意力在20～25分钟集中、感性思维强的优势，学习动机以直接动机为主，对一些新奇的事物有很大兴趣。但其空间想象能力刚起步，学习地理盲目性大，缺乏方法，理性思维和分析问题不够精确。因此，将知识形象化、可视化，“做中学”“学中悟”，将是符合这一年龄特征的教学方式。

本章内容既有学生在生活中司空见惯的平原、盆地、山地等地形知识，也有大陆漂移、板块构造等相对陌生的部分。同时，从小学所学的知识看，有关大洲、大洋、地形等内容，学生已经有了一定的基础。所以，从学生熟悉的生活经验出发，比如家乡的地形地貌、新闻中的热点事件等，慢慢过渡到地理的相关知识与技能，将更容易获得学生心理与情感上的认同。

在有关地理工具（如地图）的使用上，学生并没有充分的经验。因此，教学中应更多地联系第一章的相关内容，适当放缓教学节奏，多请学生发表观点，组织小组讨论，鼓励学生踊跃展示。

（三）教学目标

根据课标要求，结合教材、学情分析，我们将七年级上册第二章的教学目标设置为：

（1）运用地图和数据说出全球海陆面积比例，描述海陆分布特点。（地理工具、整体思维）

（2）在世界地形图上指出陆地主要地形，观察地形分布大势，说出特征。（地理工具、区域认知）

（3）依据地图说出七大洲及四大洋的名称、轮廓、位置和分布特征。（地理工具、区域认知）

（4）了解全球海陆变迁基本原理、过程、特征，能解释地震、火山的基本形成原因。（地理工具、人地关系）

（5）在世界地形图上指出海底主要地形的分布，能说出海洋资源对生活生产的影响。（地理工具、区域认知）

二、核心内容（教学重点、难点）

（一）教学重点

（1）能识记全球海陆分布和地形分类。

（2）能识记七大洲的名称并能识记七大洲的位置和分布特征。

（3）知道“板块构造学说”的基本内容；了解世界火山、地震主要分布规律。

（二）教学难点

（1）能识记七大洲的位置和分布特征。

（2）知道“板块构造学说”的基本内容；了解世界火山、地震主要分布规律。

三、教学任务

根据新课标教学建议，本章设置了一个主题任务来引领全章的学习活动。

主题任务：设想自己是一名宇航员，负责在我国“天宫”空间站上观察地球。具体任务是运用地图描述所观察到的地球上的海洋和陆地具体分布情况，并尝试解释地形分布。（说明：该任务的完成，需要用到本章所有知识。本章的前后两节，分别代表着完成该任务的不同过程或阶段。）

四、教学准备

希沃交互式电子白板、自制白板课件、多媒体投影机、音箱、视频展示台等。

五、教学流程

第一节　大洲和大洋

（一）情境设置

设想自己是一名宇航员，负责在我国“天宫”空间站上观察地球。具体任务是运用地图描述所观察到的地球上的海洋和陆地具体分布情况，并尝试解释地形分布。

（二）课段目标

（1）说出世界七大洲、四大洋的分布；

（2）绘制世界大洲、大洋的分布图；

（3）描述山地、丘陵、高原、平原、盆地的形态特征和区别；

（4）说明海底主要地形的分布。

（三）学时分配

2 学时。

（四）学习资源

教材资源	拓展资源
大洲和大洋	课外阅读： 美国初中主流理科教材《科学探索者》之《地表的演变（第三版）》，浙江教育出版社，2013 年版

（五）评价工具/量规

表 1　请根据不同条件，写出不同的大洲名称或组合

条件	面积最大的大洲	面积最小的大洲	由东向西排列的大洲
赤道穿过的大洲			
北回归线穿过的大洲			
南回归线穿过的大洲			
北极圈穿过的大洲			
南极圈穿过的大洲			
评价标准	错 1 个，扣 3 分	错 1 个，扣 3 分	错 1 个，扣 4 分
分值	15	15	20
得分			

表 2　请根据不同条件，写出不同的地形名称及特点

条件	地形名称	地形特点	举例
陆地地形			
海底地形			/
			/
			/
			/
			/
评价标准	错 1 个，扣 2 分	错 1 个，扣 2 分	错 1 个，扣 1 分
分 值	20	20	5
得 分			

附答案：

条件	面积最大的大洲	面积最小的大洲	由东向西排列的大洲
赤道穿过的大洲	亚洲	大洋洲	亚洲、大洋洲、非洲、南美洲
北回归线穿过的大洲	亚洲	北美洲	亚洲、非洲、北美洲
南回归线穿过的大洲	非洲	大洋洲	大洋洲、非洲、南美洲
北极圈穿过的大洲	亚洲	欧洲	亚洲、欧洲、北美洲
南极圈穿过的大洲	南极洲	南极洲	南极洲

条件	地形名称	地形特点	举例（陆地地形）
陆地地形	平原	海拔在200米以下，宽广平坦	华北平原
	高原	海拔在500米以上，外部较陡，山坡陡峭，内部和缓	黄土高原
	山地	海拔在500米以上，山峰耸立，山坡陡峭	喜马拉雅山
	盆地	四周高，中间低	四川盆地
	丘陵	海拔在500米以下，相对高度较山地小	江南丘陵
海底地形	大陆架	环绕大陆的浅海地带，深度200米以内，坡度平缓	/
	大陆坡	介于大陆架和大洋底之间，水深较深，坡度较陡	/
	洋中脊	在大洋中延伸的海底山脉，火山活动活跃	/
	洋盆	海洋底部的低平地带，周围是相对较高的海底山脉，形似陆地上的盆地	/
	海沟	深度超过6 000米的狭长的海底凹地，两侧坡度陡急，分布于大洋边缘	/

（六）过程与评价

第一学时

课堂环节	设计内容	设计意图
情境设置	展示“神舟”十二号升空、我国空间站建设视频，推动从太空看地球的观察、讨论	创设从太空看地球的相关情境，使新课标中“真实情境”的要求得以具体体现
思维探索	运用地球仪，结合教材，观察地球海陆分布基本面貌。 陆地主要集中在____（南/北）半球，____（东/西）半球，北极周围是____（一片海洋/一块陆地）；海洋大多分布在____（南/北）半球，____（东/西）半球，南极周围是____（一片海洋/一块陆地）	让学生自主探究南北半球、东西半球的地理意义及其与海陆分布的联系
拓展阅读	介绍全球海陆分布的基本特征，与“教学活动一”形成承接。 内容如下： 水半球是相对于陆半球的半球，中心点在新西兰的海面上。水半球仅有全球1/7的陆地。太平洋及印度洋大部分在水半球。水半球的海洋面积远远大于陆地面积。 陆半球有全球6/7的陆地，欧洲位于陆半球的中心。然而，陆半球的海洋面积仍然大于陆地面积（51∶49）。无论怎样划分，地球的任何两个大小相等的半球，都是海洋面积大于陆地面积	拓展阅读时，请结合教材中水半球与陆半球的两幅照片，请学生谈谈图中的大洲与大洋的名字。此项环节有助于过渡到后面的教学任务
教学过渡	从水半球、陆半球过渡到全球七大洲、四大洋。利用短视频展现	/

续表

课堂环节	设计内容	设计意图
教学游戏	教学小游戏1：找找“我”应该在哪里 规则：由七个同学手拿大洲名称牌，分别扮演七个大洲。 由任意一个同学在讲台上先站好：“我是亚洲，欧洲，欧洲在哪里?” 扮演欧洲的同学马上回应：“在这里!”然后快步走上讲台，按照地图上的位置站在亚洲的旁边。再由扮演欧洲的同学继续喊下一个大洲。以此类推，看哪一个同学能站得又快又准。 注意：站错的同学由下一个同学马上顶替补充。 教学小游戏2：拼图游戏 老师准备好七张大洲轮廓图，并在图上画好赤道、南北回归线、南北极圈线等纬线，由不同的学生上黑板来拼图，比比谁拼得对、拼得快。（若有摆放错误，请其他同学纠正）	以“代入”的方式，让不同的学生体验七大洲的名称、位置关系
地理实践	三笔画世界：绘制地图的过程是十分复杂的过程，世界大洲的轮廓又非常不同，但是大致可以简化为简单的几何形状，例如亚洲和欧洲可简化为三角形。教师先在黑板或白板上展示七大洲的轮廓示意图，学生再仿照着描绘（可请数位学生共同在黑板上“竞技”）	/

第二学时

课堂环节	设计内容	设计意图
情境设置	观看“神舟十二号”搭载3名航天员升空、我国空间站建设相关视频，引导学生思考：地球看起来是个球体，但具体聚焦到地球表面，还是平坦的吗?	创设从太空看地球的相关情境，使新课标中“真实情境”的要求，得以具体体现

续表

课堂环节	设计内容	设计意图
思维迁移	1. 计算两者的身高高差 （请学生说一说具体的思维步骤） 2. 指导学生理解两个概念（课件展示：“海拔”和“相对高度”） 	学生自主探究，通过在“身高”与“海拔”之间形成转化，让学生来灵活类比知识。培养学生观察、读图和分析问题的能力，对学生的概括给予言语奖励
读图训练	教师指导学生观察地形剖面图和梯田实景图，说一说相对高度、绝对高度的计算原理 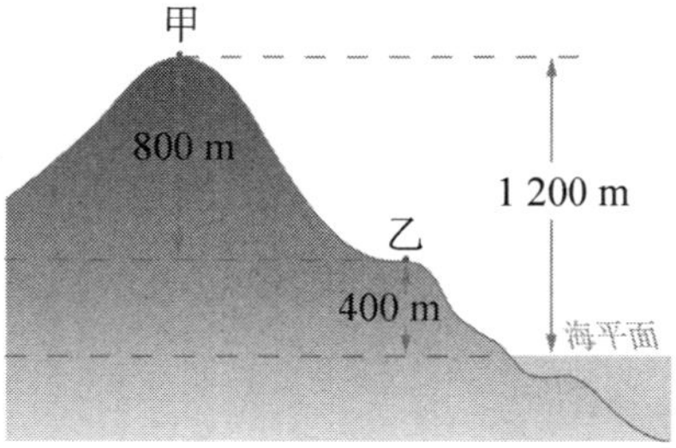 	检查学生对海拔和相对高度的理解和运用情况，培养学生的读图能力

<table>
<tr><th>课堂环节</th><th>设计内容</th><th>设计意图</th></tr>
<tr><td>教学过渡</td><td>既然地表有高度差异，根据不同的海拔，可以给陆地地形分类。介绍五种主要地形（见下图．请同学指出图上的五种地形）
</td><td>设计过渡语．由海拔和相对高度自然过渡到陆地地形类型，使教学过程流畅、自然</td></tr>
<tr><td>拓展阅读</td><td>世界上最高大的山脉
内容：
喜马拉雅山脉是世界上最高大的山脉，它平均海拔在6 000 米以上。世界上海拔超过8 000 米的山峰有 14 座，其中 10 座分布在喜马拉雅山脉中。
喜马拉雅山的主峰珠穆朗玛峰，海拔超过 8 848 米，是地球之巅。山顶终年积雪，被称为地球上除北极和南极之外的“第三极”</td><td>本项阅读内容，部分出现在《地理课程标准》中。边阅读边请学生谈一谈“山”这种地形的主要特征，以加强知识的情境性、应用性、迁移性</td></tr>
<tr><td>地理实践</td><td>制作陆地地形模型
利用沙土或橡皮泥等材料，制作陆地五种基本类型的地形模型。
要求：（1）完成下表：
陆地主要地形异同比较
<table><tr><th>地形</th><th>海拔</th><th>相对高度</th><th>形态特征</th></tr><tr><td>平原</td><td></td><td></td><td></td></tr><tr><td>丘陵</td><td></td><td></td><td></td></tr><tr><td>高原</td><td></td><td></td><td></td></tr><tr><td>山地</td><td></td><td></td><td></td></tr></table>（2）地形模型要符合五种地形各自的特点；
（3）介绍本组作品给其他小组，并对其他小组的作品进行评价</td><td>动手操作能有效提升学生的地理实践力，形成“做中学”的良性教学，强化教学效果。思考陆地地形类型并讨论它们各自的特点。
在此项活动中，学生展示自制的五大陆地地形模型、评价别的同学的作品，并讨论各地形的主要特点</td></tr>
</table>

续表

课堂环节	设计内容	设计意图
思维探索	从地形模型图过渡到地形鸟瞰图，提问其有何优缺点，再介绍等高线图。播放梯子和梯田图片，引导学生观察梯子和梯田同一阶梯高度有何特点。 请学生观察等高线图（以山地为例），讨论不同地形其图上特征，并尝试在不同的等高线之间涂上不同的颜色，将其绘制成分层设色地形图。如下图： 绘制前：  绘制后： 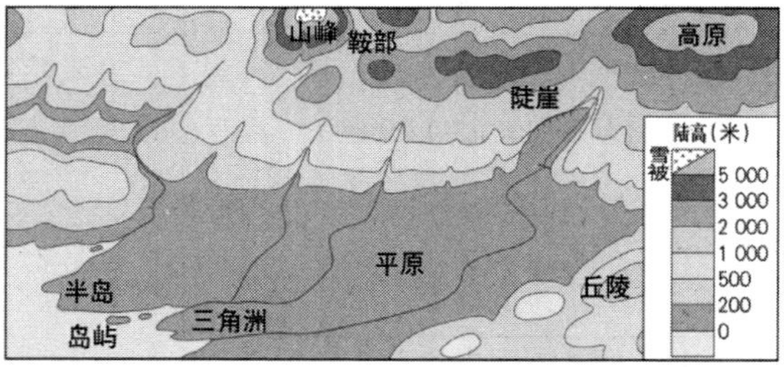 	由梯子和梯田引入等高线，较为符合学生的经验特点。 绘制分层设色地形图可以提升学生的感知、分类、推理等能力
教学过渡	情境回顾：从中国空间站上观看，海洋中常有一些露出海面的岛屿。据此推测，在海洋底部，也同陆地地形一样，是高低起伏、复杂多样的。由此，我们从陆地地形来看海底地形	由陆地地形过渡到海底地形

续表

课堂环节	设计内容	设计意图
读图训练	观察海底地形图，请分别指出不同的地形名称 	/
拓展阅读	世界最深的海沟：马里亚纳海沟 内容： 马里亚纳海沟位于菲律宾东北、马里亚纳群岛附近的太平洋底，为一条洋底弧形洼地，全长2 550千米，平均宽 70 千米。据估计这条海沟已形成6 000 万年。 马里亚纳海沟是世界上最深的海沟，是已知的海洋最深处。这里水压高、黑暗、温度低、含氧量低、食物资源匮乏，是地球上环境最恶劣的区域之一	/
地理情景剧	介绍海底不同地形与人类生产生活的关系。设计课堂情景剧“海洋开发资源行动”，安排三项任务： 模拟追随渔民的船只出海捕鱼（渔业资源与海底地形）。 模拟参观海底石油钻井平台（能源与海底地形）。 模拟参观海水淡化工厂	结合生活实境，运用海底地形相关知识，说明其对我们日常生活、生产的影响

第二节　海陆的变迁

（一）情境设置

假设自己是一名宇航员，负责在我国“天宫”空间站上观察地球。具体任务是运用地图描述所观察到的地球上的海洋和陆地具体分布情况，并尝试解释地形分布。

（二）课段目标

（1）说明海洋和陆地处于不断的运动变化之中；

（2）阐述大陆漂移说和板块构造学说的主要观点；

（3）用板块构造学说的基本观点，解释世界火山、地震带的分布。

（三）学时分配

1 学时。

（四）学习资源

教材资源	拓展资源
大洲和大洋	课外阅读： 美国初中主流理科教材《科学探索者》之《地表的演变（第三版）》，浙江教育出版社，2013 年版

（五）评价工具/量规

说一说海陆变迁的表现。

表现维度	评价标准	分值	得分
地表形态变化	概括准确，表述清晰，论据充分	25 分	
大陆漂移	概括准确，表述清晰，论据充分	25 分	
板块构造	概括准确，表述清晰，论据充分	25 分	
火山与地震带分布	概括准确，表述清晰，论据充分	25 分	

（六）过程与评价

第三学时

课堂环节	设计内容	设计意图
情境设置	观看“神舟”十二号搭载 3 名航天员升空、我国空间站建设相关视频。引导学生思考：地球上的陆地与海洋是从来就有的吗，未来会不会有新的变化？	创设从太空看地球的相关场景，使新课标中“真实情境”的要求得以具体体现；引导学生以发展的眼光看待海陆的变迁问题

续表

课堂环节	设计内容	设计意图
思维探索	根据以下事实（观看视频、照片），能推测出什么样的基本事实？ （1）喜马拉雅山脉发现的海洋生物化石图片； （2）海底古森林遗址的资料； （3）荷兰的围海造田图片； （4）我国在南海地区的吹沙填岛	学生小组探究，通过对视频和照片的讨论，发现无论是在远古时期还是当下，无论是自然原因还是人为作用，“陆地”与“海洋”的转化、迁移，是始终存在的
阅读拓展	沈括与“海陆变迁” 正文： 余奉使河北，边太行而北，山崖之间，往往衔螺蚌壳及石子如鸟卵者，横亘石壁如带。此乃昔之海滨，今东距海已近千里。所谓大陆者，皆浊泥所湮耳。 ——沈括《梦溪笔谈》	用古籍的事实证明，中国古人已经发现了海陆变迁的现象，以此增进学生对优秀传统文化、爱国科学家的认同与感情
地理情景剧	（学生预先了解魏格纳与大陆漂移说的故事） 由学生扮演躺在病床上的魏格纳，偶然发现世界地图上南美洲东海岸轮廓与非洲西海岸轮廓的相似性；并将事先准备好的两个大洲的轮廓，当众拼接一下	本情景剧，可以由不同的学生轮流表演，可以选择不同的学生进行对话。重点在于发现两大板块可“拼接”的特性。展现思维之美、想象力之美，也是一种地理实践力的训练

续表

课堂环节	设计内容	设计意图
教学设疑	人们除了发现非洲和南美洲的轮廓可以拼合之外，还在两个大洲发现了同样的具有亲缘关系的海牛和鸵鸟，以及同一年代的化石。 设疑：海牛不会飞，按理来说也没有远涉大洋的能力，为什么会同时出现在两个大洲？ （由此自然引导出大陆漂移说）	使学生养成独立思考问题、分析问题的能力
教学过渡	大陆漂移说，因无法解释“漂移”的动力，而进一步产生“板块构造学说”	/
地理实践	板块运动模拟实验 利用铝盆、海绵、蜡烛、水等材料进行一个模拟地球板块运动的实验（如下图）。记录实验过程中观察到的现象，并根据实验现象，回答下列问题。 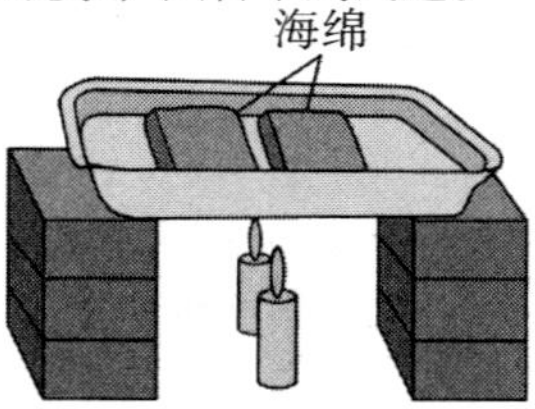 （1）在实验过程中我们用海绵、水分别模拟什么地理事物？ （2）通过实验观察，两块海绵怎样运动？海绵之间的空间如何变化？ （3）你能用板块构造学说的理论解释观察到的现象吗？	本项实验是地理实践力的发展要求，能有效体现综合思维、学以致用的相关要求。教师应尽可能让更多学生参与到此项实验中来。以实验观察、分析而得出的知识，将复现知识的再生产过程，形成更为有效的教学实践

续表

课堂环节	设计内容	设计意图
思维探索	刚才的模拟实验，展现了不同板块之间的移动。我们回到真实世界中，思考以下问题： （1）研究者发现，喜马拉雅山脉主峰、世界最高峰珠穆朗玛峰目前正在不断“长高”。研究发现，珠穆朗玛峰大约每隔 100 年，会“长高”7 厘米左右。其中的秘密是什么？ （2）马里亚纳海沟是世界上最深的海沟，位于东太平洋地区，平均深度为 8 000 米。它为什么会如此之深？	通过设问的方式，请学生思考板块之间的张裂与挤压所带来的不同结果。将地理知识生活化、情境化、实用化
读图训练	读“世界主要火山与地震带的分布图”，结合板块构造学说，思考为什么大多数火山与地震均在板块交界处？	/
教学小结	在板块交界地带，因板块运动较为频繁，所以地壳比较活跃，往往成为全世界火山和地震的集中分布区。据统计，全球 90% 以上的火山和地震分布在两大地带：环太平洋火山地震带；横贯欧洲南部到亚洲的地中海—喜马拉雅火山地震带	/

（七）作业设计

本单元学习了地球的海陆分布及板块运动。请根据材料，完成“地震的分布与防震”的相关任务。

（1）阅读下表，根据表中给出的经纬度，说一说地震与板块分布之间有什么关系。

序号	日期	地点	经纬度	震级
1	2011 年 3 月 24 日	缅甸	20.80°N，99.80°E	7.2
2	2012 年 8 月 31 日	菲律宾群岛近海	10.80°N，126.80°E	7.6
3	2013 年 4 月 20 日	四川雅安	30.30°N，103.00°E	7

续表

序号	日期	地点	经纬度	震级
4	2014 年 2 月 12 日	新疆和田	36. 10°N，82. 50°E	7. 3
5	2015 年 11 月 25 日	秘鲁	10. 60°S，70. 9°W	7. 5
6	2016 年 3 月 2 日	印尼苏门答腊岛海域	4. 90°S，94. 21°E	7. 8
7	2017 年 9 月 8 日	墨西哥沿岸近海	15. 05°N，93. 90°W	8. 2
8	2018 年 9 月 6 日	斐济群岛地区	18. 45°S，179. 35°E	7. 8
9	2019 年 2 月 22 日	厄瓜多尔	2. 15°S，76. 91°W	7. 5
10	2020 年 1 月 29 日	古巴南部海域	19. 46°N，78. 79°W	7. 7
11	2021 年 3 月 20 日	日本本州东岸近海	38. 43°N，141. 84°E	7. 0

（2）“地震的形成原因是什么?”“因地震被困怎么办?”“地震时该如何自救?”通过调查访问或从报纸、网络上收集资料，介绍防震减灾知识和避灾时的自救、互救技能，绘制一幅手抄报。

第三部分　教学设计解读

教学设计是对教学诸要素进行整体化的思考和系统化的安排，涉及教学目标、学习内容、学习活动、教学设计等要素设计。地理是一门实践性很强的学科，在核心素养的指引下，对本次单元设计的解读如下：

一、教学目标的设定与表述

按照现代课程理论之父泰勒的设计，教学目标是完成整个教学任务的最重要一环。没有合适的目标，则如同无的放矢。本次教学目标的设定综合考量《地理课程标准》、教材分析和学情分析等三个维度，主要抓手教材分析与二次建构。根据课程标准的学段目标和教学建议，本章教学要求是：

“阅读世界地图，描述世界海陆分布状况，说出七大洲、四大洋的分布。”

“通过阅读地形图、图像、视频等资料或实地考察，区别山地、丘陵、高原、平原、盆地的形态特征。”

“在世界地形图上指出陆地主要地形和海底主要地形的分布，观察地形分布大势。”

“结合实例，说明海洋和陆地处于不断的运动变化之中；说出板块构造学说的基本观点，并解释世界火山、地震带的分布与板块运动的关系。”

在领会上述要求的基础上，还需结合教材分析。教材中有关教学目标的内容具体表现为前言（三个问题，对应“海陆分布、七大洲四大洋、海陆变迁”三大重点；但对应新课标，还应增添海底地形与海洋资源、五大地形的相关知识）、内容结构（设计为两节，对照新课标，还应增补海底地形与海洋资源内容）、学时要求（共计 3 学时）等。

最后一方面是学情。学生刚刚从小学毕业，一方面具备一定的地理相关知识（含在小学《科学》中），对七年级的教材内容有一定了解；另一方面在思维能力上，又以形象思维、动手感知为主，尽量将教材知识可视化、立体化、实境化，尤其是注重地理实验或实践，将有助于提升教学效果。

综合上述分析，本单元的教学目标设定为 5 个要点：

（1）运用地图和数据说出全球海陆面积比例，描述海陆分布特点。（地理工具、整体思维）

（2）在世界地形图上指出陆地主要地形，观察地形分布大势，说出特征。（地理工具、区域认知）

（3）在地图上说出七大洲及四大洋的名称、轮廓、位置和分布特征。（地理工具、区域认知）

（4）了解全球海陆变迁基本原理、过程、特征，能解释地震、火山的基本形成原因。（地理工具、人地关系）

（5）在世界地形图上指出海底主要地形的分布，能说出海洋资源对生活生产的影响。（地理工具、区域认知）

二、教学内容的选择与呈现

在内容的组织方面，选择用“教材教”而不是“教教材”，注重大单元的整体化设计，用一条线贯穿到底，做到前后情境统一、知识衔接、难易有序。坚持多元化结构，利用阅读拓展、地图分析（训练）、视频动画、现场交流与展示、情景剧表演、地理实验等多维度、广视域的组织方式，给不同基础的学生提供走近知识、掌握技能、培植情感的机会与平台。教学设计时，内容的来源，一方面忠实于教材，另一方面又不受之束缚，以生活化、时代化、接地气为代表的内容整合，是赢得教学成功的一大关键。比如，整体的教学情境建立于“神舟”十二号、“天宫”空间站等时代热点的事件之上，学生易于感触，引入教学内容也更迅捷、更有效。

在呈现方面，针对该年龄段的学生，教学内容具有典型的视觉元素、实践元素和参与元素。整堂课色彩鲜艳，灵动活泼，充分利用现代信息技术，将最近、最全、最生动的信息推送到学生面前，对达成地理学科的育人价值，具有重要意义。尤其是作为学科特色来说，教学设计中加大了对各类地图（地理工具）的应用，比如全球板块分布图、全球水陆半球分布图等。这可建立学生对地图的初步感知，并慢慢将其作为习以为常的专业工具，增加他们探索世界的能力与信心。

三、教学活动的任务与环节

教学活动紧扣“实用性”特点，结合日常生活的真实情境设计了一体化任务，即从空间站上观察地球，其海陆分布如何、地形如何、海陆变迁如何，等等。在任务统领下，安排了3个学时，具体设计意图为：

第一学时，聚焦全球海陆分布的基本状况，突出地球表面水域面积大于陆地面积的核心特征。在此基础上，对陆地面积的组成（七大洲）、海洋面积的组成（四大洋）分别进行介绍。整个过程，与宇航员在太空看地球，先看到蓝色球体，再到海陆比例与分布，最后到大陆、大洋的基本观察逻辑相一致。这一过程，尽可能利用地图、游戏、拼图等符合孩子思维的形式呈现。

第二学时，紧承第一学时而进行。对于一般大陆，可进一步细分为五大地形及其相关知识（海拔、相对高度、分层设色地形图等），并将视野由地面转向海洋，描述海底地形的基本组成与各自特征。本节课内容，前一半迁移于上一章的知识，后一半则为完全新增，这对教师备课提出了挑战。但整体来说，其符合新课标的教学要求，尤其是与新时代解决新问题、树立全球视野、利用自然资源等要求，较为契合。

第三学时，主要从时间的维度，讨论了海陆分布的过程性、变化性，也是对前两个学时的进一步深化。全球板块处于不断的运动之中，彼此存在相互张裂或挤压的不同状况，这对于地形地貌的形成、地质灾害的产生、局部气候的变化，乃至于地震、火山等自然灾害的爆发等，都具有一定的关联作用。本学时除了知识与技能体系的学习，对树立基本发展观、资源观，建立人地协调观的基本态度等，均具有重要意义。

生物学

基于事件哲学的学科核心素养培育

——以苏科版生物学八（上）“绿色植物与生物圈的水循环”教学为例

江苏省南通市通州区西亭初级中学　朱　建

第一部分　课标要求及我们的教学建议

一、单元整体解读

（一）学材内容分析

江苏凤凰科学技术出版社出版（以下简称“苏科版”）的初中生物学八（上）“第18章　生态系统的稳定”，由三个小节组成：“第1节　绿色植物与生物圈的水循环”“第2节　绿色植物与生物圈中的碳－氧平衡”和“第3节　生态系统的自我调节”。

这套苏科版教材2013年经教育部审定并在江苏地区广泛使用，教材编写者在编写时依据的是《义务教育生物学课程标准（2011年版）》（以下简称“旧课标”）。旧课标的课程内容共有10个一级主题，本章内容对应其中的第三主题“生物与环境”和第四主题“生物圈中的绿色植物”下的相关二级主题。

- 生态系统的稳定
  - 绿色植物与生物圈的水循环
    - 植物的蒸腾作用
      - 测定植物的蒸腾作用
      - 观察叶表皮的气孔
      - （以上两项）蒸腾作用的概念、意义
    - 绿色植物在生物圈水循环中的作用
  - 绿色植物与生物圈中的碳-氧平衡
    - 光合作用吸收二氧化碳、放出氧气
      - 验证绿叶在光下吸收二氧化碳
      - 探究绿色植物在光下放出的气体
    - 大气中二氧化碳-氧气的平衡
  - 生态系统的自我调节
    - 生态系统具有自我调节功能
      ——分析草原生态系统的自我调节能力
    - 生态系统的自我调节能力是有限度的
      ——资料分析保持生态系统稳定的意义

本章知识结构图

在《义务教育生物学课程标准（2022 年版）》（以下简称“新课标”）中，共有 7 个学习主题，本章内容对应其中第三主题“生物与环境”和第四主题“植物的生活”的相关内容。在实际使用过程中，该教材还不断进行修订和完善，以求与最新的科技发展和社会热点保持同步，例如，在 2022 年使用的八（下）修订版教材中，已经将新冠肺炎疫情的内容增补进去，符合实际教学的需要。

因为是借助旧课标的教材探索新课标的教学，所以为更好地把握这一章节的教学设计与实施，这里对新、旧两个版本误标中的对应部分进行了对照分析，以便更好地理解这一部分对应的课程内容的要求和课程目标的设定。

教材内容	课标内容要求（2022 年版）				课标内容要求（2011 年版）		
第 1 节 绿色植物与生物圈的水循环	四、植物的生活	概念4 植物有自己的生命周期，可以制造有机物，直接或间接地为其他生物提供食物，参与生物圈中的水循环，并维持碳氧平衡	4.2 植物通过吸收、运输和蒸腾作用等生理活动，获取养分，进行物质运输，参与生物圈中的水循环	4.2.1 植物根部吸收生活所需的水和无机盐，通过导管向上运输，供植物利用，其中大部分水通过蒸腾作用散失	四、生物圈中的绿色植物	2. 绿色植物的生活需要水和无机盐	说明绿色植物的生活需要水和无机盐
				4.2.3 植物通过对水的吸收和散失参与生物圈中的水循环			
第2节 绿色植物与生物圈中的碳氧平衡			4.3 植物通过光合作用和呼吸作用获得生命活动必需的物质和能量，有助于维持生物圈中的碳氧平衡	4.3.5 植物在维持生物圈中碳氧平衡方面具有重要作用		4. 绿色植物对生物圈有重大作用	描述绿色植物在生物圈水循环中的作用
							说明绿色植物有助于维持生物圈中的碳氧平衡
第 3 节 生态系统的自我调节	三、生物与环境	概念3 生物与环境相互依赖、相互影响，形成多种多样的生态系统	3.2 生态系统的自我调节能力有一定限度，保护生物圈就是保护生态安全	3.2.1 生态系统具有一定的自我调节能力	三、生物与环境	2. 生物与环境组成生态系统	阐明生态系统的自我调节能力是有限的

经过比较可以发现，苏科版八（上）“第18章　生态系统的稳定”三个小节的内容，虽然在两个版本的课标中表述有所不同，但都属于初中学生应当学习、掌握的重要内容之一。所以，尽管依据新课标研发的新教材尚未正式面世，但以新课标的要求来尝试探讨新教学，这一章的内容可以作为一个例子。从新、旧课标对本章内容所对应的两个主题“内容要求”表述的差异中，我们可以看到两个版本的课程标准主旨有明显的不同。

（二）课标要求解读

旧课标立足“知识、能力、情感态度与价值观”三个维度，对应的课程目标是：

（1）获得生物学基本事实、概念、原理和规律等方面的基础知识，了解并关注这些知识在生活、生产和社会发展中的应用。

（2）初步具有生物学实验操作的基本技能、一定的科学探究和实践能力，养成科学思维的习惯。

（3）理解人与自然和谐发展的意义，提高环境保护意识。

（4）初步形成生物学基本观点、创新意识和科学态度，并为确立辩证唯物主义世界观奠定必要的基础。

新课标指向学科核心素养，要求学生通过初中生物学课程的学习，达到以下目标：

（1）掌握生物学基础知识，形成基本的生命观念。

（2）初步掌握科学思维方法，具备一定的科学思维习惯和能力。

（3）初步具有科学探究和跨学科实践能力，能够分析解决真实情境中的生物学问题。

（4）初步确立严谨求实的科学态度，乐于探索生命的奥秘。

（5）树立健康意识和社会责任感，能够强身健体和服务社会。

新课标与旧课标既有一脉相承的延续性，又有改革创新的发展性。新课标强调指向学科核心素养，是站在旧课标三维目标基础上的一次传承、突破、综合和提升，要将新课标的要求和理念在新教学中真正体现，需要深刻领会新课标中所阐述的学科核心素养。

一是生命观念。新课标将旧课标中的“获得生物学基本事实、概念、原理和规律等方面的基础知识，了解并关注这些知识在生活、生产和社会发展中的应用”“初步形成生物学基本观点……并为确立辩证唯物主义世界观奠定必要的基础”凝练、提升为“掌握生物学基础知识，形成基本的生命观念”。生命观念的提出是本次课标修订中一个极为重要的发展。生命观念不是简单的学科概念和学科事实，而是从生物学视角，对生命的物质和结构基础、生命活动的过程和规律、生物界的组成和发展变化、生物与环境关系等方面的总体认识和基本观点。以本章内容为例，学生对植物蒸腾作用的认知，是一个从宏观到微观的过程。从宏观来讲，学生借助实验观察到叶片与植物的蒸腾作用有关；从微观来讲，学生在显微镜下观察到叶表皮上的气孔，气孔是叶片散失水分以及与外界进行气体交换的“门户”。这一个结构和功能相适应的典型例子，能够帮助学生形成生物学的结构与功能观。

二是科学思维。旧课标也强调科学思维：“初步具有生物学实验操作的基本技能、一定的科学探究和实践能力，养成科学思维的习惯。”新课标则以“初步掌握科学思维方法，具备一定的科学思维习惯和能力”为目标。科学思维是指在认识事物、解决实际问题的过程中，尊重事实证据，崇尚严谨求实，基于证据和逻辑，运用比较、分类、归纳、演绎、分析、综合、建模等方法，进行独立思考和判断，多角度、辩证地分析问题，对既有观点和结论进行批判审视、质疑包容，乃至提出创造性见解的能力和品格。新课标强调科学思维是“用证据来说话，用逻辑来分析”，简而言之，科学思维不是老师直接提供结论，而是学生通过一定的科学方法获得结论。比如，学生得出叶片下表皮比上表皮气孔数量多这一结论，不是老师直接告知，而是通过“将两片叶片放在烧杯中，加入 70 ℃左右的热水后观察叶片上产生的气泡，发现背面产生气泡多”的实验。

三是探究实践。科学探究在两个版本的课标中都是重要内容，旧课标主要着眼“初步具有生物学实验操作的基本技能、一定的科学探究和实践能力”，新课标在此基础上还注重“能够分析解决真实情境中的生物学问题”。因此，在本章教学中，学生通过比较“保留枝叶”和“去除枝叶”的对照实验，来证明蒸腾作用的客观存在以及蒸腾作用与叶片有关，这是科学探究。在面对如何提高树木移栽成活率这一现实生活中的真实问题时，学生因为知道植物的蒸腾作用原理，进而提出移栽时去除部分枝叶、在阴天或者傍晚移栽、移栽后要及时浇水等办法甚至亲身参与，便是科学实践了。如果进一步深度讨论“绿色植物在生物圈水循环中的作用”这个话题，还涉及物理、地理等学科的内容，便是“跨学科实践”了。

四是态度责任。核心素养的每一个方面都是知识、能力、情感态度与价值观的综合表现。态度责任包括科学态度、健康意识和社会责任。科学态度是指乐于探索自然界的奥秘，具有严谨求实、勇于质疑、理性包容的心理倾向；健康意识是指在掌握人体生理和卫生保健知识的基础上，关注身体内外各种因素对健康的影响，形成健康生活的态度和行为习惯；社会责任是指基于对生物学的认识及对科学、技术、社会、环境相互关系的理解，参与个人和社会事务的讨论，做出理性解释和判断，解决生产生活问题的责任担当和能力。态度责任是建立在生物学科的基础上的，但又超越了一般的学科意义和价值，是在国家和社会的大视角下看学生对知识和能力的运用——想不想运用、敢不敢运用、能不能正确运用。总之，态度责任是生物学课程育人价值的重要体现。

（三）单元教学建议

1. 关注学科核心素养。

这是站在教学目标设定的角度说的，教学目标的设定应当具有综合性、发展性和实践性。

先说综合性，培养学生核心素养是本课程的价值追求，生命观念、科学思维、探究实践和态度责任四个方面是相互联系、有机统一的。这就好比每个人每天都必须摄入一定的水分、无机盐、维生素、糖类、脂质、蛋白质，但是并不是将这些成分彼此分开单独摄入的，而是在吃米饭或面条、肉或鱼、蔬菜或水果、喝水或喝汤的过程中摄入了这些目标成分。所以，可以将教学目标设定为学生通过独立或合作完成一项具体的活动或任务，从而实现学科核心素养的培育。

核心素养的培育是逐渐积累、逐步进阶的，所以教学目标的设定也应当遵循由简单到复杂、由低阶到高阶的规律，即教学目标应当具有发展性。生物学教学应当密切联系学生生活，因为丰富的生活体验和生活实践是学生的学习起点和重要资源。生物学的实验探究和跨学科实践活动是学生学科内容的重要组成。新课标还强调“做中学”“用中学”“创中学”是发展核心素养的重要策略，因此教学目标的制定要注重实践育人。是故，教学目标还应当具有实践性。

2. 实施单元主题教学。

这是站在教学内容组织的角度说的，“内容聚焦大概念”是本课程的重要理念之一。在具体教学过程中，可以通过单元主题教学来实现。

概念的建立，如同建造一栋房屋，要考虑建筑的材料、房屋的结构、房屋的用途、建造的资金；在建造的过程中，先从地基开始，然后是第一层，并依次向上；这栋房屋要有水路、电路、消防、排污、楼梯等相关功能要素……学生的认知，通常都是从事实开始，事实就成了概念建构的素材。比如要形成“生态系统具有一定的自我调节能力”这一具体概念，需要学生掌握几个客观的事实：一个具体的生态系统，如草原生态系统，具有自我调节的能力；生态系统的相对稳定主要表现为生物物种和数量上的相对稳定；超出自我调节能力限度的干扰将破坏生态系统的相对稳定。这几个事实构成了“生态系统具有一定的自我调节能力”这一概念的不同组成方面，共同支撑起这一概念的建立。

“绿色植物与生物圈的水循环”“绿色植物与生物圈中的碳－氧平衡”和“生态系统的自我调节”又成了共同支撑起“生态系统的稳定”这一更高维度概念的重要内容。强调单元主题教学，实际上是在强调事实与概念之间的关系，强调具体概念到重要概念、重要概念到大概念之间的关系。这些关系的存在，又决定了概念形成是一个循序发展和主动建构的过程，并且还应该在现实生活和学科建设的实践中加以运用。所以，单元主题教学实际上就是一个“指向一个大概念、建构一个大概念、运用一个大概念”的过程。

3. 重视真实探究实践。

这是站在教学实施策略的角度说的，探究实践是学生主动获取新知的重要途径，教师应当充分认识这种学习活动在培育学生核心素养过程中的价值并在课堂中予以充分实施。

使用真实情境任务，是指教师围绕教学目标和教学内容，联系学生的个人经历、社会生活和生产实践创设真实情境任务。从信息的角度而言，真实的情境任务所蕴含的信息量比较全面、丰富，利于学生开展探究；从情感的角度而言，真实的情境任务能够激发学生的真实情感，增强其探究、解决问题的责任感和使命感；从价值的角度而言，因为情境任务是真实的，那么这一问题的答案或者结论就具有真实的社会意义或学科价值。这些，都将有利于探究实践活动的开展。

遵循科学探究原则，是指学生在探究实践过程中应当遵循科学的流程和方法。科学探究是学习生物学的重要方式，要求严格、方法严密、流程严谨，具体包括发现问题或提出任务，制订方案，实施方案，获得证据或形成初步产品，分析证据或改进设计，得出结论或物化成果，进行表达、交流或展示。生物学是一门实验科学，科学思维和探究实践是其重要的学科特点，也是其最大的魅力所在，所以在教学实施的过程中应当充分重视并彰显这一特点。

4. 善用信息技术手段。

这是站在技术辅助教学的角度说的，作为一种辅助手段，信息技术可以将宏观的缩小、将微观的放大、将具体的抽象、将抽象的具体、将快速的变慢、将慢速的变快……

将静态变为动态。在第 1 节内容中，学生显微镜下观察气孔，是一个静态“图片”，但是如果用模拟动画，则可以将保卫细胞吸水膨胀、气孔张开的过程或者保卫细胞失水皱缩、气孔闭合的过程展示在学生面前，学生就能快速有效地理解气孔是叶片散失水分以及与外界进行气体交换的“门户”这一事实。

将长时压缩呈现。再比如，如果教师能够根据学生的需要，提前将兴趣小组或者教师本人进行“测定植物的蒸腾作用实验”或者“验证绿叶在光下吸收二氧化碳实验”的过程拍成小视频在课堂上播放，也是一个很好的方式，因为这两个实验均需耗费几个小时的时间，在 45 分钟的课堂上，来不及完整地完成。

将缺失背景弥补。比如，“分析草原生态系统自我调节能力”这一活动中，江苏南通的学生都是生活在水网丰富的长三角平原上，并不能很好地理解草原生态系统的真实情境，如果教师在课堂上播放与草原有关的视频，将能帮助学生形成直观的认知。此外，基于网络的信息收集与整理，也是学生课外学习的有效辅助手段。

第二部分　课时教学设计

第1节　绿色植物与生物圈的水循环（第1课时）

一、教学目标

1. 通过测定植物的蒸腾作用，理解植物蒸腾作用的概念。

2. 通过观察植物叶表皮气孔的实验，探究气孔的组成；通过资料分析气孔开闭的机理，阐明气孔关闭与蒸腾作用的关系。

3. 通过资料分析和问题探讨，解释蒸腾作用的意义。

二、核心内容

本课让学生通过测定植物的蒸腾作用和观察植物叶表皮气孔的实验，认识植物进行蒸腾作用的主要场所——叶片，特别是理解叶片上与蒸腾作用直接相关的结构——气孔的作用，形成生物体的结构与功能相适应的基本观念。

测定植物的蒸腾作用和观察蚕豆叶下表皮气孔两个实验，是真实情境中的生物学问题，学生亲身体验、亲自动手，分工合作、共同完成，培养学生基于证据和逻辑的思维习惯与探究能力，利用气孔的张开与闭合的关系，使学生初步形成辩证的观点，体现了科学思维和探究实践的素养导向。

通过问题探讨和资料分析，让学生认识到蒸腾作用的意义，为下一节学习绿色植物通过蒸腾作用参与生物圈的水循环，理解绿色植物与生态环境的相互关系，树立正确的生态文明观打下良好的基础。

教学重点：测定植物的蒸腾作用，描述蒸腾作用的意义；观察植物叶表皮的气孔，探究气孔开闭的机理与蒸腾作用的关系。

教学难点：探究气孔的组成及机理。

三、学生活动设计

【学生活动1】

资料分析：一株玉米从出苗到结果实，一生中需要吸收约200 kg水。而保留在整株植物体内及植物生理过程用水量约为2 kg。请大家算一算、想一想，玉米实际利用的水占吸收水分的百分之几？其余的水跑到哪里去了呢？

【学生活动2】测定植物的蒸腾作用

观察讨论：教师演示测定植物的蒸腾作用实验，小组讨论：

1. 无叶枝条组在实验中起什么作用？

2. 有叶枝条组塑料袋内壁上的小水珠是从哪里来的？

3. 什么是植物的蒸腾作用？

【学生活动3】观察植物叶表皮的气孔

水分是如何从叶片中散发出来的？带着问题观察讨论和分析资料。

1. 观察讨论：回忆临时装片的制作方法，制作、观察蚕豆叶下表皮临时装片或观察蚕豆叶下表皮固定装片，尝试画出5～6个相连的蚕豆叶表皮细胞和至少1个由2个保卫细胞围成的气孔，并注明各部分的名称。

2. 资料分析：认识气孔开闭机制，分析保卫细胞的特点。

气孔的开闭由保卫细胞控制。保卫细胞的结构很特殊，靠近气孔的细胞壁比较厚，外侧的细胞壁比较薄。因此，当保卫细胞吸水膨胀时，较薄的外侧细胞壁容易伸长，引起整个保卫细胞向外侧弯曲，于是气孔就张开了；当保卫细胞失水时，整个细胞的体积就缩小了，细胞壁随着收缩，气孔就闭合了。

进一步解释保卫细胞什么时候吸水膨胀，什么时候失水收缩，并比较植物蒸腾作用的强弱。

【学生活动4】分析总结蒸腾作用的重要意义

有人认为，植物吸收的水分有90%以上通过蒸腾作用散失到大气中，这是一种水的浪费，你认为呢？请结合书本，小组讨论：

1. 俗话说“水往低处流”，植物从根部吸收的水分为什么能由下而上运输到茎叶呢？

2. 炎热的夏季，为什么树林里空气湿润、凉爽宜人，而篮球场上却很燥热呢？

3. 为什么热带雨林常年降雨，而沙漠戈壁却难得降雨呢？

四、教学准备

除上课用 PPT 以外，还需要准备演示实验“测定植物的蒸腾作用”器材一套和分组实验“观察植物叶表皮的气孔”器材每两生一套。

1. 准备测定植物的蒸腾作用演示实验装置：两只锥形瓶、两个透明塑料袋、两支粗细相近的大叶新鲜枝条、清水、食用油少许、橡皮筋、记号笔，并且提前 3 小时做好备用。

2. 准备观察植物叶表皮的气孔的实验材料和用具：蚕豆叶片、镊子、解剖针、载玻片、盖玻片、显微镜、滴管等，同时准备蚕豆叶下表皮固定装片。

3. 准备气孔开闭的动画演示视频，用以直观展示气孔开闭的过程。

五、教学流程（已经实践 · 课堂实录）

教师导入：大家都说“水是生命之源”，今天我们就来一起探讨几个与水有关的话题。

资料分析：一株玉米从出苗到结果实，需要吸收约 200 kg 水。而保留在整株植物体内及植物生理过程用水量约为 2 kg。请大家算一算、想一想，玉米实际利用的水占吸收水分的百分之几？其余的水跑到哪里去了呢？

玉米植株

【学生活动 1】分析资料，回答问题

学生回答：经计算得出玉米实际利用的水占吸收水分的 1% 。

教师追问：其余的水到哪里去了呢？

学生回答1：其余的水跑到玉米外面了。

学生回答2：从玉米植株上蒸发了。

学生回答3：流失到土壤里面去了。

教师追问：我来把刚才三位同学的意见梳理一下，一株玉米一生吸水约200 kg，约有198 kg跑到玉米外面去了。那么到底是从玉米植株上蒸发了，还是流失到土壤里面去了呢？

【设计意图】

用一株玉米一生吸水约200 kg和保留在体内及生理过程用水约2 kg的鲜明对比引发学生的思考。在学生计算回答玉米实际利用1%后教师追问，引起学生对其余99%的水的去向产生好奇，并很想知道答案，意图引出植物的蒸腾作用。但学生的回答并不符合教师的预期，故在学生回答的基础上继续探讨。

（一）植物的蒸腾作用

教师导入：同学们，植物的根系在土壤里面，比较难以监测，我们等会儿再讨论，但是植物的枝叶却比较容易观察。今天老师带来了两个实验装置，请大家仔细观察。

【学生活动2】测定植物的蒸腾作用

用PPT上展示文字和实验装置示意图。

观察讨论：选取两支粗细相近的枝条，一支将叶片去掉，一支保留叶片，分别插入两个锥形瓶内，尽量接近瓶底。枝条露出瓶外的部分用塑料袋罩住，袋口扎紧。两个瓶内水的液面高度一样，液面上加适量食用油，防止水分蒸发，然后在瓶壁做上标记。将它们放到有阳光的地方，约3小时后，看一看发生了什么变化。

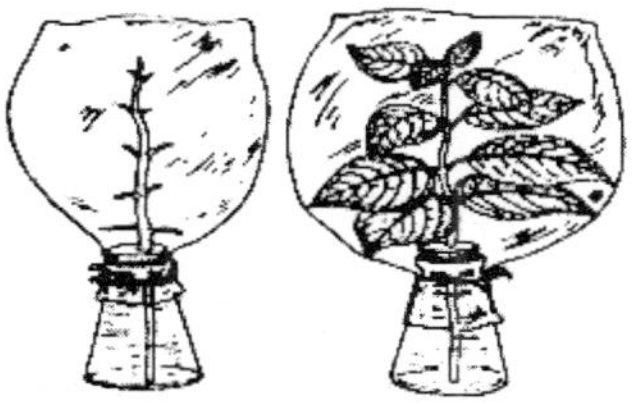

叶的蒸腾作用实验示意图

塑料袋壁上的水珠（实验拍摄）

此时，老师拿出自己在课前制作的两组装置。

教师提问：同学们，这是老师根据实验要求制作的两个装置。结合书本和 PPT 上的图，请大家看看这两组装置有什么不同？

学生齐答：一组保留了叶片，另一组去除了叶片。

教师陈述：现在请大家继续仔细观察，老师的这两组装置是今天上午就制作好放在办公室外面的，虽然今天阳光不是很好，但到现在已经有 4 个多小时了，所以还是能够看出区别的。请大家看看两个塑料袋上有什么不同？

教师将两个锥形瓶放到最前排学生的面前，便于其仔细观察。

学生回答：保留叶片的塑料袋内水蒸气多，去除叶片的塑料袋内水蒸气少。

教师补充：他用自己的语言做了回答。有叶片的装置塑料袋上小水珠多，无叶片的装置塑料袋上小水珠少。

为使实验现象更加明显，教师用手将内有叶片的塑料袋捻了几下，原来均匀分布在塑料袋上的小水珠汇聚成大水珠沿着袋壁流了下来。

围绕实验现象，小组讨论： 1. 无叶枝条组在实验中起什么作用？ 2. 有叶枝条组塑料袋内壁上的小水珠是从哪里来的？ 3. 什么是植物的蒸腾作用？

教师提示，请大家讨论回答 PPT 上的问题。

学生讨论，教师巡视、适时加入不同小组参与讨论：

学生回答 1：无叶枝条组在实验中起对照作用。

教师补充：对照作用，就是比一比的意思。

学生回答 2：有叶枝条组塑料袋内壁上的小水珠是从里面来的。

教师引导：我们可以再仔细看一看，这些小水珠在袋子里面还是袋子外面？

学生用手触摸后进一步确认：在袋子里面，水分是在袋子里面的。

教师追问：薄膜是不透水的，水在袋子里面，肯定是从里面来的。刚才说两组实验是对照，也就是比一比好判断的意思。那么同学们再告诉老师，这两组装置的差别在哪里呢？

学生齐答：有水珠的那一组枝条有叶片，造成这种差异的是叶片。

教师追问：那这些小水珠是从哪里来的呢？

学生齐答：有叶枝条组塑料袋内壁上的小水珠应该是从叶片中出来的。

教师陈述：塑料袋壁上小水珠是叶片散发出来的水蒸气凝结而成的。这里老师给大家介绍一个概念：水分以气体的状态从植物体内散发到植物体外的过程，叫作植物的蒸腾作用。

为加深印象，教师组织全体同学朗读植物的蒸腾作用概念。

教师提问：在今天上课的一开始，我问玉米吸收的大部分水都到哪里去了，有同学回答流失到土壤中去了。那么从刚才的实验中可以发现，这些水到哪里去了？

学生齐答：通过蒸腾作用散发到空气中去了。

教师引导，学生总结：刚才的实验中，塑料袋中的水来自叶片，叶片中的水来自植物的茎秆，茎秆中的水来自锥形瓶中的清水。如果是长在地上的植物，茎秆中的水是根系从土壤中吸收的。

教师追问：但是，同学们知道水分是如何从叶片中散发出来的吗？

【设计意图】

学生的认知都是从事实开始的。本活动通过有叶枝条组和无叶枝条组的对照实验这一亲眼所见的事实，帮助学生把植物的水分散失和叶片关联起来了。此处还渗透着探究实验的相关训练，比如对照原则、测定蒸腾作用的实验装置等内容。关于蒸腾作用的概念，并不是探究所能得到的，而是书本上直接介绍的，所以教师也就直接介绍给学生了，并顺势提出一个新的问题：“水分是如何从叶片中散发出来的？”

【学生活动3】观察植物叶表皮的气孔

在“学生活动2”最后教师提出疑问，自然过渡到“学生活动3”。

教师追问：水分是从叶片中散发出来的，但是怎么从叶片中出来的呢？是从叶片的哪个部位出来的呢？同学们还记得叶片的结构吗？

PPT 呈现：

水分是如何从叶片中散发出来的？还记得叶片的结构吗？

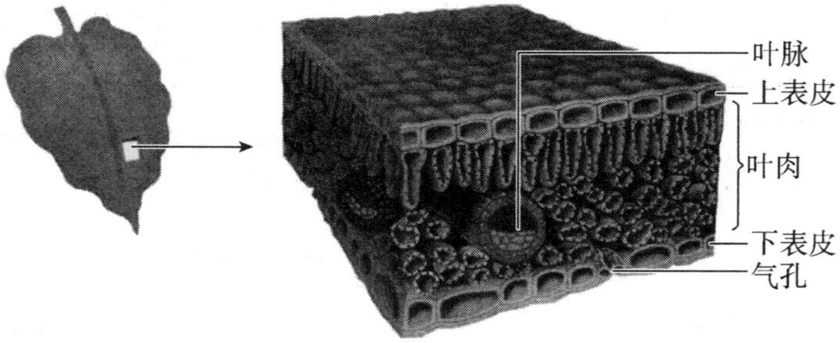

双子叶植物叶片结构示意图

借助 PPT 上双子叶植物叶片结构示意图，学生回答：植物的叶片由表皮细胞、叶肉细胞和叶脉组成。

教师追问：叶片和外界直接接触的细胞是什么？

学生齐答：是表皮细胞，分上表皮和下表皮。

教师再问：水分是怎样通过表皮细胞散发出来的呢？是直接透过表皮细胞，还是从表皮细胞的间隙出去的？还是都有可能？到底是从哪里出去的呢？为了弄清楚这个问题，我们可以用显微镜仔细观察一下，看一看到底什么结构才是水分散发的通道？

PPT 展示：

观察讨论：回忆临时装片的制作方法，制作、观察蚕豆叶下表皮临时装片或观察蚕豆叶下表皮固定装片，尝试画出 5 ~ 6 个相连的蚕豆叶表皮细胞和至少 1 个由 2 个保卫细胞围成的气孔，并注明各部分的名称。

教师提问：首先我们来复习一下显微镜的使用和临时装片的制作。

学生齐答：取镜、安放、对光、低倍镜观察，使用完成后再收镜。临时装片的制作，先用纱布将载玻片和盖玻片擦干净，在载玻片中央滴一滴清水，将撕取的少许蚕豆表皮细胞平展在水滴中央，用盖玻片的一侧先接触水滴再放平，制作完成后放到载物台中央开始观察。

此过程中，因为学生已经有一段时间没有使用显微镜观察了，不少操作步骤已经忘记，所以教师应在学生回答的基础上不断提醒、补充，直至学生回答到位。

蚕豆植株

学生两人一组，开始实验，教师巡回指导。

在学生使用显微镜的过程中教师需要不断提醒、纠正。少数同学成功制作临时装片并正确观察，大多数同学临时装片制作不成功，或者在显微镜下观察效果不好。在保证绝大多数学生都完成临时装片制作后，同意学生观察蚕豆下表皮固定装片。很快，全部实验组均在低倍镜下找到清晰物像，师生开始讨论并回答问题。

教师提问：请同学们在视野中找一找有什么结构与周围其他细胞不同？

学生回答：视野中能看到两类细胞，一类是结合致密的不规则细胞，另一类是结合不致密的规则细胞。

教师解释：结合致密的不规则细胞是蚕豆叶片下表皮细胞，结合不致密的规则细胞，科学家称其为保卫细胞，2 个保卫细胞构成 1 个气孔。

教师陈述：气孔是位于蚕豆下表皮上的一扇门。至于这扇门怎么开、怎么关，等会儿老师再和大家讨论。下面我们先完成一项作业，尝试画出 5 ~ 6 个相连的蚕豆叶表皮细胞和至少 1 个由 2 个保卫细胞围成的气孔，并注明各部分的名称。

教师提醒：同学们，怎么画？用什么笔画？

学生回答：看着显微镜画，用铅笔画。

学生观察、绘画，教师巡视、指导。

教师解释：我们一般用左眼观察视野，因为我们大多数人都是用右手拿笔的。现在这个画图的过程，就是一个深度观察的过程，因为要想把视野中的细胞画出来，就需要我们非常认真地去观察。

在大多数学生画好后，教师挑选了两个学生的作业在实物投影仪上展示出来，并请学生自己介绍。其中一个同学所画的两个保卫细胞是连在一起的，其他同学指出，两个保卫细胞就是两个细胞，应当分开画。

与此同时，教师将自己备课的讲义上画的保卫细胞也展示出来，与另一个画得较好的同学的作业进行比较。为更清楚地展示气孔，教师现场用手机拍摄了显微镜下的蚕豆下表皮显微照片，展示了标准的手绘气孔示意图，给学生作为参照。

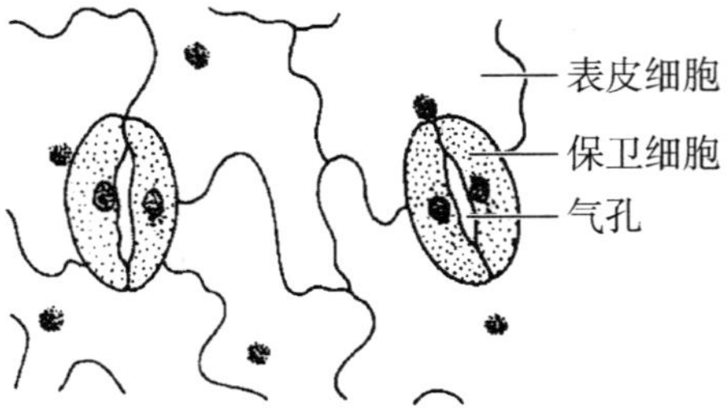

手绘气孔示意图

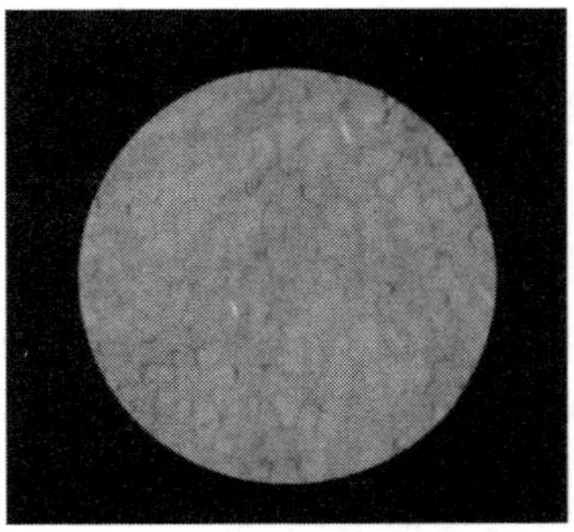
蚕豆下表皮显微照片（手机拍摄）

教师提问：气孔的样子，我们已经看明白了，但是气孔是怎样开闭的呢？下面我们来看一则资料。

PPT 展示：

> 资料分析：认识气孔开闭机制，分析保卫细胞的特点。
>
> 气孔的开闭，由保卫细胞控制。保卫细胞的结构很特殊，靠近气孔的细胞壁比较厚，外侧的细胞壁比较薄。因此，当保卫细胞吸水膨胀时，较薄的外侧细胞壁容易伸长，引起整个保卫细胞向外侧弯曲，于是气孔就张开了；当保卫细胞失水时，整个细胞的体积就缩小了，细胞壁随着收缩，气孔就闭合了。图 A 为气孔张开，图 B 为气孔闭合。
>
> 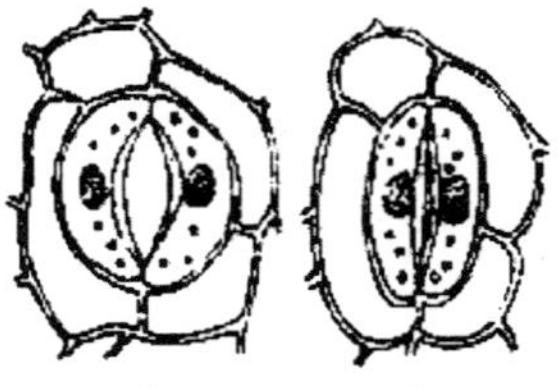
>

教师启发：气孔开闭，由谁控制？

学生回答：保卫细胞。

教师再问：怎样控制？

学生回答：保卫细胞的结构很特殊，靠近气孔的细胞壁比较厚，外侧的细胞壁比较薄。这种厚薄不均造成了保卫细胞吸水膨胀时，细胞向外侧弯曲，气孔就张开了；如果细胞失水收缩，细胞壁随之收缩，气孔就闭合了。

教师演示：播放气孔开闭的动画视频，并请学生讲解，更加直观地演示了气孔开闭的过程。

教师追问：气孔张开，请问此时叶片是有水还是缺水？

学生回答：叶片有水，因为保卫细胞吸水才能膨胀，气孔才能张开。

教师再问：气孔闭合时，植物的含水量是多是少，蒸腾作用是强是弱？

学生回答：植物体缺水，保卫细胞也就缺水，保卫细胞就收缩，气孔就闭合，植物蒸腾作用从而减弱。

【设计意图】

这是本节课的重点，也是难点。为探究蒸腾作用，从叶片到气孔，学生的认知由宏观转为微观，即由器官水平转到了细胞水平，此时需要借助显微镜。气孔的组成可以通过显微镜来观察，但气孔开闭的机理却超出了学生探究的能力范畴，所以用资料分析的形式，让学生从材料中获取知识。使用固定装片，能够弥补部分学生制作临时装片失败的不足，固定装片的观察效果要远好于临时装片，所以说也是一种补充。在观察的基础上，增加了手绘气孔的作业，能够使学生的观察更加细致，也是学生主体地位的充分体现。总之，这一个环节很好地体现了生物学是实验科学的学科属性，尤其是显微镜的使用，过去使用显微镜更多的意义在于显微镜使用本身，而此处则完全是将显微镜当作一个工具，用于探究一个未知的问题。在这一环节中，因为很多内容学生无法独立完成，小组讨论、小组合作得到了很好的体现，也成了教学组织过程中的一个亮点。

（二）了解蒸腾作用的意义

【学生活动4】分析总结蒸腾作用的重要意义

有人认为，植物吸收的水分有90%以上通过蒸腾作用散失到大气中，这是一种水的浪费，你认为呢？请结合书本，小组讨论： 1. 俗话说“水往低处流”，植物从根部吸收的水分为什么能由下而上运输到茎叶呢？ 2. 炎热的夏季，为什么树林里空气湿润、凉爽宜人，而篮球场上却很燥热呢？ 3. 为什么热带雨林常年降雨，而沙漠戈壁却难得降雨呢？

学生阅读书本后讨论回答：

1. 水分从气孔蒸腾，使植物体内产生一种将水分向上运输的拉力，从而能够促进根不断地从土壤中吸收水分，同时也吸收溶解在水中的无机盐，通过茎的运输，输送到植物体的各个部分。

2. 蒸腾作用使水分从叶表面大量散失，降低了叶表面的温度，因此，在炎热的夏季，树林里空气湿润、凉爽宜人，而篮球场上没有植物的蒸腾作用，所以燥热。

此处，问题3起到承上启下的作用，引出了“绿色植物在生物圈水循环中的作用”，留待下一节课继续讨论。

【设计意图】

此处需要借助书本的帮助。学生带着问题阅读书本，也是一种信息获取能力的培养。此处的提问，既能从书本中找到答案，又不与书本现成的结论完全一样，是对学生知识迁移能力的一种培养。

六、作业设计

【知识梳理】

（一）测定植物的蒸腾作用

1. 植物一生中吸收的大量水分，除了供________的需要以外，还在生物圈的________中起着重要作用。

2. 水分以气体的状态从植物体内散发到植物体外的过程，叫作________。

3. ________是叶片散失水分以及与外界进行气体交换的“门户”，它的开闭可以调节________的强度。

（二）了解蒸腾作用的意义

4. 植物的蒸腾作用使植物体内产生一种将水分向上运输的________，从而能够促进根不断从土壤中吸收________，同时也吸收________。蒸腾作用使水分从叶表面大量散失，降低了叶表面的________。

【例题解析】

5. 控制植物蒸腾作用强度的结构是 （ ）

A. 气孔　B. 叶片

C. 表皮细胞　D. 叶肉细胞

【反馈巩固】

6. 气孔的功能是 （ ）

A. 有机物进出的“门户”

B. 无机盐进出的“门户”

C. 叶片与外界进行气体交换的“门户”

D. 水分进入叶片的“门户”

7. 植物体吸收的水分 90% 以上都用来进行 （ ）

A. 光合作用　B. 呼吸作用　C. 蒸腾作用　D. 贮存在体内

8. 下列关于保卫细胞的叙述中，正确的是 （ ）

A. 保卫细胞就是叶片表皮上的表皮细胞

B. 保卫细胞能够控制气孔的开放和关闭

C. 保卫细胞是无色的，有利于光线的进入

D. 在叶片内部有许多保卫细胞

9. 蒸腾作用发生的部位主要在 （ ）

A. 根、茎、叶

B. 叶和幼嫩的茎

C. 所有器官

D. 花、果实、种子

10. 图中所示的实验探究的是　　　　　　　　　　　　　　　　　（　　）

A. 叶片的光合作用释放氧气

B. 绿叶在光下制造有机物

C. 叶片的呼吸作用释放二氧化碳

D. 比较叶片上、下表皮气孔的多少

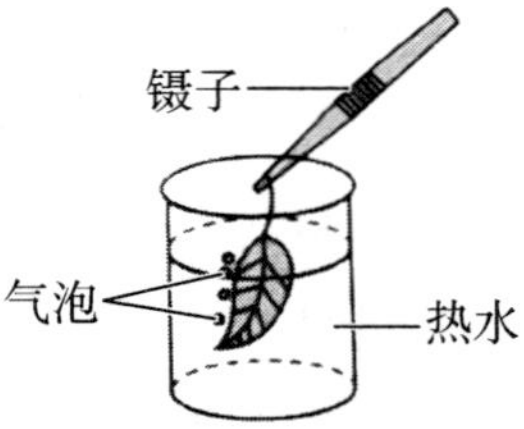

11. 如下图所示，天平两端托盘上的盛水烧杯内各插有一根树枝，且两根树枝的树叶一多一少，开始时天平两端平衡。现将此装置移至光下照射一段时间后，发现天平左侧上升。产生此现象的原因主要是植物的　　　　　　　　　　　　　　　　　　　　　　　　　　　（　　）

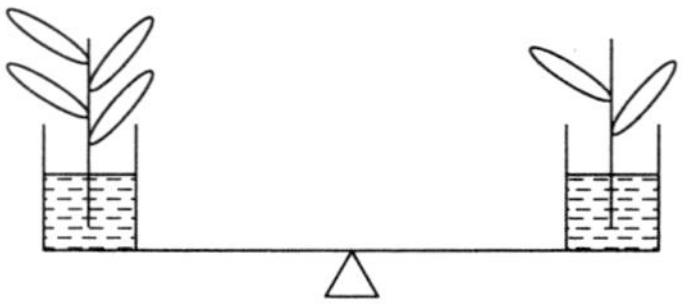

A. 光合作用　　　B. 呼吸作用　　　C. 分解作用　　　D. 蒸腾作用

12. “水往低处流”是自然界中常见的现象，而在植物体内水却是往高处流动的，这主要是靠（　　）产生的拉力来拉动的。

A. 光合作用　　　B. 呼吸作用　　　C. 蒸腾作用　　　D. 吸收作用

【延伸提高】

13. 下图是研究植物散失水分的四个实验装置图。请分析并回答下列问题。

（1）在 A、B 两个装置中，塑料袋上水珠较多的是________装置，原因是____。

（2）比较 C、D 两装置，________装置能较准确地测定植物体散失的水分。

（3）通过对照 A、B 两装置可以得出的结论是________________________

____。

14. 下图是显微镜下观察到的叶表皮示意图，请根据图回答下列问题。

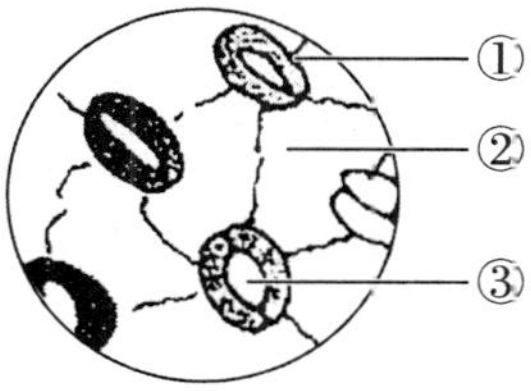

（1）［③］________是叶表皮上一对［①］________之间的空隙，是叶片________以及与外界进行________的“门户”。

（2）当①吸水膨胀时，③________（选填“张开”或“闭合”）；当①失水收缩时，③________（选填“张开”或“闭合”）。通过这样的活动可以调节________的强度，使植物体内经常保持着适量的水分。

【参考答案】

1. 生命活动　水循环　2. 蒸腾作用　3. 气孔　蒸腾作用

4. 拉力　水分　溶解在水中的无机盐　温度

5. A　**解析：**本题考查植物体内气孔的开闭与蒸腾作用的关系。气孔的开闭可以调节蒸腾作用的强度，使植物体内经常保持着适量的水分。

6. C　7. C　8. B　9. B　10. D　11. D　12. C

13. （1）A　A 装置中的植物有较多的叶片　（2）C　（3）叶片是植物进行蒸腾作用的主要器官

14. （1）气孔　保卫细胞　散失水分　气体交换　（2）张开　闭合　蒸腾作用

【说明】1. 当堂完成“知识梳理”和“例题解析”部分，其余让学生在课后完成。

2. 本练习摘自与教材配套的同步练习。

七、评价反馈

由师生根据学生课堂表现填写评价量规，要求客观真实地描述与评价，并进行展示，师生对总体情况共同点评。

维度	评价要点	自我评价	同学评价	教师评价
目标达成	1. 通过测定植物的蒸腾作用，理解植物蒸腾作用的概念。 2. 通过观察植物叶表皮气孔的实验探究气孔的组成，通过资料分析气孔开闭的机理，阐明气孔关闭与蒸腾作用的关系。 3. 通过资料分析和问题探讨，解释蒸腾作用的意义			
学习过程	回答问题、参与活动、讨论发言、实验操作、其他方面			
综合评价				

评价等级为：很好、好、一般、不好、很不好。

【设计意图】

依据《义务教育生物学课程标准（2022年版）》，评价应根据课程标准规定的内容和要求，实施对学生学习、教师教学过程和质量的有效监控，为改进学生的学习和教师的教学提供依据，促进学生核心素养发展。

坚持素养导向，从生命观念、科学思维、探究实践、态度责任等方面对学生进行综合评价，既要重视对学生知识理解和应用的评价，又要关注对学生发现问题、提出问题、分析问题、实践操作、推理想象和解决具体问题等能力的评价，还要注意对学生态度责任的评价。基于学业质量标准和学业要求，让学生明确学习目标，指导学生用自评的方法发现学习过程中的问题和薄弱环节，分析形成的原因，并通过自我反思改进学习方法。

要注重观察学生回答问题、参与活动、讨论发言、实验操作等方面的表现，对学生的学习态度、知识理解、技能掌握等进行评价。要针对不同水平学生的行为表现，选用恰当、生动的语言进行即时评价。

第三部分　教学设计解读

一、教学设计解读

课堂是一个由学生和教师（人）、教材和教学设备（材料）、教学理念和教学策略（关系）等多种要素组成的系统，要这个系统能有序、有效地运行，需要充分考虑人的因素、材料的因素和关系的因素。在此前的教材分析、教学过程中我们已经将人和材料的因素进行了分析，此处再从教学理念和教学策略的角度对教学设计作一二解读。

（一）基于事件哲学思想

在事件哲学思想的关照下，课堂教学需要思考三个关键词语：事件、主体、真理。

陶行知说："科学的精神，美术的精神，大丈夫的精神，都不是凭空所能得来的。我们要在'必有事焉'上下手。我们要以事为我们活动的中心。""科学的精神，美术的精神，大丈夫的精神"是陶行知眼中的"核心素养"，他认为要培育这些精神，需要"以事为活动的中心"，把事和活动作为目的、载体和驱动。本节课设置的两个探究实验、两个资料分析，便是"事件——事和活动"。

新课程强调"学生是学习的主体"，在教学的角度更多的是指学生是学习活动的主要部分，教师要引导学生主动学习，教师在课堂中要重视学生的活动和学生的需要；在哲学的角度，相对于客体而言主体指认识者，即在社会实践中认识和改造世界的人，这一视角下，"学生是学习的主体"可以理解为学生是学习实践中认识和改造世界的人。这两个探究实验和两个资料分析均是真实的生物学问题，学生在问题的牵引下以第一视角即主体的身份参与其中，最终得到属于自己的真理。

如果进一步深入分析此处的"真理"，其实可以与"生命观念、科学思维、探究实践、责任态度"对标起来，此处的"真理"，包括"真理"本身和追寻“真理”的过程，即既能涵盖生命观念统领下的植物蒸腾作用的相关概念，以及结构和功能相适应的观念，还应涵盖在探寻真理的过程中遵循的科学思维（习惯和能力）与探究实践（方法和路径），以及因此而激发、培养的责任态度——类似于陶行知所指的“大丈夫的精神”。所以，可以认为“真理”的导向，也就是核心素养的导向。

（二）坚持单元整体教学

在初中生物学教学中，单元整体教学不是指每一节具体的课要涉及多少概念、要覆盖多少内容，而是指每一节具体的课，教师应当完全理解其在整个课程标准中、某个主题下、某个大概念里所处的位置，与其他概念、其他主题的关系，对于学科核心素养的培育的意义和价值。只有经过这样的思考与建构，这节课就不是孤立的，也不是多余的，而是能以恰当的地位参与组成到整个学科课程当中了。

张謇曾言：“一个人办一县事，要有一省的眼光；办一省事，要有一国之眼光；办一国事，要有世界的眼光。”那教一堂课要有一节内容的眼光，教一节内容要有一章内容的眼光，教一章内容要有一个主题的眼光，教一个主题要有一门课程的眼光，教一门课程要有培育完整的人的一生的眼光。以课程的思维来看待教学，教学既是一个过程，也是一个系统，它有大小的问题，有高低的问题，还有先后的问题，因此需要在“单元整体”的角度认真思考。

认识植物的水分代谢，需要兼顾生态系统水平（生物圈中的水循环）、植物个体水平（根系吸水，叶片蒸腾失水）、器官水平（叶片是蒸腾作用的主要器官）、细胞水平（气孔的开闭决定蒸腾作用的强弱）、分子水平（水分子以自由扩散的方式通过细胞膜）等多个层次，本课从植物的蒸腾作用现象开始，探析叶片与蒸腾作用的关系，再探析气孔的开闭控制蒸腾作用的强弱。本课的最后，分析植物蒸腾作用的意义，既是让学生对蒸腾作用有了一个相对完整的认知，又为下一节课在生态系统水平看待生物圈的水循环留下伏笔。每一个教学环节的设计，都是放在整个单元、整体教学的大背景下组织建构的。

（三）遵循平等对话原则

戴维·伯姆在《论对话》中说：“对话是人们的一种特定的交流和沟通方式。这种方式突出了参与各方的平等性，彼此之间特定人际关系的形成，参与者表达意见和观念的自由与权利，个体思维与集体性思维的本质等多方面。”

对话作为一种教育原则，从简单的意义讲，强调的是师生的平等交流和知识共建。从深层的意义讲，它挑战我们关于师生关系、知识本质，以及学习本质等方面的思维成见、定见与主观认定。对话本身已经构成了一种革新性的教育观，踊跃展示就是这样的教学对话。

对话的前提是平等和尊重。“课程领域的对话，与其说是在寻求一种沟通手段，莫如说是在构建一种民主意识。”对话不仅是一种沟通手段，更重要的是一种课程文化。教学对话意味着在课堂这一特定场合中给学生学习的权利和自由。

对话意味着尊重和理解对方的立场和观点，也就是说，在教学中教师对教材的阐释与学生对教材的解读具有同等重要的意义。教师不仅仅要关注自己对教学内容的理解，而且要使教学“指向每一个学生的个体学习”，这样才能出现课堂的动态生成。

课堂对话是一个动态的教学过程。对话的过程是一个异中求同、同中求异的双向运动过程。课堂上，师生基于学习内容开展学习、交流、对话，使彼此思想增值。在这样的对话中，新鲜的见解、大胆的设想、神妙的隽语就能不断地出现。这样的课堂就不是一个封闭的、静态的课堂，而成了一个开放的、动态的教学过程。

所以，在本堂课的设计中，规定了教师所起到的作用，更主要地体现在提供材料、创设情境、引发思考，体现在组织学生讨论、展示，还体现在组织学生亲自动手参与操作，或者将教师的“作业”与学生的“作业”一起比较（画蚕豆叶下表皮气孔），以营造一种平等、对话的课堂氛围。

二、教学反思

本课例是一个真实的教学实录。我在按照预设的教学方案执行时，除即时应对的课堂生成外，感觉还有一些可以改进的地方，记录于此，以做交流。

（一）更多的主体地位

在测定植物的蒸腾作用实验中，在教师示范的同时，我们还可以让每个小组的学生也做一套相同的实验装置，放到有阳光的地方，约 3 小时后再观察。因为亲自动手做，可以训练学生的实验技能，更能体现学生的主体地位。如果为在课堂上就能看到效果，教师也可以提前将兴趣小组准备该实验的过程拍成视频，在课堂上播放，同时将兴趣小组的装置带到教室，让学生现场观察实验现象。

（二）更多的选择方案

从“测定植物的蒸腾作用”到“观察植物叶表皮的气孔”，在逻辑上是从宏观到微观，从器官水平到细胞水平，但在教材中还有一个“巧看气孔”的“DIY 动手做”实验：将两片叶片（可选用校园里常见的女贞或石楠等叶片）放在烧杯中，加入 70 ℃左右的热水后观察叶片上产生的气泡。比较正背面产生的气泡是否有差异，分析其中的原因。如果将该实验放在以上两个实验的中间，教学效果会更好！

（三）更多的学科属性

生物学是理科，理科最大的特征，除了探究实践特征外，还有“理科要讲理”的特征，也就是理科是讲证据和逻辑的。在教学过程中，虽然强调师生的平等对话，但更多的还是教师在引导、在追问。如果要使教学效果更好，本堂课还可以进一步加大“学生展示”的分量，特别关注学生在展示过程中明确观点、呈现证据、逻辑自洽等习惯和能力，也就是加强学生科学思维的训练。

物理

核心素养视域下关键能力的培养

——以苏科版九年级（上）“电路初探”教学为例

江苏省南通市通州区教师发展中心　张　俊

第一部分　课标要求及我们的教学建议

一、教学内容分析

“电路初探”所涉及的内容属于《义务教育物理课程标准（2022 年版）》一级主题“能量”中二级主题“电磁能”板块的内容。

电路初探主要由初识家用电器和电路、电路连接的基本方式、电流和电流表的使用、电压和电压表的使用等内容组成，是对能量、能量的转化与转移、内能等物理概念的进一步认识理解与应用，是从电能与其他形式的能的转化角度来探索研究电路的组成结构、电路的连接方式、电路中基本参数的测量。

电路初探的内容是研究电路与电学规律的基础，后续学习的欧姆定律、电功、电功率等内容都是在电路结构、连接方式、电流与电压等基本规律的基础上来展开的。同时，本章教学内容充分体现了探究、实验教学在认识电路、电流电压规律中的作用，让学生在探究活动中体会推理、探究、类比、归纳等科学研究方法对物理学发展的作用，有效培养学生的科学探究能力、逻辑思维能力、模型建构能力等。因此，本章内容在物理学体系中具有举足轻重的地位和作用。

本单元知识网络：

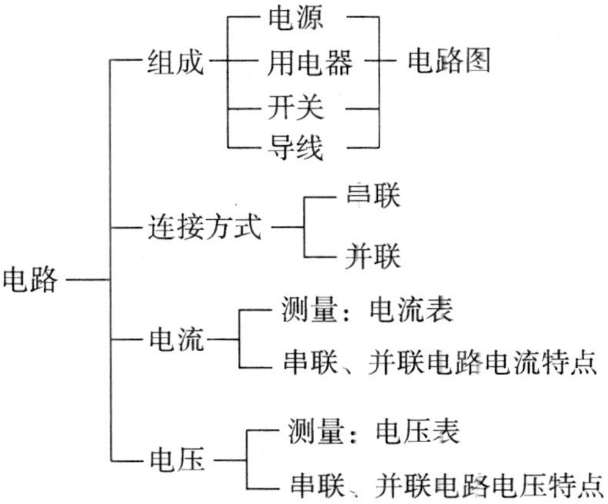

二、课标要求解读

《义务教育物理课程标准（2022 年版）》中对本部分的课程内容描述为：

3.4.1 从能量转化的角度认识电源和用电器的作用。

3.4.2 知道电压、电流和电阻。探究电流与电压、电阻的关系，理解欧姆定律。

3.4.3 会使用电流表和电压表。

3.4.4 会看、会画简单的电路图。会连接简单的串联电路和并联电路。能说出生产生活中采用简单串联电路或并联电路的实例。探究并了解串联电路和并联电路中电流、电压的特点。

其中 3.4.2 中关于电阻，探究电流与电压、电阻的关系，欧姆定律的内容，在学习了“电路初探”的相关知识后在下一单元中深入学习。

课标对本部分的学业要求是：

（1）能列举能量转化和转移的实例，知道能量在转化和转移过程中是守恒的，能用能量转化与守恒的观点解释常见的自然现象，解决日常生活中的有关问题，形成初步的能量观念。

（2）会正确使用电压表、电流表测量基本的电学量，正确读取和记录实验数据，并排除简单的实验故障；能撰写实验报告，书面或口头表述科学探究的过程和结果。

学业要求对本部分的教学提示：

（一）教学策略建议

教学中，建议结合学生的认知特点，循序渐进地引导学生学习相关内容。

（1）灵活选用教学方式，帮助学生逐步形成能量观念。例如：通过情境创设、实验探究等，引导学生认识到电能、光能、声能、机械能、内能、电磁能等能量的不同存在形式及能量之间的相互转化，体会能量转化和守恒的思想，逐步形成能量观念。

（2）理论联系实际，提高学生分析问题、解决问题的能力。例如：通过解决生产生活中的具体问题，使学生了解断路、短路、串联电路特点、并联电路特点等知识，形成将物理知识与生产生活相联系的意识，提高分析、解决实际问题的能力。

（3）重视探究教学，提高学生的科学探究能力。例如，通过探究串联电路和并联电路中电流的特点、电压的特点等实验，引导学生明确实验目的，运用归纳总结等方法制订简单的探究方案，学会分析和处理实验数据，正确表述科学探究的过程和结果，提高科学探究能力。

（4）设计丰富的实践活动，提高学生的共通性素养。通过调查研究活动，启发学生关注科学、技术、社会、环境之间的关系。例如：通过查阅资料、调查研究等，了解生产和生活中哪些地方用到串联电路、哪些地方用到并联电路，讨论电路中各元器件的作用，分析短路与断路可能带来的问题；调查研究串、并联电路及不同电路电压、电流的特点在实际中的应用，会根据要求设计简单的电路。

（二）情境素材建议

“电路初探”内容层次多，教学活动丰富。相关的情境素材可来源于自然现象、物理实验、日常生活和社会热点等。

（1）与能量转化相关的素材：讨论和分析手电筒、灯泡、收音机、电风扇、电磁炉、电动机等使用过程中能量的转化和转移情况。

（2）与短路、断路相关的素材：用生活中电动车、仓库线路短路起火的事例说明短路的情况，分析短路可能造成的危害，提高安全用电的意识。

（3）与串联、并联相关的素材：研究生活中的红绿灯、教室里的日光灯、家庭用电器、医院里的呼叫器等分析串、并联电路的特点。

三、单元教学建议

（一）体现从生活走向物理，从物理走向社会、生活的理念

本单元各部分内容都是从学生在生活中碰到的真实情境中发现问题、提出问题，引导学生思考、设计，分析蕴含的物理原理，再通过探究、综合实践活动，促使他们把所学的知识运用到实际中去，从物理走向社会。如通过观察手电筒的结构、房间的电路设计、小灯泡上标识的认读等引导学生认识简单电路的结构，设计串、并联电路，进而研究其特点，并再次通过活动来应用所学知识。

（二）加强探究教学

关于探究教学，新课标指出：突出科学探究，注重问题导向，强调真实问题情境，引导学生不断探索，提高分析问题、解决问题的实践本领和科学思维能力，发展核心素养。

本单元一共设置了七个课堂探究活动和两个学生实验，从真实的生活情境出发，吸引学生，以有着一定内在联系的问题串展开学习，倡导合作学习，促使学生自主解决实际问题，进行意义建构。如串、并联电路教学中，首先设置贴近生活实际的情境：小明想在自己的房间里安装吊灯和壁灯，怎样才能使它们同时亮起来？学生通过合作交流设计出两种电路，再次提出问题：比较两种电路，它们有什么异同点？进而确定最佳的安装方式。显然，通过一系列环环相扣的问题串，学生经历了探究的过程，学到了串、并联的知识，明晰了串、并联电路的特点，积累了生活的经验。同时，本单元的探究活动设计还注意把学生的自主学习和教师的引导结合起来，如串联电路中电流和电压特点的探究在教师的指导下进行，而并联电路的电流、电压特点的探究则由学生自主完成，提高了活动的开放性。

（三）运用类比的物理思想方法

学生第一次接触电学内容，会感觉比较抽象，教学中要采用类比的方法使抽象问题形象化，如对电流的说明，通过水流进行类比；如对电压概念的引入，采用水路来类比电路，分析说明水压差是水管中形成水流的原因，类比得出电压是电流形成的原因。

通过类比的方法对概念规律进行总结也是本单元的重要方法。如断路与通路的对比分析，串联与并联的电路结构、电路特点、电流电压特点的类比分析，电流表与电压表的使用、读数的类比分析等。

（四）培养动手能力与创新精神

综合实践活动中，设置了病房中的呼叫电路设计的情境，采用合作学习的形式，学生分组进行合作探究，自主进行电路模型的设计、选材、制作、调试，培养学生的动手能力。展示环节中，引导学生从电路设计的新颖性、电路模型的工艺水平、电路的改进与拓展等方面展开互评，培养学生的创新精神。

（五）关注社会热点

“生活·物理·社会”栏目提出了与每一个同学都有关的废干电池的处理问题，从电池的需求到消耗、从废电池处理可能带来的危害、从法律法规制定的角度，提倡同学们宣传和参与“绿色消费”，购买电池时主动选择无汞干电池，并要求同学们积极协助社区集中处理、回收废电池，培养学生正确的消费观和社会责任感。通过学习，同学们了解到从废电池中还能提炼铜、锌等金属，变废为宝。本单元培养学生积极参与环境保护的科学态度与责任。

第二部分　课时教学设计

一、教学目标

（1）知道电路的基本组成及其作用，知道常用电路器件的符号，会用这些符号画出简单的电路图。

依据的课程目标：能从物理学视角观察事物，认识物质的结构，认识电能与其他形式的能之间的转化，解决简单的实际问题。

核心素养要求：能量观念、模型建构。

（2）知道电路的通路、断路和短路状态，了解电源短路的危害。

依据的课程目标：能将所学物理知识与物理情境联系起来，解释有关现象，解决实际问题，形成初步的科学论证能力。

核心素养要求：模型建构、科学推理。

（3）通过实验，了解电路连接的基本方式。

依据的课程目标：基于观察提出物理问题，形成猜想和假设，设计并制订方案。

核心素养要求：问题、证据、解释，模型建构。

（4）通过探究，知道串联电路和并联电路的基本特点。

依据的课程目标：基于观察提出物理问题，形成猜想和假设，设计并制订方案，获取与处理信息、基于证据得出结论并做出解释。

核心素养要求：问题、证据、解释，科学论证。

（5）了解串联电路和并联电路在生活中的应用。

依据的课程目标：会用所学模型分析常见的物理问题，能对相关问题和信息进行分析并得出结论。

核心素养要求：模型建构，科学推理，科学论证。

（6）通过与水流的类比了解电流的概念，知道电流的单位。

依据的课程目标：认识电流，培养探索自然的好奇心和求知欲。

核心素养要求：模型建构。

（7）学会正确使用电流表。

依据的课程目标：会通过实践操作等方式搜集信息，初步具有获取证据的能力。

核心素养要求：科学论证。

（8）通过探究，知道串联电路和并联电路中电流的特点。

依据的课程目标：有科学探究的意识，能发现问题、提出问题，形成猜想与假设，能制订简单的科学探究方案，通过实验操作获取信息，处理信息，归纳总结。

核心素养要求：科学探究。

（9）通过水流的类比了解电压的概念，知道电压的单位。

依据的课程目标：认识电压，培养探索自然的好奇心和求知欲。

核心素养要求：模型建构。

（10）学会正确使用电压表。

依据的课程目标：会通过实践操作等方式搜集信息，初步具有获取证据的能力。

核心素养要求：科学论证。

（11）通过探究，知道串联电路和并联电路中电压的特点。

依据的课程目标：有科学探究的意识，能发现问题、提出问题，形成猜想与假设，能制订简单的科学探究方案，通过实验操作获取信息，处理信息，归纳总结。

核心素养要求：科学探究。

（12）应用所学知识，设计实际电路，解决问题。

依据的课程目标：能独立思考，设计解决问题的方案，具有质疑创新的意识。

核心素养要求：质疑创新。

二、核心内容

教学重点：从能量转化的角度认识电源和用电器的作用；会看、会画简单电路图，会连接简单的串联和并联电路，了解串、并联电路电流和电压的特点；会使用电流表和电压表。

教学难点：探究串、并联电路电流和电压的特点及电路设计。

从核心素养视角来分析，核心内容有助于形成能量观，建构简单电路模型，通过科学探究学会综合分析推理，发展质疑、创新的关键能力。

串联、并联电路是学习电学的基础。电路的结构是对电路进行分析的基础，而电路的基本结构就是串联和并联两种。所以，首先要搞清串、并联电路的结构特征，能够识别串、并联电路，在此基础上能够画出串、并联电路的电路图，进一步能够连接串、并联电路的实物图。其次是在熟悉电路结构的基础上，通过实验探究串并联电路的基本特征，如：用电器之间是否相互影响？开关在电路中起到怎样的作用？再次，通过学习电流表和电压表的使用，探究串、并联电路中电流、电压的特点，完善串、并联电路特征的探究分析。最后，在熟悉电路结构及电路特点的基础上，根据要求来设计电路，把所学的知识灵活运用到解决问题的实践中。

本单元一共分为 5 个课时，其中初识家用电器和电路 2 课时，电路连接的基本方式 1 课时，电流和电流表的使用 1 课时，电压和电压表的使用 1 课时。这样的安排，符合学生对知识、概念规律认识的逻辑，环环相扣，步步深入，并且整个单元通过类比的物理思想方法放手让学生进行自主探究，让学生合作探究发现规律，充分发挥学生的主体地位。建构串、并联电路的模型，拓展到实际应用中培养质疑创新能力。

三、学习任务设计

（1）从能量转化的角度分析电源、常见用电器的能量转化关系；

（2）总结归纳串、并联电路结构特征，会看、会画简单的电路图，会连接简单的串联和并联电路；

（3）会使用电流表和电压表；

（4）探究串、并联电路电流和电压的特点；

（5）根据实际要求设计简单的串、并联电路。

四、教学准备

物质材料准备：电学实验所需的基本器材，如电池、开关、小灯泡、导线等，教学需要的 PPT 课件、教学视频，还需要电路设计时所需要的其他器材，如电铃、单刀双掷开关。

学前认知了解：学生在小学科学中已经对电学中的相关知识进行了简单了解和学习，所以学习中要关注学生的前认知，知悉学生的已有知识与水平。

五、教学流程

第一课时　初识家用电器和电路（1）

【自主学习】

带着以下问题自学思考：

（1）家中有哪些常见的用电器？这些用电器使用过程中能量转化情况如何？

（2）用电器使用时用来持续供电的装置是什么？其能量转化的方式是什么？可以分成哪几类？供电时电流有怎样的特点？

讨论得出：常见用电器有灯泡、电饭煲、电磁炉、电风扇、收音机、空调、手电筒等。用电器使用过程中将电能转化为其他形式的能。

电源是能持续供电的装置。从能量转化的观点来看，电源是把其他形式的能转化为电能的装置。

常见的电源有直流电源和交流电源。

直流电源有正、负两极，正极用“+”表示，负极用“-”表示。当直流电源对用电器供电时，电流由电源的正极通过用电器流向负极。

设计意图：培养学生观察生活的能力，能从生活中的现象联想到与物理相关的知识，秉持从生活走向物理的理念；通过分析思考，学生建立能量观，学会根据事物的物理特征进行分类讨论和研究。

【共同探究】

（一）各元件的作用

电源：维持电路中有电流，为电路提供电能。

导线：连接各电路元件的导体，是电流的通道。

用电器：利用电能来工作的设备，在用电器工作时，将电能转化成其他形式的能。

开关：控制电路的通断。

（二）用电器的分类

名称	用途	电源类型		电能转化成的主要能量形式			
		交流电	直流电	内能	机械能	光能	声能
电灯							
收音机							
电饭煲							
手电筒							
……							

设计意图：培养学生推理判断的能力，能根据实际问题推理、研究物理现象，用能量的观点分析物理过程，通过归纳对事物进行分类。

（三）活动一——观察手电筒

学生通过观察，分析说出手电筒中各部分器件分别属于什么。

干电池是电源，灯泡是用电器，按钮是开关，金属外壳是导线。

（四）活动二——怎样使一个小灯泡亮起来

提供器材有电池、小灯泡、灯座、开关、导线。学生根据对手电筒的观察和研究，把它们连接起来，使开关能控制小灯泡的发光与熄灭。

连线前思考：（1）开关应处于什么状态？

（2）如何用导线连接电路元件才能保证接触良好？

（3）是否可以用导线直接连接电源两端？

阅读信息快递“连接电路时应注意”：

（1）在连接电路的过程中，开关必须处于断开状态。

（2）将导线接到电路元件的接线柱上，并旋紧螺帽，以保证接触良好。

（3）绝不允许以任何方式用导线将电池的两极直接相连，以免损坏电源。

设计意图：通过两个探究活动，让学生初步认识电路的构成，熟悉元件的作用，知悉电路的连接方式，提高探究的能力和水平。

第二课时　初识家用电器和电路（2）

【演示实验】

演示电路的三种状态，并进行概括总结。

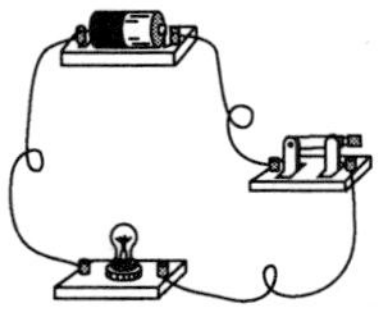

A

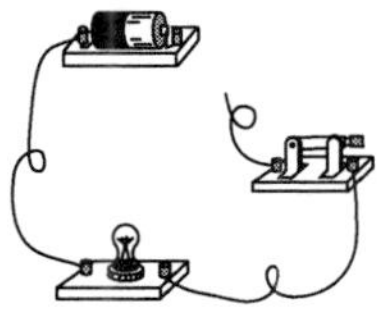

B

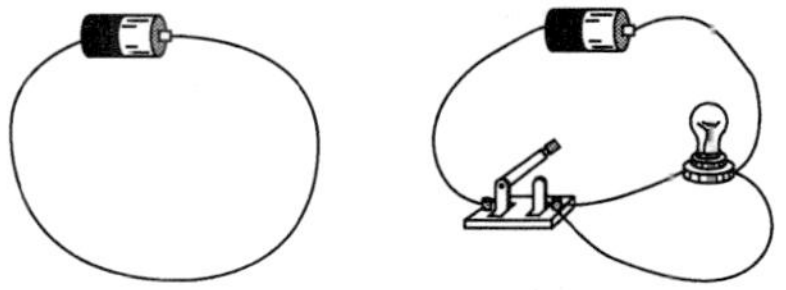

甲　乙

C

如图A，闭合开关，灯泡发光——通路（处处连通的电路）。

如图B，断开开关或断开连接，灯泡熄灭——断路（断开的电路，也叫开路，电路中即使有电源，用电器也不工作）。分两种情况：

（1）正常的：开关断开；

（2）不正常的（故障）：例如，灯丝烧断，接触不良，导线断了。

如图C，电路的状态——短路。

（1）用电器短路：用电器两端用导线直接连通（该情况对被短路的用电器不会造成危害），如图C乙所示；

（2）电源短路：电源的两极用导线直接连通（这种情况是不允许的，危害最大），如图 C 甲所示。

播放短路造成危害的视频。

【合作探究】

思考：为什么连接电路前必须断开开关？

讨论：手电筒灯泡不发光的原因可能有哪些？

（从电路的三种状态进行分析）

设计意图：利用演示实验、归纳总结、合作探究，让学生了解电路的三种状态，学会分析电路故障的一般思路和方法，提高推理、质疑、分析判断的关键能力。通过视频，学生增强了安全意识，增强了社会责任感。

【共同探究】

提出问题：在设计、安装、修理各种实际电路的时候，常常画出表示电路连接情况的图，而画实物图比较麻烦，怎么办？

为了简便，用国家统一规定的符号来代表电路中的各元件（请同学们看课本图 13－6 常用电路元件的符号）。

活动：请两位同学上黑板画出手电筒的电路图。比一比：谁画得更美观大方？

归纳总结：

（1）用规定电路元件符号表示电路元件实物连接的图叫电路图。

（2）熟记电路元件符号。

（3）画电路图的基本要求：元件位置安排要适当，分布要均匀，元件不要画在拐角处；整个电路图最好呈长方形，有棱有角，导线横平竖直。

设计意图：让学生经历从生活走向物理，再从物理走向生活的探究过程，通过发现问题、解决问题的过程，提升学生的科学思维；通过活动、归纳总结来锻炼学生的概括能力和语言表达能力。

第三课时　电路连接的基本方式

【共同探究】

（一）建构串、并联电路模型

引入：播放视频，激发学生学习探究的兴趣。夜晚，城市璀璨的灯光光彩夺目；客厅，柔和的灯光温馨而浪漫；教室，明亮的灯光催人奋进……

问题：房间里需要安装吊灯和壁灯，电路应该怎样连接？

活动：请同学们利用桌上的器材——电源、两只小灯泡、开关和导线，思考如何才能使两盏灯都亮起来？请设计出一只开关同时控制两盏灯的电路。想一想方法唯一吗？

学生讨论并动手实验。

选择小组展示实物电路，并根据电路画电路图，同时画出电流的流向。

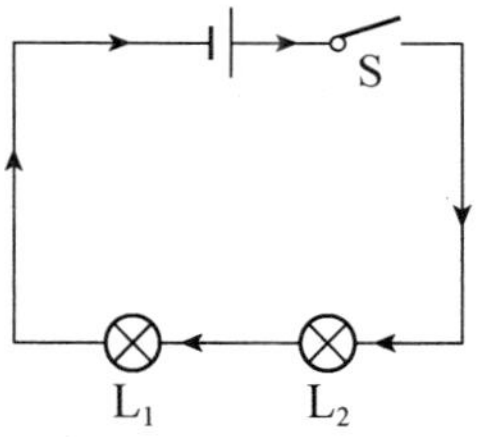

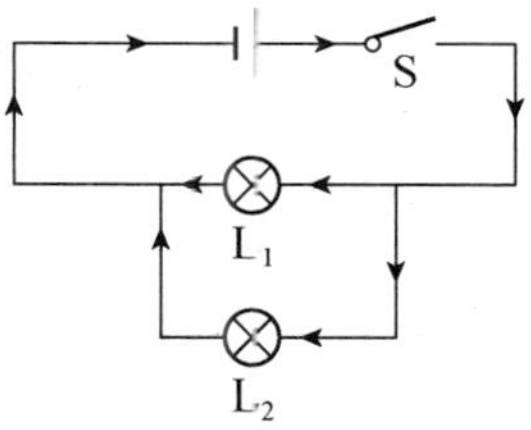

总结：电路连接的两种方式：串联电路——将用电器逐个顺次连接的电路（如上左图）；并联电路——将用电器并列地连接起来的电路（如上右图）。

设计意图：让学生通过小组合作，解决生活中的真实问题，让学生在探究的过程中自主建构串、并联的电路模型。

（二）探究串、并联电路的特点

1. 探究串联电路的特点

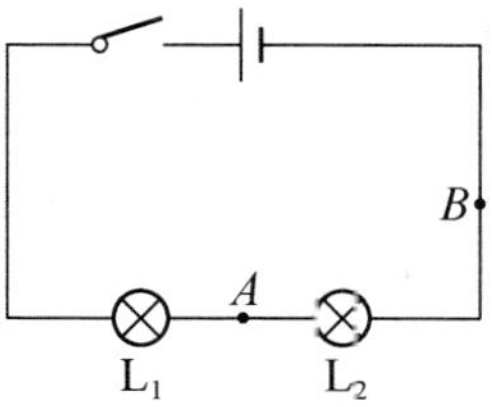

探究内容：（1）先闭合再断开开关，你观察到什么现象？若把开关分别接到 A、B 处，闭合开关，你又观察到什么现象？

开关闭合两灯一起亮，开关断开两灯一起灭。开关的位置不影响它对电路的控制。

（2）在两个灯泡都发光时，取下其中一个灯泡，你观察到什么现象？

取下一个灯，另一个灯灭，两灯彼此影响。

(3) 在两个灯泡都发光时，把其中一个灯泡短路，你观察到什么现象？

一个灯灭，另一个灯更亮。

2. 探究并联电路的特点

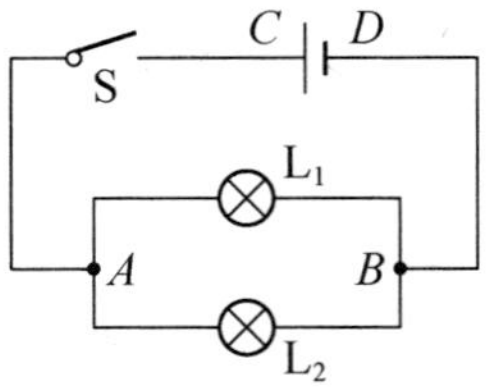

几个名词：

A：分支点　*B*：合并点

A、*B* 间电路：支路

A、*C*，*B*、*D* 间电路：干路

探究内容：(1) 在并联电路的两个支路中各接入一个开关，先后闭合两个开关，再分别断开两个开关，你会看到什么现象？

干路开关控制整个电路，支路开关控制所在的支路。

(2) 在两个灯泡都发光时，取下其中一个灯泡，你观察到什么现象？

一个灯泡亮一个灯泡灭，两条支路互不影响。

(3) 在两个灯泡都发光时，把其中一个灯泡短路，你观察到什么现象？

两个灯泡都不亮，电源被短路。禁止如此连接。

总结完成表格：

电路形式	串联电路	并联电路
电路特点	电流的路径只有________条，流过一个用电器的电流也同时________其他用电器	电流的路径有________条，有________路和________之分，各支路可有单独工作的________
	若一个用电器断了整个电路就________，用电器之间互相________，________独立工作	若一条支路断了________其他支路电器，用电器之间互相________，________单独工作
	电路中只需要________个开关，________整个电路中的所有用电器	电路中干路上只需要________个开关，________整个电路、支路开关只控制________上的用电器
	若一个用电器短路其他用电器________（填“有”或“没有”）电流通过	若一条支路短路，就造成电源________，其他支路上的用电器________（填“有”或“没有”）电流通过

设计意图：自主合作探究串联、并联电路中路径、开关、用电器之间是

否相互影响，电路改进与故障，进一步理清串、并联电路模型的特征，提升学生的探究素养。

【解决问题】

思考讨论：房间里安装吊灯和壁灯，应该采用什么样的方式连接？应该使用几个开关？

分析讨论：马路上路灯的连接方式；家用电器中电视、洗衣机、电灯等的连接方式。

设计意图：通过对实例的分析，巩固应用所学串联、并联电路知识的特点，体现从物理走向生活的设计理念。

【课后思考】

（1）家庭电路中，客厅的灯和房间的灯该如何连接？开关应该如何接在电路中？（请画出电路图，说出你判断的依据）

（2）研究分析：展示小彩灯，让学生知道早期的彩灯有一个缺点，当其中一个彩灯损坏（断路）后，一串彩灯会同时熄灭。而现在的彩灯，一个彩灯熄灭后，其他的灯依然发光；但若取下任一个彩灯，整串彩灯都会灭。

现在，当其中一个小彩灯灯丝烧断后，彩灯带却不会熄灭，其原因是小彩灯内有一根表面涂有绝缘物质的细金属丝与灯丝并联。当灯丝正常发光时，金属丝与灯丝支架不导通；当灯丝烧断时，金属丝与灯丝支架瞬间导通，其他小彩灯仍能发光。

设计意图：设置实际问题情境，让学生带着认知冲突和疑惑分析原因，激发学生的探究欲望、创新精神和勇于探索的学科特质。

课堂总结：

项目	串联电路	并联电路
结构特点	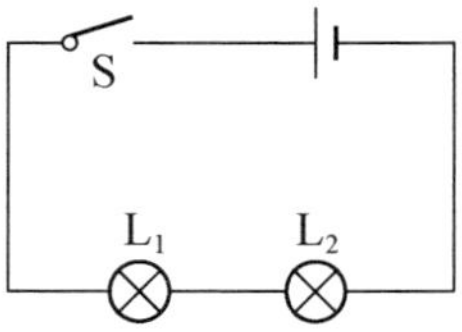 顺次连接，一条回路	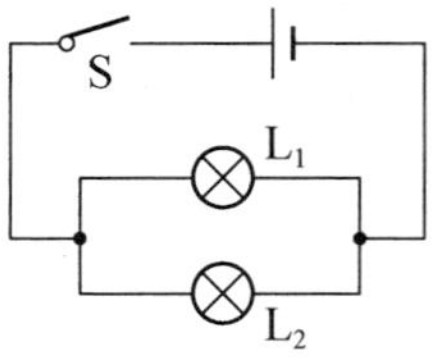 并列连接，多条回路
控制特点	与开关位置无关	与开关位置有关
工作特点	彼此联系，相互干扰	独立工作，互不影响

识别串、并联电路的方法：

（1）电流流向法。

看电流流经的路径有无分支，无分支的是串联，有分支的是并联。

（2）拆除法（断开法）。

看断开任一用电器后，若其他用电器不工作是串联，若其他用电器仍工作是并联。

第四课时　电流和电流表的使用

【共同探究】

（一）电流

问题引入：闭合开关，发现小灯泡发光，究竟是什么使小灯泡发光呢？

设计意图：通过问题引入，启发学生思考，激发学生的学习兴趣。

类比思考：利用媒体演示水流通过水轮机的动画，说明当水流通过水轮机时，能使水轮机转动起来。同样，当电流流过灯丝时，能使电灯发光。

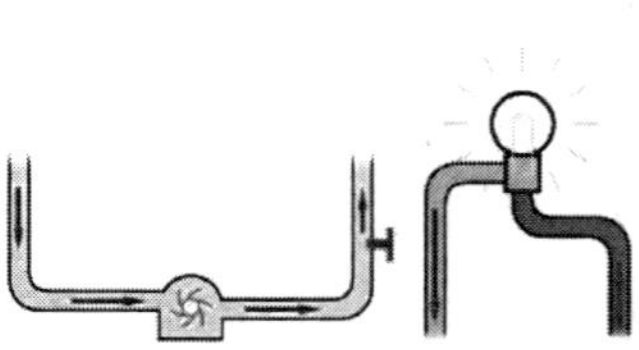

实验观察：通过改变电路中电池的节数，观察小灯泡发光的亮度有怎样的变化。说明流过电路中的电流有大小。

自主学习：在物理学中，用电流强度（简称电流）来表示电流的大小，

用字母 I 表示。

电流的单位：在国际单位制中，电流的单位是安培，简称安，符号是 A。电流的常用单位还有毫安（mA）和微安（μA）。电流单位的换算关系是：1 A = 1 000 mA；1 mA = 1 000 μA。

介绍物理学家安培，了解安培在物理学上的贡献。

阅读书本图 13 – 17 身边的电流，了解常用的家用电器正常工作时的电流大小。

电流的方向：在直流电源外部，电流从电源的正极流出，经用电器流回电源的负极；在电源的内部，电流从电源的负极流向正极。

设计意图：通过对比训练学生的观察思考能力，让学生了解电流。通过了解一些常见的电流值，增加对电流单位安培大小的感性认识。虽然电路中的电流看不见、摸不着，但我们可以通过观察同一只灯泡接在不同电路中明暗程度大概比较通过灯泡的电流的大小。让学生知晓类比的思想方法。

提出问题：那有没有能准确测量电路中电流大小的仪器呢？

（二）电流表

观察思考：电流表上有几个接线柱？

当使用“ – ”和“0.6”接线柱时，从表盘的哪一排刻度线读数，量程是多大？最小分度值是多少？

当使用“ – ”和“3”接线柱时，从表盘的哪一排刻度线读数，量程是多大？最小分度值是多少？

所选用的接线柱	量程	一大格	最小分度值	从上/下排读数
“ – ”和“0.6”接线柱	0 ~ 0.6 A	0 ~ 0.2 A	0 ~ 0.02 A	下
“ – ”和“3”接线柱	0 ~ 3 A	1 A	0.10 A	上

总结归纳：

1. 电流表的读数方法

一看量程：确认电流表的量程是 0 ~ 0.6 A（下排）还是 0 ~ 3 A（上排）；

二看分度值：确认所选量程的分度值；

三看指针位置：看指针向右总共偏过了多少个小格，用格数乘以分度值，就可以知道所测电流值的大小。

2. 电流表的使用方法（阅读信息快递思考填写）

（1）使用前，要__________。

（2）电流表必须________在电路中，电流表要测哪个用电器中的电流，就和哪个用电器串联。

（3）使电流从标有________接线柱流入电流表，从________接线柱流出电流表。

（4）绝不允许把电流表直接连到____________。（电流表相当于一根导线）归纳出电流表的使用方法：调零、串联、正进负出、量程。

提出问题：为使被测电流的大小不能超出电流表的量程，应该怎么办？

试触后，如果所测电流值在小量程范围内，我们应该接哪个量程？

用试触法选择合适的量程，如果电流小于 0.6 A 应选用小量程，这样读数更加准确，可以减小实验的误差；反之，选择大量程。

设计意图：通过简洁而生动的形式，让学生通过观察、搜集信息、阅读、思考，认识电流表及知道如何正确使用电流表。熟悉常见基本仪器的操作技能。

体验活动 1：如何将电流表串联入电路中测量电流？

请测出小灯泡中的电流为________A 并连接电路。在连接过程中请关注电流表的使用规则。

体验活动 2：将电流表正负接线柱反接，体验指针的反偏。

请注意用试触法时，不能长时间接触，否则会烧坏电表。指针在反偏时________（填“能”或“不能”）读数。

体验活动 3：换一个量程，体验不同量程下的指针偏转情况。

思考分析电流表出现以下现象的原因。

指针不偏转——电路断路；

指针反向偏转——电流表的正负接线柱接反了；

指针只偏转很小的角度——电流表所选的量程太大。

设计意图：设计三个体验活动，对电流表的接法、使用注意事项、读数等进行实际操作演练，巩固所学内容，为接下来的探究做好准备。

（三）探究串、并联电路电流的特点

情境设置：借助水流动的情境，可以想象电路中电流的流动情境。在串联电路中，电流在仅有的一条通路中流动。你对串联电路中电流的规律有什么看法？在并联电路中，电流分成几路在电路中流动，然后又汇合到一起流了回来。你对并联电路中电流的规律有什么看法？

科学猜想：串联电路中各点电流关系

$$I_A = I_B = I_C;\ I_A > I_B > I_C;\ \cdots\cdots$$

并联电路中电流关系

$$I_A = I_B + I_C;\ I_A > I_B > I_C;\ \cdots\cdots$$

设计实验：（讨论、展示、交流）

实验中需要哪些实验器材？画出实验电路图。

串联：

（1）按图示的电路图连接好电路。

（2）把电流表正确串联在电路中的 A 处，测出 A 处的电流。

（3）然后用同样的方法测出 B、C 两处的电流，并将测得的数据填入设计的表格中。

（4）另换上不同规格的小灯泡，再次测量 A、B、C 三处的电流填入表格。

各处的电流	A 点的电流 I_A	B 点的电流 I_B	C 点的电流 I_C
第一次测量			
第二次测量			

分析实验数据，得出结论：串联电路的电流三处相等，即 $I_A = I_B = I_C$。

并联：

（1）按图示的电路图连接好电路。

（2）把电流表正确串联在电路中的干路处，测出干路中的电流并做好记录。

（3）然后用同样的方法测出两个支路中的电流，同样将测得的数据填入表格中。

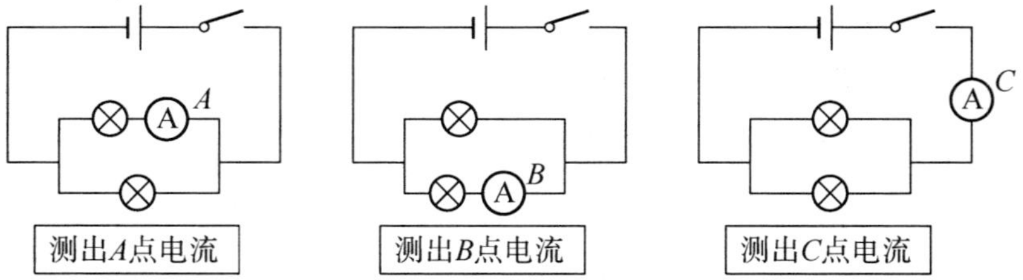

（4）换上不同规格的小灯泡，再次测量干路和两个支路三处的电流并填入表格。

各处的电流	A 点的电流 I_A	B 点的电流 I_B	C 点的电流 I_C
第一次测量			
第二次测量			

分析实验数据，得出结论：并联电路的干路电流等于两支路电流之和，即 $I_C = I_A + I_B$。

拓展推广：如果有三个支路呢？

结论：并联电路的干路电流等于各支路电流之和，即 $I_C = I_A + I_B + \cdots\cdots$

设计意图：采用对比的实验方法，让学生经历科学猜想、设计实验、实验验证、数据处理、分析论证的探究过程，探寻串、并联电路的电流规律。

【课后思考】

小明用图示电路进行实验，闭合开关，记录 A、B、C 各点的电流值如下表所示。

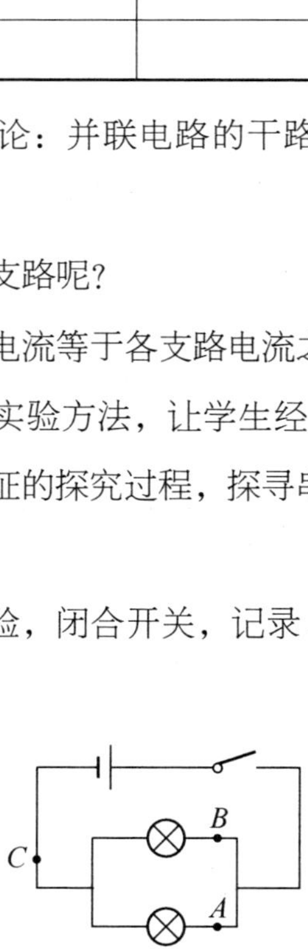

A 点电流 I_A/A	B 点电流 I_B/B	C 点电流 I_C/A
0.4	0.4	0.8

分析数据，小明得出并联电路的干路电流等于各支路电流之和的结论。

（1）小明的结论是________（填“正确”或“不正确”）的。

（2）请你分析说明小明同学这一实验方案中的不足：________。

（3）改进实验的方法：____。

设计意图：探究实验的设计中，如何使设计更加科学、合理、规范，需要从器材、操作步骤、数据等多个角度进行分析评价，这一过程既是提高学生科学探究能力的过程，也是锻炼学生科学思维的过程。

第五课时　电压和电压表的使用

【共同探究】

（一）电压

课题引入：展示水果电池，使灯泡发光。

设计意图：通过奇趣的情境激发学生的好奇心和探究欲望。

实验观察：上节课，我们从水流认识了电流，利用水轮机装置建立了电流的概念，请大家继续观察思考。

师：现在水轮机还在转动吗？

生：没有。

师：有什么办法可以让水轮机持续转动呢？

生：可以用一种装置不断抽水，使管中的水不断流动。

师：同学们的设想是否能成功？通过实验来验证。我准备了水泵，请同学上来演示。

师：大家看到了什么？

生：水泵使管中形成了持续的水流。

师：要有持续的水流，就必须要有水压差。

师：那么在电路中灯泡可以持续发光，这意味着什么呢？

生：存在持续的电流。

师：要有持续的电流，就必须要有电压。

师：电路中哪个元件提供了电压？

共同分析得出：电源是提供电压的装置。电路通路，电路两端有电压，就会形成电流。

师：干电池是一种电源，请大家观察干电池，可以获取哪些有用信息？

生：1.5 V。

师：这里的“V”是什么意思？

师：伏特是电压的单位，电压还有哪些基本知识？请大家自主阅读书本进行补充。

自主学习：在物理学中，电压用字母 U 表示。

电压的单位：在国际单位制中，电压的单位是伏特，简称伏，符号是 V。电压的常用单位还有毫伏（mV）和千伏（kV）。电压单位的换算关系是：1 V = 1 000 mV；1 kV = 1 000 V。

介绍物理学家伏特，了解伏特在物理学上的贡献。

阅读课本图 13－26 身边的电压，了解生活中常见的电源及电器正常工作时的电压大小。

设计意图：通过类比电流的产生，得出电压的概念及其单位，让学生在锻炼观察能力的同时学会分类思考，认识电压。通过了解一些常见的电压值，增加对电压单位伏特大小的感性认识。

提出问题：不同的电源往往有不同的电压，那有没有能准确测量电路中电压大小的仪器呢？

（二）电压表（类比电流表的学习方法来认识电压表）

观察思考：电压表上有几个接线柱？

当使用“-”和“3.0”接线柱时，从表盘的哪一排刻度线读数？量程是多大？最小分度值是多少？

当使用“-”和“15”接线柱时，从表盘的哪一排刻度线读数？量程是多大？最小分度值是多少？

所选用的接线柱	量程	一大格	最小分度值	从上/下排读数
“-”和“3.0”接线柱	0~3 V	1.0 V	0.1 V	下
“-”和“15”接线柱	0~15 V	5.0 V	0.5 V	上

总结归纳：

1. 电压表的读数方法。

一看量程：确认电压表的量程是0~3.0 V（下排）还是0~15 V（上排）；

二看分度值：确认所选量程的分度值；

三看指针位置：看指针向右总共偏过了多少个小格，用格数乘以分度值，就可以知道所测电压值的大小。

思考：指针指在不为0的同一刻度处，电压的可能读数之间有怎样的关系？

2. 电压表的使用方法（阅读信息快速思考填写）。

（1）使用前，要__________。

（2）电压表必须________在电路中，电压表要测哪个用电器两端的电压，就和哪个用电器并联。

（3）使电压从标有________的接线柱流入电压表，从________接线柱流出电压表。

电压表相当于开关断路，归纳出电压表的使用方法：调零、并联、正进负出、量程。

提出问题：为使被测电压的大小不超出电压表的量程，应该怎么办？

试触后，如果所测电压值在小量程范围内，我们应该接哪个量程？

用试触法选择合适的量程，如果电压小于 3 V 应选用小量程，这样读数更加准确，可以减小实验的误差，反之，选择大量程。

设计意图：仍然通过类比认识电流表的方法，运用简洁而生动的形式，让学生在观察、搜集信息、阅读、思考的基础上，认识电压表及知道如何正确使用电压表。熟悉常见基本仪器的操作技能。

体验活动 1：如何将电压表并联在用电器两端测量其电压？

请测出小灯泡两端的电压为________V 并连接电路。在连接过程中请关注电压表的使用规则。

体验活动 2：将电压表正负接线柱反接，体验指针的反偏。

请注意用试触法时，不能长时间接触，否则会烧坏电表。指针在反偏时________（填“能”或“不能”）读数。

体验活动 3：将电压表串联在电路中，观察产生的现象。

请将电压表串联在电路中，观察灯泡是否发光，说明电路处于怎样的状态？

观察此时电压表中是否有读数？这个读数与电源的电压有什么关系？

体验活动 4：换一个量程，体验不同量程下的指针偏转情况。

体验活动 5：取三节电池，用电压表分别测出每一节电池的电压 U_1、U_2、U_3，将三节电池串联成电池组，测出这个电池组的电压 U，将测得的电压值填入下表。

U_1/V	U_2/V	U_3/V	U/V

结论：串联而成的电池组的电压等于每节电池的电压之和。

思考：分析电压表出现以下现象的原因。

指针不偏转——所测用电器短路；

指针反向偏转——电压表的正负接线柱接反了；

指针只偏转很小的角度——电压表所选的量程太大；

指针偏转，但用电器不工作——所测用电器断路。

设计意图：在类比电流体验活动的基础上，设计了五个体验活动，对电压表的接法、使用注意事项、读数、串联电池组的电压以及接在电路中可能出现的故障情况进行论证分析，为后续的学习与探究做好准备。

（三）探究串、并联电路电压的特点

情境设置：类比串、并联电路电流的规律，你觉得串、并联电路中电压的规律是怎样的？

科学猜想：串联电路中电路两端的总电压与各部分电路两端电压关系

$$U_1+U_2=U;\ U>U_1>U_2;\ \cdots\cdots$$

并联电路中电路两端的总电压与各部分电路两端电压关系

$$U_1=U_2=U;\ U>U_1>U_2;\ \cdots\cdots$$

设计实验：（讨论、展示、交流）

实验中需要哪些实验器材？画出实验电路图。

串联：

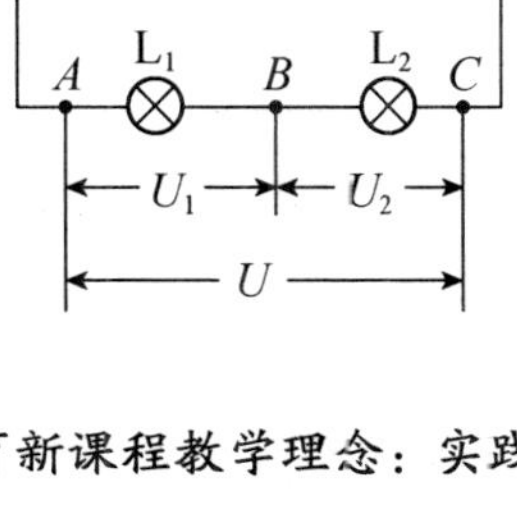

（1）按图示的电路图连接好电路。

（2）把电压表正确并联在电路中 L_1 的两端，测出 L_1 两端的电压。

（3）然后用同样的方法测出 L_2 两端和电路两端的总电压，并将测得的数据填入设计的表格中。

（4）另换上不同规格的小灯泡，再次测量上述电压填入表格。

灯泡两端电压	L_1 两端的电压 U_1	L_2 两端的电压 U_2	电路两端的总电压 U
第一次测量			
第二次测量			

分析实验数据，得出结论：串联电路中电路两端的总电压等于各部分电路两端电压之和，即 $U_1+U_2=U$。

并联：

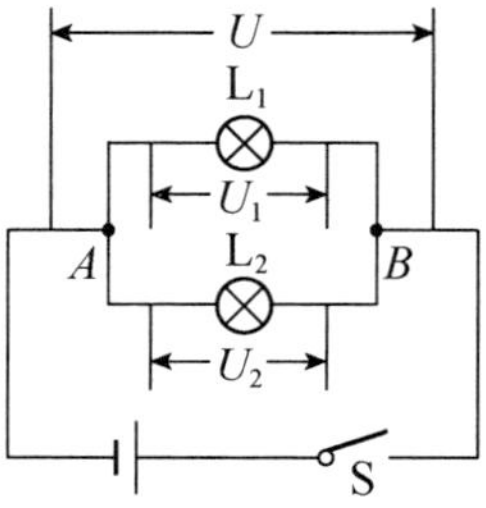

（1）按图示的电路图连接好电路。

（2）把电压表正确并联在电路中 L_1、L_2 及电源两端，测出各部分的电压与总电压并做好记录。

（3）换上不同规格的小灯泡，再次测量上述电压并填入表格。

灯泡两端电压	L_1 两端的电压 U_1	L_2 两端的电压 U_2	电路两端的总电压 U
第一次测量			
第二次测量			

分析实验数据，得出结论：并联电路中电路两端的总电压与各支路两端的电压相等，即 $U_1=U_2=U$。

设计意图：采用类比电流，对比串、并联电路的实验方法，让学生再次经历科学猜想、设计实验、实验验证、数据处理、分析论证的探究过程，探寻串、并联电路的电压规律。

【阅读思考】

请大家阅读“读一读”——伽伐尼和伏打对电流的探究及“生活·物理·社会”——废干电池污染与安全处理，谈谈你的感受。

设计意图：通过阅读伽伐尼和伏打对电流探究的材料，让学生体会科学实验的严谨与科学家执着专注的精神，勉励同学们将来在国家的科研道路上贡献出自己的责任与担当。通过阅读废干电池污染与安全处理的材料，让学生树立保护环境、绿色消费、变废为宝的理念，形成科学的态度与责任！

第三部分　教学设计解读

一、凸显物理情境创设，激发学生学习兴趣

利用课堂培养和发展学生思维能力，首先在于激发学生的学习兴趣，这种兴趣通常来源于好奇和疑问以及探索过程的良好体验。所以激发他们的兴趣是课堂成功的关键。兴趣的激发通常依赖于一定的情境创设。通过有趣味性的物理实验创设情境，能为学生提供生动、鲜明的直观形象，并且融趣、疑、难为一体，是初中物理课堂创设情境中的最有效的方式。

二、研究实验开发路径，培养学生思维能力

物理的各种原理具有极强的抽象性，如果没有自己进行操作，仅依靠教师进行课本讲解以及课件演练的话，学生很难把握理论的每一个细节，无法形成自身完整的理论逻辑思维。而在初中物理教学环节当中加入实验教学模块，有利于物理教学系统的完善，还为学生提供一个更加直观了解物理世界的渠道，使学生能够在亲自体验的过程中培养起对物理的热爱与学习积极性，从而提高学生对于物理知识体系的理解和运用能力。

三、聚焦实际问题探索，提升学生核心素养

实验为课堂服务，但也很容易被课堂所束缚。课堂受限于时间和空间，对于学生产生的新问题，我们常常会采用回避的状态。但从学生的成长需要来看，我们在课堂不应“齐步走”，应该鼓励学生有更多创新的思考，大胆进行实验尝试。甚至，我们在课堂中还应该努力创设条件，鼓励部分优秀的孩子跳出书本的束缚，独立追寻更深刻的物理本质。真正做到在课堂上既解决疑惑，又能产生新的疑问。

化学

理趣境界：化学核心素养导向下的“深度教学”

——以人教版第十单元“酸和碱”为例

江苏省南通市通州区实验中学　邱　兵

第一部分　课标教学要求及建议

一、教学内容分析

化学是一门特殊的、基础的自然科学，关于化学学科的认知和思维具有很强的连续系统性和整体性，而化学大概念更清楚反映了化学本质，具有高度概括性、统摄性和迁移性。从一个完整的单元教学内容出发，更能从化学学科、化学课程、化学学习三个层面构建化学大概念的内容体系。人教版第十单元“酸和碱”从物质的多样性和分类思想认识酸类、碱类物质，到学会理解并区分酸性和碱性，再从微观角度理解酸性和碱性的本质原因。本单元由具体物质到一般性质，由宏观到微观认知，对学生的学习能力要求较高，但也提前对学生在高中的化学学习起到非常好的铺垫作用，本单元鲜明体现出初高中衔接的用意。

（一）单元分析

本单元在知识结构上分为三部分：第一部分，认识和熟悉酸碱指示剂，逐渐引入用酸碱指示剂区分酸碱的化学实验，进而建构酸和碱两类物质的分类思想。简单地反映酸和碱能与指示剂反应并显示不同的颜色，从而说明酸和碱作为不同类物质具有不同的性质，使学生对酸和碱有一些初步的认识，会用酸碱指示剂区分酸和碱。通过活动与探究，学生能够用花瓣、果实自制酸碱指示剂，并试验它们在酸、碱溶液中的颜色变化，认识到化学知识和生活实际是紧密相连的。教师在学生认识指示剂的基础上，进一步引导学生探究表面现象背后的深层次原因：酸性和碱性的化学性质的表现。

第二部分具体介绍了几种常见的酸和碱。通过活动与探究，分析总结酸碱的性质和用途，并通过回忆总结的方式，简单归纳几种酸和碱各自相似的化学性质。通过盐酸、硫酸的化学性质归纳出酸类物质的化学性质；通过氢氧化钙和氢氧化钠的化学性质归纳出碱类物质的化学性质。

第三部分在学生对酸和碱的性质有了一些认识以后，通过酸和碱溶液的导电实验，深入理解溶液中含有可自由移动的离子是溶液导电的原因，从微观角度来说明酸和碱为什么会具有一些共同的化学性质，并能从解离（电离）的角度简单了解酸碱的定义和分类，这部分为高中电解质的学习打下基础。

（二）学情分析

从初中学生的身心发展和认知方面不难发现，对于酸和碱，在已有的生活经验和以往的学习过程中，学生已经接触到这两类物质，并对它们已经有了零散、初步的认识。关于酸，学生已有的知识有：家庭调味品中的食醋，水果中的果酸；在学习“二氧化碳的性质”时，学生通过实验发现二氧化碳与水反应生成的碳酸能使紫色石蕊试纸变红；在学习“能源的开发和利用”时，学生曾经用稀硫酸与锌反应制取氢气；在学习“金属的化学性质”时，学生通过实验了解到稀盐酸和稀硫酸与镁、锌、铁等金属反应的异同。关于碱，学生已有的知识有：在学习“二氧化碳的性质”时，学生知道了二氧化碳能使澄清石灰水变浑浊的反应原理；在学习“溶解时的吸热或放热现象”时，学生认识到氢氧化钠溶于水的放热现象；在学习“溶解度”时，学生知道了石灰水中的溶质是氢氧化钙。这些知识，都是有关酸和碱的零散知识，是学生进一步学习的基础。

（三）重难点分析

运用酸碱指示剂检验溶液的酸碱性是本节课的一个重要教学内容，通过本段教学学生对酸和碱有一些初步的认识，了解酸和碱属于不同类的物质，具有不同的性质。另一个重点内容是酸、碱各自的化学性质的归纳。本节课的难点是从微观粒子 H^+ 和 OH^- 的角度去认识溶液呈酸性或碱性的原因以及酸、碱的化学性质与上述两种粒子的关系。而从酸碱各自的化学性质中找出规律，以及它们各自具有相似化学性质的原因是教学中的另一个难点。此外探究溶液导电性，进而从电离的视角来理解酸碱的定义，也是一个难点。教师可根据学生的学习水平定夺讲课的方式和内容的深度。

二、课标要求解读

与《义务教育化学课程标准（2011 年版）》相比，2022 年新版课程标准的五个主题基本上是一致的，但新版课程标准主题的设定更加凸显了学科本质和学科特征。每个学习主题都是由五个维度的内容构成，包括大概念（Big Idea）、核心知识（Core Knowledge）、基本思路与方法（Method）、重要态度（Attitude）、必做实验及实践活动（Practice），围绕大概念构建学习主题内容的结构，将课程目标具体化为各学习主题的内容要求。在 2022 年版课标中，本单元体现在一级主题“物质的性质与应用”，二级主题“常见的物质”，三级主题“常见的酸、碱、盐”。在 2022 年版课标中，一级主题“物质的性质与应用”里新增二级主题“认识物质性质的思路与方法”“物质性质的广泛应用及化学品的合理使用”和“学生必做实验及实践活动”，从而形成关于酸和碱的大概念。

化学大概念分为化学学科大概念、化学主题大概念和化学基本观念。化学学科大概念是化学家在认识物质及其变化规律基础上所形成的化学思想观点，主要包括“物质微粒性”“化学变化”“能量”三个学科大概念；化学主题大概念是化学学科大概念与特定的化学学习主题内容的融合，结合学习主题的特点，新课标中明确了“化学科学本质”“物质的多样性”“物质的组成”“物质的变化与转化”“化学与可持续发展”五个主题大概念及其具体内涵要求；而化学基本观念则是学生通过化学课程学习在头脑中形成的对化学总观性的认识，它包括元素观、微粒观、变化观、分类观、实验观、化学价值观等，可以认为是化学观念核心素养的具体达成。其中，主题大概念起着承上启下的重要作用。在课程实施中要深刻理解三类大概念的具体含义及其转化关系，引导学生在探究实践的体验中，通过不断反思、内化，建构对化学大概念的深刻理解。

三、初中化学“深度教学”的意义

“深度教学”的概念是由“深度学习”延伸而来的，而深度学习源于心理学领域对学习过程的探索与研究，是一种以脑科学、统计学以及数学知识为基础的计算机学习的一种方法，它能促进机器根据经验和数据不断选择、修正、改进与提高。人脑的认知方式并不是与生俱来的，每个人都具备深度学习与浅层学习两种能力。深度教学的意义不仅在于引入深度学习的概念，进而促成教学改革研究视角的转向，更在于通过改变教学方式促成深度学习的可行性与必要性。

浅层学习是一种简单机械式的学习方式，学习者为了在考试中避免失败，被动接受学习，主要是通过记忆的方式来学习。由于初中化学的课程设置的特殊性，存在着教学进度紧张、知识分散、学生基础参差不齐、能力培养时间不够、实验教学不能到位等诸多不足。很多老师只盯着知识点不放，采用反复的背、默、做题的方式来促进学生学习，导致学生学习化学兴趣不高，学习效率低下，这些是浅层学习的典型表现。而深度学习是在理解基础上，学习者把新思想融入原有的认知结构中，并能够将已有认知迁移到新的情境中去解决实际问题。深度学习更加关注化学知识的整体结构、化学历史、意义、学科价值等深层次的含义。浅层学习与深度学习的对比如下表所示。

浅层学习与深度学习的对比表

对比项目	浅层学习	深度学习
F1 学习方式	拆解整体结构、记忆、复述	阅读、体验、感悟、建构、意义探究
F2 学习关系	被动，无互动、浅层互动	主动，师生、生生间密切的学习伙伴
F3 关注重点	符号、文本、某个部分	整体结构、意义、价值、整合重构
F4 资源利用	教科书、练习册	充分利用文献资料、互联网数字资源
F5 评价体系	机械再现、任务单一	个体品格、能力培养、学科核心素养
F6 学习目的	只为应付考试	提升素养、自主学习、终身学习能力

对于初中化学来说，由教师主导的深度教学，只有站在化学核心素养的

高度去教学，才能培养出学生深度学习的品质。化学深度教学并不是随意增加知识的难度和内容，而是通过教师的教学活动去引导学生理解化学知识的本质，用科学有效的方法和途径去探索所研究物质的内在结构、性质、规律和联系，从而理解化学学科的意义，提升化学学科核心素养，感悟化学的巨大价值。

四、单元教学建议

本次课程标准修订后，强化和凸显了以人为本的育人因素。将课程目标指向核心素养，推动基础教育课程由学科立场向教育立场（学生发展）转型，这是新时代课程观的根本变革。新版课标基于对化学学科特征和育人价值的充分分析，立足培养中国特色社会主义建设者和接班人的时代要求，提出了义务教育化学课程要培养的核心素养，主要包括化学观念、科学思维、科学探究与实践、科学态度与责任四个维度，充分体现了化学课程学习对学生发展的基本要求和重要价值。基于核心素养的四个维度，新版课标进一步明确了义务教育化学课程目标，即形成化学观念，解决实际问题；发展科学思维，强化创新意识；经历科学探究，增强实践能力；养成科学态度，具有责任担当。

上述四个方面是从学科、领域和跨领域三个层次对学生核心素养发展要求的系统呈现，是化学课程全面育人功能和价值的高度凝练。在衔接小学科学的基础上，结合义务教育化学课程启蒙学习的特点，体现与高中化学学科核心素养的衔接，体现化学领域的共通性素养，以及跨学科领域学生发展核心素养的基本培养要求。

（一）从学科立场走向教育立场

学科立场和教育立场是各国现行课程标准研制和修订的两种基本立场。学科立场是学科本位论的体现，教育立场则是以人为本的反映，以人的发展为根本目标。本次义务教育化学课程标准修订以立德树人根本任务为指引，以核心素养（人的全面发展）为导向，旗帜鲜明地把课程从学科立场转向教育立场，以人的发展特别是核心素养的形成为宗旨重构新版课标的方方面面，从而建构相对完整的课程目标体系。新版课标以发展核心素养为导向，设置了五个学习主题，即科学探究与化学实验、物质的性质与应用、物质的组成与结构、物质的化学变化、化学与社会·跨学科实践，将核心素养落实在具体的化学课程内容中。每个学习主题都制定了相应的学业要求，明确学生学习该主题后能完成哪些活动任务，体现怎样的核心素养，是课程目标和学业质量在学习主题层面的具体要求。而学业质量则是学生完成全部化学课程学习后的学业成就表现，反映了化学课程核心素养的培养要求。

（二）正确理解核心素养的内涵

核心素养一词在多年前就已经进入教育领域，但是究竟如何理解核心素养、在化学学科教学中怎样培养核心素养等一系列问题依然困扰着化学教育工作者。新版课程标准中明确提出并解读了以化学核心素养为目标的教育追求，义务教育化学课程对学生核心素养的发展要求，反映了社会主义核心价值观下化学课程育人的基本要求，是学生在义务教育化学课程中发展核心素养的具体化体系。化学课程究竟在促进学生全面发展或核心素养的整体提升中扮演什么角色？发挥什么作用？这里实际上涉及人的核心素养与课程培育的核心素养的关系问题。相对而言，人的核心素养指向人的全面发展，课程培育的核心素养指向人的特色发展，二者是一般与特殊、共性与个性、整体与局部的关系，是互相包含、相互转化、相互融合的关系。“如果说核心素养是作为新时代期许的新人形象所勾勒的一幅‘蓝图’，那么各门学科则是支撑这幅‘蓝图’得以实现的‘构件’。”但是二者又有各自的相对独立性，不能相互取代或代替。一门课程培育的核心素养就是要找到本门课程在促进人的一般、共性、整体发展中所发挥的特殊、个性、局部的价值和作用，从而以特殊、个性、局部的发展带动一般、共性、整体的发展。在课程的层面讲核心素养，强调的是课程的独特育人价值，是从课程的角度着力培养学生，但最终都要指向人的核心素养的发展，服务人的一般、共性、整体的发展。

（三）正确理解核心素养的特性

第一，深度挖掘各门课程的独特育人功能。学校教育是以课程为载体进行的，各门课程的确立则是以其独特的育人价值和功能为依据的。“事物之所以存在并拥有立足之地，继而具有独立甚至崇高的学科地位，更大程度上是由它独特的‘功能’所决定的。”所以，凝练各门课程培育的核心素养，首先就是要深度挖掘和精准阐述各门课程独特的育人性。

第二，注重本课程对促进学生一般发展应做出的贡献。每门课程虽各有侧重，但都内在地包含德智体美劳的要素和成分。发挥全面育人功能、促进学生一般发展是每门课程不可推卸的职责，学生德智体美劳全面发展需要所有课程共同发力。

第三，遵循义务教育的规律，体现义务教育的特性。我们要提炼的是义务教育阶段各门课程培育的核心素养，理所当然地必须遵循义务教育的根本规律并体现其根本特性。其一是基础性。义务教育是基础教育中的基础，义务教育要培育的是基础维度、基础层面的核心素养，义务教育阶段课程培育的核心素养应体现基础性、起始性，为高中阶段乃至终身发展打根基。其二是综合性。课程的综合性和跨学科性是义务教育课程改革的世界性走向，凝练义务教育阶段课程培育的核心素养必须体现这一特性，注重挖掘各门课程对培育学生综合素养应做出的贡献。其三是成长性。义务教育阶段的培养对象是快速成长中的儿童，为此要从成长的视角提炼和阐述课程培育的核心素养的内涵，使这些核心素养本身成为一个可以引领儿童持续成长的风向标，而不是一个凝固的评判标准。这三点是教育部义务教育阶段课程标准修订指导组的统一要求，也是课程标准修订组的共识。本次义务教育阶段课程标准修订所凝练出来的各门课程培育的核心素养都体现了这三条基本要求。

为此，本单元的教学设计关键有两点：一是如何创设学习情境，既能提高学生学习兴趣，同时作为整堂课的线索与载体，充分体现化学的“趣”，这样才能牢牢吸引学生的眼球；二是如何让学生的学习活动有化学深度思维和化学学科素养，充分体现化学的“理”。在此课题中就是从宏观现象到性质差别的归纳，从性质的差别到微观本质的挖掘，从酸和碱的构成粒子、酸性和碱性溶液的分散体系进行剖析，通过“宏微”的不断交织与互补，增强了学生对化学知识的理解与认知。“理趣”融合，既注重让学生积极创设自主学习的环境与氛围，突出学生主体地位，又能引导学生从生活中去挖掘，进而用化学观念去思考、去解决问题。从表层看，“理趣”意为含理且有趣；从深层次上讲，“理趣”是对身心发展规律、认知规律及教育规律的尊重和遵循，“理趣”路径则让学科素养的生成更为自由自觉、顺畅便捷。通过“理趣”两条线索的有机融合，化学课堂教学促进学生核心素养生成有了更好的渠道和意义。

第二部分　课时教学设计

第一课时

【教学方法】

创设情境导入课题，启发诱导学生提出问题、分析问题、解决问题；讲授与实验相结合、自主学习、合作学习、学生分组实验探究。

【教学用品】

白醋、稀盐酸、石灰水、氢氧化钠溶液、紫色石蕊溶液、无色酚酞溶液、酒精溶液、蒸馏水、紫甘蓝、胡萝卜、玫瑰花、黑枸杞等。

【教学过程】

课题引入：很多同学都吃过醋和皮蛋，有谁知道为什么醋吃起来是酸酸的味道，皮蛋吃起来时却有一股涩味？然后教师引导学生从文字构造的角度解释酸和碱的由来。

设计意图：引出课题，拉近化学与生活的距离。

教师板书：课题 1　常见的酸和碱

提出问题：以前做过的将二氧化碳通入紫色石蕊溶液中，使紫色石蕊溶液变红。现在有 1 支盛有紫色石蕊溶液的试管，你能帮老师变个魔术，在不使用其他任何化学试剂的条件下使它变红吗？

学生演示：向试管内吹气，溶液由紫色变为红色。

设计意图：从学生已有的知识经验入手，引导学生积极主动地投入到探究的活动中，启迪学生思维。

设疑过渡：那我就好奇了，究竟是什么物质使紫色石蕊溶液变红呢？实验室还有哪些物质能使石蕊变色呢？

学生活动：思考并交流讨论。

实验探究一：紫色石蕊溶液在不同溶液中的颜色变化。

方案设计：（1）在 4 支试管里分别滴加一定量的白醋、稀盐酸、石灰水、氢氧化钠溶液。

（2）再分别滴加2~3滴紫色石蕊溶液。

（3）观察颜色的变化并记录。

教师巡查并指导学生专注于实验操作，学生代表描述现象。

不同溶液	白醋	稀盐酸	石灰水	氢氧化钠溶液
加入紫色石蕊溶液后的颜色				

学生活动：认真听讲，熟悉操作方法，专心操作并做好现象记录。

设计意图：培养学生合作探究意识，规范实验操作意识，以及细心观察的能力。

问题思考：根据上面的实验现象，思考以下几个问题。

（1）这4种溶液可以分为几大类？

（2）紫色石蕊溶液有什么作用？

学生活动：实验结果得出紫色石蕊溶液遇酸性溶液变为红色，遇碱性溶液变为蓝色。

设计意图：（1）引出酸溶液和碱溶液；（2）引出酸碱指示剂的定义。

教师板书：酸碱指示剂

定义：像石蕊溶液这样能和酸或碱起作用而显示不同颜色的试剂。

问题思考：某同学配制溶液时粗心，忘贴标签，只知道一瓶是稀盐酸，一瓶是氢氧化钠溶液，于是他按照老师的方法，分别取少量溶液于试管中，向里面滴加2~3滴紫色石蕊溶液，结果一支试管中的液体变成红色，一支试管中的液体变成蓝色，问：哪一瓶是稀盐酸，哪一瓶是氢氧化钠溶液？

学生活动：思考并回答。（溶液变为红色的是稀盐酸，变为蓝色的是氢氧化钠溶液）

设疑过渡：实验室常用的酸碱指示剂除了紫色石蕊溶液以外，还有无色酚酞溶液，酚酞溶液在两种酸溶液和两种碱溶液中又会发生什么样的颜色变化呢？

实验探究二：酚酞溶液在不同溶液中的颜色变化。

方案设计：（1）在试管里分别滴加一定量的白醋、稀盐酸、石灰水、氢氧化钠溶液。

（2）再在试管里分别滴加 2～3 滴无色酚酞溶液。

（3）观察颜色的变化并记录。

不同溶液	白醋	稀盐酸	石灰水	氢氧化钠溶液
加入无色酚酞溶液后的颜色				

学生活动：实验并得出结论，无色酚酞溶液遇碱性溶液变成红色，遇酸性溶液不变色。

归纳总结：

不同溶液	食醋	稀盐酸	石灰水	氢氧化钠溶液
加入紫色石蕊溶液后的颜色	变红	变红	变蓝	变蓝
加入无色酚酞溶液后的颜色	不变色	不变色	变红	变红

设计意图：使学生初步学会用酸碱指示剂识别酸溶液、碱溶液；根据实验现象，正确、真实地填写实验报告。根据实验现象进行必要的讨论，然后分析、归纳得出正确的结论。

教师板书：变色规律

溶液	在酸溶液中	在碱溶液中
紫色石蕊溶液	变红	变蓝
无色酚酞溶液	不变色	变红

教师演示：播放指示剂的微观分子图片，并播放其他指示剂变色的视频，知道指示剂变色与溶液中的氢离子和氢氧根离子有关，分析指示剂变色的本质。

设计意图：帮助学生建立起宏观过渡到微观的思考模型，也为理解酸碱性的本质奠定基础。

引导发现：现在流行吃一些有色食品，比如紫甘蓝、胡萝卜等，当然还有大家熟悉的玫瑰花。这些物质中的色素能使刚才的酸和碱溶液发生什么样的颜色变化呢？

学生活动：思考，交流共享。

实验探究三：自制酸碱指示剂。

方案设计：（1）取几粒黑枸杞放入研钵中，向其中倒入酒精溶液后研磨。

（2）同组其他同学向点滴板中滴加：白醋、稀盐酸、石灰水、氢氧化钠溶液，用滴管吸取黑枸杞浸出液并分别滴入到上述 4 种溶液中。

（3）认真观察现象并记录。

不同溶液	白醋	稀盐酸	石灰水	氢氧化钠溶液
自制指示剂				

学生活动：学生分组自制紫甘蓝、胡萝卜汁和玫瑰花指示剂，并将汁液滴入上述 4 种溶液中，观察颜色变化。

教师设疑：上述三种汁液，哪种汁液最不适合做指示剂？

学生活动：学生根据实验结果回答。胡萝卜汁最不适合用来做指示剂，因为颜色变化不明显。

设计意图：培养学生观察实验和分析实验的能力。

反思评价：培养学生对知识的反思能力，及时构建知识体系。

第二课时

【教学用品】课件、生锈铁钉、稀盐酸、稀硫酸、氯化亚铁溶液、氯化铁溶液、氢氧化钙溶液、氢氧化钠溶液、点滴板、紫色石蕊溶液、酚酞溶液、胶头滴管、酒精灯、试管、试管架。

（一）自主先学

问题情境：吃年夜饭时，小明对餐桌上的两道菜感兴趣：加了醋的凉拌紫甘蓝变成了红色；蘸了醋的松花蛋不涩嘴了。这些是醋的哪些化学性质在生活中的应用？

设计意图：促进化学核心素养生活化表达，提升学习兴趣。

兴趣是最好的老师，要让学生从心里爱学化学，教师就不能让他们觉得化学始终高高在上，而应该接地气，让他们觉得化学就在生活里，就在身边。从“一顿年夜饭”引入（教学这一课时，差不多是过完年第二学期刚开学，学生有代入感）：餐桌上很平常的两道菜，加了醋的凉拌紫甘蓝变成了红色，蘸了醋的松花蛋不涩嘴。这一引入不仅起到承上的作用——上节课刚学习了用紫甘蓝来自制酸碱指示剂，还起到启下的效果——引出以醋酸为例的一系列酸的化学性质，包括酸能与酸碱指示剂作用这一点也从身边的物质简单得出，不仅由生活自然切换到化学学科，还大大激发了学生想要探究的欲望。

（二）合作学习

1. 小组交流

你能对餐桌上紫甘蓝的变色做出解释吗？

2. 小组实验

在白色点滴板上进行实验（书本 54 页，10－7），并观察记录。

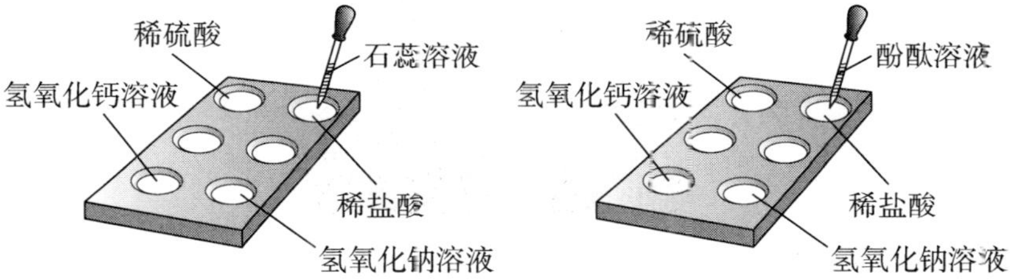

3. 小组合作设计

（1）不用其他试剂，如何使紫色石蕊溶液变红？

（2）结合浓盐酸的挥发性，利用酸碱指示剂，设计分子运动实验。

4. 小组展示

将设计的成果踊跃展示出来并讲解。

设计意图：凸显化学科学思维和合作学习方式的重要作用。

教学是为了“燃起学生心中那把火”，是让学生学会学习的“导火索”。学生的主体性与整个教学环节融为一体，到某个节点时自然而为，真正体现了学生的主体地位。“合作学习、踊跃展示”模块，设计了这样一个环节——小组合作设计。这两个合作设计不仅让学生对物质的性质有更深刻的理解，对浓盐酸的挥发性有更深的认识，还能充分调动学生的积极性，使全部学生都参与进来，最后将自己设计的成果用各种途径在全班踊跃展示，极大增强学生的自信，充分凸显学生的主体地位，并使得课堂气氛活跃起来。

（三）自主探究

问题情境：年夜饭过后，小明大扫除时，发现家里铁质小刀表面生了不少锈，于是他将生锈的小刀扔进了一大杯白醋里浸泡，发现锈渍逐渐溶解，溶液变黄色。这蕴含什么原理呢?

1. 自主探究实验

在盛有稀盐酸、稀硫酸的试管里分别放入一根生锈的铁钉（以实验事实说明生成什么物质）。

物质	现象	化学方程式
铁锈 + 稀盐酸		
铁锈 + 稀硫酸		

氯化铁溶液　氯化亚铁溶液

2. 自主探究总结

总结化学方程式的书写规律并练习。

物质	化学方程式
氧化铜 + 稀硫酸	
氧化钙 + 稀硝酸	
氧化镁 + 稀盐酸	

问题情境：一段时间后，小明发现小刀表面开始冒气泡，赶紧拿出并清洗。

3. 自主探究释疑

独立思考，引导学生根据已学知识解释此现象（同时写出化学方程式），并对生锈的铁钉如何正确处理提出建议。

设计意图：凸显实验的主体地位，以及科学探究与实践的重要性。

教材安排的是让学生直接回忆活泼金属与酸的反应，显得突兀。现在对教材设计进行了改动，根据事实现象自然回忆酸能与活泼金属反应这一化学性质。同时，这部分设计还安排了学生自己分析化学方程式中生成物的写法，探究生成物和反应物间的关系，结合实验所得溶液的颜色和教师提供的两瓶溶液颜色对比，自行得出后面复分解反应的写法，从宏观表征自然过渡到符号表征的学习。

（四）学会深度学习

透过现象看本质：尝试根据右图盐酸溶液中的离子种类，画出硫酸溶液中的离子种类，结合该微观图，深度思考为什么不同的酸化学性质相似？

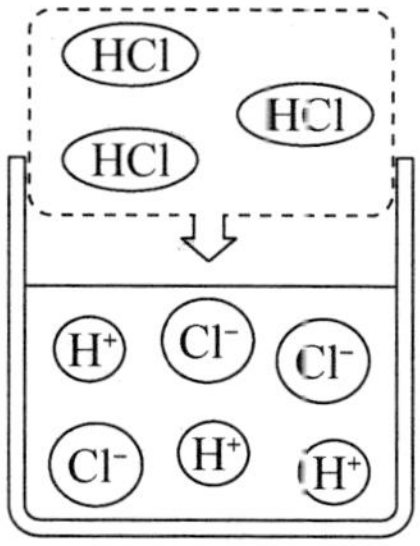

设计意图：凸显化学学科三重表征，培养分析思辨能力。

该设计体现了学生的深度学习能力。为什么醋酸、盐酸、硫酸化学性质相似？在书写金属氧化物和酸反应的方程式时，两种生成物是如何结合而成的？学生通过独立思考、深度学习，自己去发现实质和规律并适当练习，化学学科素养中的三重表征，从宏观表象到微观实质再到符号呈现自然就体现出来了。

（五）学会大胆质疑

问题情境：小明向生满水垢的水壶中倒入白醋浸泡，一段时间后水垢就能清洗掉了。

（1）大胆质疑：酸的化学性质除了书本这三种外，还有其他的化学性质吗？

（2）小组合作：尝试着结合水垢的成分（氢氧化镁、碳酸钙），分析水垢被清除原因，并尝试用化学方程式表示出盐酸除去水垢的原理。

（3）反思总结：你可以给有大理石桌面和地面的家庭打扫提出一些注意点。

设计意图：创设生活化的情境，培养解决实际问题能力。

该教学设计的主要环节，都是由生活情境作为线索贯穿始终。由一开始餐桌上的两道菜引发对酸的化学性质的探究，到白醋浸泡除小刀上的铁锈，再到白醋浸泡除水壶中的水垢，巧妙地将酸的五点化学性质串起来，形成一个整体知识块。设计的生活情境中，当学生发现白醋还能清除水垢，而水垢的成分是碳酸钙和氢氧化镁的时候，教师要引导学生通过思维导图的方式构建酸的化学性质。

（六）学会自主构建和完善

请同学们再次在初步思维导图上对酸的化学性质进行完善，并圈出本节课重难点。

（七）学会学以致用

请问“盐酸先生”走什么样的路线才不会被“吃掉”（即反应掉）呢？

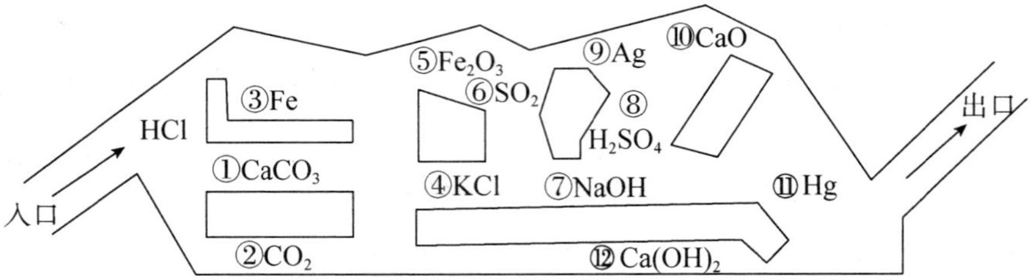

设计意图：作业设计安排的依然是情境作业，没有设计成单纯的填空或者知识点的罗列，考查学生学习这部分知识的灵活性和思考性，并且既巩固了本课酸的化学性质，又为下节课学习碱的化学性质做铺垫。

第三课时

【教学用品】氢氧化钠固体、20% 的氢氧化钠溶液、盐酸、硫酸、蒸馏水、紫色石蕊溶液、酚酞溶液、镊子、烧杯、胶头滴管。

【教学过程】

新课导入：创设情境，教师演示“变色喷泉”实验。把游戏引入课堂，寓教学于游戏中，激发学生探究问题和研究问题的热情。

引入课题：教师展示用氢氧化钠溶液制作的“叶脉书签”。

自主学习：氢氧化钠的俗称、性质、用途。

提出问题：氢氧化钠具有哪些重要的物理性质呢？

学生实验：（1）在试管中加入 5 mL 水，往水中加入几块氢氧化钠固体，观察现象。

（2）取一块氢氧化钠置于表面皿中，观察。在试管中溶解固体氢氧化钠并感知其温度变化。

设计意图：学生通过自主设计实验方案，提高设计实验方案的能力，体会合作与交流的乐趣，直观地认识到氢氧化钠固体溶于水时会放热。

提出问题：浓硫酸具有强烈的腐蚀性，那么氢氧化钠呢？

自主学习：（1）阅读教材 55 页，说说氢氧化钠有什么性质，为什么氢氧化钠又俗称苛性钠、火碱、烧碱？

（2）根据氢氧化钠的性质，你能提醒大家在使用氢氧化钠时要注意什么吗？不慎将碱液滴到皮肤上该怎么自我救助？

学生活动：学习、交流。氢氧化钠有强烈的腐蚀性，在使用时必须十分小心。

设计意图：进行化学药品的安全知识教育。

材料引入：（1）冬天园林工人用石灰浆将树干底部刷白。

（2）建筑工人用熟石灰与沙子混合来砌砖，用石灰浆粉刷墙壁。

（3）装石灰水的试剂瓶用久后瓶壁上有一层白色的膜。

提出问题：粉刷墙壁后为什么会变硬呢？联系生活实际，引出所讲物质。体现出生活中处处有化学，并学以致用。

提出问题：哪位同学能解释前面“变色喷泉”的奥秘？

学生活动：酚酞与氨水发生化学反应，使酚酞溶液变红。

创设问题：教师演示“鸡蛋掉下去了”的实验。

学生活动：观察现象，鸡蛋逐渐下移。

通过有趣的实验创设问题情境，激发学生解决问题的欲望。

提出问题：鸡蛋为什么会掉下去？请同学们就此问题进行交流。

教师点拨：回顾二氧化碳的检验方法及其化学方程式。

学生猜测：可能是氢氧化钠溶液与二氧化碳发生了化学反应：$2NaOH + CO_2 = Na_2CO_3 + H_2O$。

分析归纳：瓶内气体减少，压强变小，鸡蛋下移，实质是氢氧化钠溶液与二氧化碳发生化学反应。

学生活动：思考、交流，尝试写出反应的化学方程式：$2NaOH + CO_2 = Na_2CO_3 + H_2O$。

教师指导此类化学方程式的写法。学生形象记忆，突破难点，便于掌握。

创设情境：工厂烧含硫的煤会产生大量的 SO_2 气体，污染环境，一般可通过烧碱溶液吸收，为什么？

学生活动：讨论交流。SO_2 能与 NaOH 溶液反应，反应的化学方程式：$2NaOH + SO_2 = Na_2SO_3 + H_2O$。

设计意图：通过习题培养学生解决生活中具体问题的能力，同时进行保护环境的教育。

思考交流：（1）NaOH 应该如何保存，为什么？

（2）能否用 NaOH 来干燥 CO_2 和 SO_2 气体？为什么？

（3）还有哪些物质可以用作干燥剂？

学生活动：小组合作交流，踊跃展示。

（1）密封保存。因为 NaOH 易吸收空气中的水分而发生潮解，还会与空气中的 CO_2 反应而变质。

（2）不能。互相之间能发生反应。

（3）浓硫酸。

设计意图：引导学生把学到的知识转化为解决问题的理论，让学生感受化学，体验化学。

引导归纳：通过以上实验探究可知，碱有哪些相似的化学性质？

通过交流总结出碱的一些相似的化学性质：

（1）能使酸碱指示剂显示不同的颜色。

（2）能与某些非金属氧化物反应。

及时总结归纳有利于帮助学生构建完整的知识体系。

问题引入：（1）为什么金属能导电？

（2）酸和碱溶液为什么会导电呢？

学生活动：（1）存在自由移动的电子。

（2）溶液导电是因为溶液中有自由移动的离子。

结合其他学科知识，分析现象，提出问题。

提出问题：我们发现不同的酸有相似的化学性质，不同的碱也有一些相似的化学性质，为什么呢？

设计意图：学生讨论、交流、大胆猜测。创设问题情境，使知识的获取过程成为学生主动分析、解决问题的过程。

总结归纳：酸溶液中都有 H^+，它们的存在使酸有相似的化学性质。

学生思考：(1) 氢氧化钠和氢氧化钙溶液中含有什么相同的离子？

(2) 大胆预测：为什么碱有相似的化学性质？

学生展示：碱溶液中都含有 OH^-，它们的存在使碱有相似的化学性质。不同的碱溶液中都含有相同的 OH^-，所以不同的碱有一些相似的化学性质。

设计意图：帮助学生将可观察的宏观世界、粒子构成的微观世界和用来表示物质的化学符号有机地联系起来。

课堂小结：通过本次学习，同学们有什么收获？从知识、方法和应用等方面进行交流。

第四课时

【教学方法】

实验演示法、实验探究法、归纳总结法、观察法。

【教学过程】

课题导入：请大家观看某品牌胃药广告视频。

教师提问：为什么该胃药能治疗这种胃病？引导学生了解药品说明书。

学生活动：了解到胃酸的主要成分是盐酸，该胃药的主要成分是 $Al(OH)_3$。

设计意图：生活中熟悉的情境能激发学生主动探究的欲望。

教师提问：酸和碱之间是否会发生化学反应？如果发生化学反应，又会有什么特点？

探究实验一：设计探究方案。

提供药品：NaOH 溶液、$Ba(OH)_2$溶液、$Cu(OH)_2$、石灰水、稀盐酸、稀硫酸。

学生实验：小组进行实验探究设计，要求分别选择两组不同的酸和碱组合进行定性滴加反应。

学生展示：小组经过讨论得到以下设计：

（1） $Ba(OH)_2$ 溶液 + 稀硫酸；

（2） $Cu(OH)_2$ + 稀盐酸；

（3） NaOH 溶液 + 稀盐酸；

（4） 石灰水 + 稀硫酸。

以上四组互相滴加观察现象。

实验结果：学生进行实验操作，观察实验并如实填写表格。

序号	药品	现象	结论
1	$Ba(OH)_2$ 溶液 + 稀硫酸	产生白色沉淀	可以反应
2	$Cu(OH)_2$ + 稀盐酸	蓝色沉淀消失	可以反应
3	NaOH 溶液 + 稀盐酸	无现象	无法确定
4	石灰水 + 稀硫酸	无现象	无法确定

学生讨论：NaOH 溶液和稀盐酸，以及石灰水和稀硫酸反应无任何现象，则对结论的判断，可能存在两种观点：（1） 二者没有发生反应。（2） 二者发生反应，但没有现象。

讨论结果：80% 的同学都认为应该发生了反应，只是没有明显现象。

设计意图：运用实验，设置悬念，引发学生注意。

探究实验二：如何证明氢氧化钠和稀盐酸发生了反应？

教师引导：利用酚酞试溶液来判断反应是否进行。酸碱指示剂遇酸或碱会显示不同的颜色。

提供药品：NaOH 溶液、稀盐酸、无色酚酞溶液、紫色石蕊溶液。

学生讨论：方案一：向 NaOH 溶液中滴加酚酞溶液后变红，滴加稀盐酸，溶液变为无色。

方案二：向 NaOH 溶液中滴加紫色石蕊溶液后变蓝，滴加稀盐酸，溶液变为紫色。

最终学生选择方案一，方案二最终紫色显色不明显。

学生实验：在盛有氢氧化钠溶液的烧杯中，滴加 2 ~ 3 滴酚酞溶液，用胶头滴管吸取稀盐酸逐滴并用玻璃棒不断搅拌加入上述烧杯中。当溶液恰好由红色变为无色时停止滴加。

教师总结：结合学生实验分析，证明了酸和碱没有看到明显反应现象也是可以发生反应的。

探究实验三：盐酸与氢氧化钠反应，生成了什么？

演示实验：取上述实验所得的少量溶液于蒸发皿中，加热至蒸干，观察到什么现象？这说明了什么？

观察讨论：（1）白色固体是 NaOH 吗？

不是，一部分同学说因为溶液中有酚酞，如有 NaOH 应该是红色的。

（2）白色固体是 HCl 吗？

不是，大部分同学都说蒸干后，盐酸会挥发。

归纳分析：既不是 NaOH 也不是 HCl，那么必然有一种新的物质生成。

播放视频：播放盐酸和氢氧化钠反应实质的微观动态图。

分析讲解：中和反应实质是碱中氢氧根和酸中氢离子结合生成水的过程，即 $H^+ + OH^- = H_2O$。

反应的化学方程式为 $NaOH + HCl = NaCl + H_2O$。

设计意图：从现象到本质，探究中和反应的实质。

学生练习：模仿上述反应写出几种常见的酸和碱发生反应的化学方程式：

①$Ca(OH)_2 + 2HCl = CaCl_2 + 2H_2O$；

②$2NaOH + H_2SO_4 = Na_2SO_4 + 2H_2O$。

提示分析：请同学们观察几个化学方程式的反应物与生成物之间有什么共同点？

学生总结：几个反应都是酸和碱反应生成盐和水的过程。

某品牌胃药可以治疗胃病是因为胃酸中的盐酸和药中的氢氧化铝发生中和反应，即 $Al(OH)_3 + 3HCl = AlCl_3 + 3H_2O$。

总结反馈：学生自主构建本节课思维导图，并讨论交流中和反应在实际生活中的几个应用。

第三部分　教学设计解读

本单元的教学设计基于对2022年版课标的解读，突出体现在以下几点：

一、教学设计始终贯穿立德树人的理念

我国在新时代背景下，从坚持和发展中国特色社会主义的战略高度，做出了优先发展教育事业、加快教育现代化、建设教育强国的重大部署。《中国教育现代化2035》中提出，把发展优质均衡的义务教育作为2035年教育现代化发展主要目标之一。为此，教育部于2019年正式启动修订义务教育化学课程标准，2022年正式颁布修订后的义务教育化学课程标准，它与《普通高中化学课程标准（2017年版2020年修订）》一起形成了更加完整、更加科学、更加贴合中国国情的基础化学教育系统。在这样的化学课程标准系统下，我们国家新时代的基础化学教育将得到进一步高质量的发展。《义务教育化学课程标准（2022年版）》（以下简称新课标）从教育目标、教育内容和教学基本要求方面，都足以体现国家意志在“立德树人”中发挥着的关键作用。新课标突出了立德树人的地位，始终把立德树人作为教育的根本任务，从课程理念、课程目标、内容标准、课程实施、课程评价、情境素材建议、学习活动建议等多方面，体现化学学科价值的同时，处处彰显着化学课程的德育价值。

二、通过深度教学培养核心素养与化学探究能力

首先，培养化学科学探究能力是中国科学发展的需求，是立德树人、为党育人的重要表现，是为国家培养未来化学科学发展的专业人才的需求。世界科学的发展已经进入漫长的瓶颈期，人才的竞争力不再是谁掌握知识的多少，而是对未知世界的专业认知与探究能力的强弱。其次，化学科学探究是

人类探索化学奥秘的重要方法，也是学生学习化学的重要途径，是培养学生创新精神和实践能力的重要保证。创新思维是培养化学科学探究能力的重要思维方式，是化学教育的重要方向和意义所在。最后，化学科学探究能力的培养能促进化学核心素养的提升，通过加强化学探究能力教学，可以全面培养提出问题、猜想假设、设计方案、进行实践、收集证据、解释与结论、反思与评价、表达与交流等化学探究能力。在初中化学教学中加强培养化学探究能力，既能促进全民化学科学素养的提升，同时也能对化学专业人员核心素养的提升起到很好的促进作用。

三、提升化学学科素养

教学设计是从生活中来，探究的是学生身边的物质，又以情境贯穿始终，贴合学生的认知，很容易做到以学生自主学习为主，教师只需根据情境穿针引线。酸、碱、盐本就是一个纵横交织的整体，教材中很多地方都可以进行资源整合和重新排序，使得学习更有系统性、连贯性。为了让学生更能掌握酸的化学性质的应用，我在设计这一课时就做了相关改变。教材在这部分仅展示了酸的三点化学性质，即酸与酸碱指示剂作用、酸与活泼金属反应、酸与金属氧化物反应。教材中酸的另外两点化学性质是散落在后面中和反应和盐的部分，在人教版化学九年级上册第六单元“二氧化碳的实验室制取”中，已经出现了酸和盐类的反应，所以在进行这部分教学时，通过教材上下册前后知识的回顾与整合，将散落的这两部分串起，整合成了酸的完整五点化学性质，显得更为完整与系统化。串起的时候并不生硬，通过一个个情境，自然而然得出酸的五点性质。

教材中是先让学生回忆酸和金属的反应，然后安排酸和金属氧化物的反应。现在的设计安排是：先根据酸能清洗铁制品表面的铁锈，得出酸能和金属氧化物反应，但是浸泡时间不能过长，为什么？引导学生自然回忆出酸能和活泼金属反应，从而展开教学。将课前自主预学和课上合作学习结合，辅以实验。化学是一门以实验为基础的科学。氧化铁和盐酸反应的生成物是什么？实验结果是溶液呈黄色，教师展示的滴瓶中黄色的是氯化铁溶液，浅绿色的是氯化亚铁溶液，让实验事实告诉学生答案。最后巩固作业："盐酸先生走迷宫"，该题考查学生对酸的五点化学性质的应用。整个教学设计让学生自己学会学习，通过自主与合作探究获得化学专业知识，同时感悟到化学来源于生活，服务于生活，是具有实用价值的科学，从而提升化学学科核心素养。

体育

核心素养导向的体育课堂教学

——以人教版“跨栏跑”教学为例

江苏省南通田家炳中学　李　红

第一部分　课标要求及我们的教学建议

一、课标要求解读

《义务教育体育与健康课程标准（2022 年版）》［以下简称《课标（2022 年版）》］从基础知识与基本技能、技战术运用、体能、展示或比赛、规则与裁判方法、观赏与评价六个方面对本单元的课程内容进行了总体描述。指出要掌握基本动作和组合技术动作，积极参与班级内比赛并熟练运用运动技能，理解规则和裁判方法，参与比赛中的裁判工作，能对某场高水平的比赛做出分析与评价，学会制订并实施学练计划。

学业要求：掌握基本运动技术，在比赛中合理运用，具有在学练和比赛中解决问题的能力；在班级跨栏跑比赛中能主动克服困难，具有挑战自我的精神，能胜任不同的运动角色，遵守规则，在比赛中表现出充沛的体能；能描述跨栏项目的基本原理和文化，运用比赛规则与裁判方法，并能对某场高水平比赛做出分析和评价；表现出对运动项目的兴趣和信心，适应比赛环境的能力强，能克服压力，保持良好的心态；能简单处理运动中常见的运动损伤。

教学提示要求：应创设运动项目的比赛情境，指导学生运用结构化的知识与技能积极参加班级内的教学比赛，体验运动项目比赛的乐趣；培养学生积极向上、挑战自我的体育精神，以及遵守规则、公平竞争的体育道德；增进学生对所学运动项目历史文化、基本原理和作用的理解，提高学生的体育认知能力和体育文化素养；重视多种教学方式的综合运用；通过自主、合作、探究的学习方式，促进学生更多地进行体验和思考，培养学生的合作精神、探究能力和创新意识；创设和选择丰富多彩的内容与方法；培养学生勇敢顽强、知难而上、坚持到底的意志品质。

新课标的重要变化是对课程提出了定性和定量的学业质量标准，这是过去的体育课标没有的。本单元的学业质量要求：能掌握完整技术动作，并在比赛中合理运用；能独自组织与开展体能练习；在参与的比赛中克服困难，挑战自我，做到遵守规则、尊重裁判、尊重对手；能解释安全知识，处理学习中易发生的安全问题；表现出抗挫能力和良好的心态；能对某场高水平的比赛做出分析与评价；每周进行 3 次课外体育锻炼。

二、单元教学建议

课标中的“内容要求”明确了“学什么”，对学生要学习什么内容做出了明确规定；“学业要求”指向“学得怎样”，即教和学的目标，学生通过学习要达到的结果；“教学提示”强化了“怎么学”的具体指导，学生必须经历哪些基本的、个性化的活动。基于《课标（2022 年版）》的要求提出本单元教学建议。

（一）围绕核心素养，开展教学设计

《课标（2022 年版）》强调核心素养导向。体育课程内容以细化的课程目标，来达到核心素养的教育目的。体育学科的核心素养包括：运动能力、健康行为和体育品德。这三个方面要始终贯穿于学习目标、教学内容、教学实施、学习评价、作业设计等环节。在单元教学设计过程中，教师应转变理念，从核心素养出发，注重知识的运用，注重情感的体验，注重体育品德的养成。

学习目标的设定不仅包括条件（教学情境），还包括活动（进行了哪些教学过程）和结果（达到什么样的效果），聚焦情感、态度与价值观。强调教学内容结构化，除了让学生掌握摆动腿、起跨腿的单个动作技术，还引导学生将完整的跨栏跑技术运用到教学游戏与比赛中，积极主动地进行挑战与自我展示，感受成功的喜悦。教师不断创新教学手段与方法，调动学生的学习热情，丰富学生获取跨栏跑知识的途径和方法，让学生在轻松、真实的情境中了解跨栏跑运动的安全防护知识，掌握跨栏跑的基本技术要领，并在形式多样的游戏和比赛中运用、巩固和提高。教师抓住学练过程关键环节中学生表现出来的勇敢顽强、挑战自我、团结合作以及遵守规则的品质及时进行评价；在开展体能练习时，注重培养学生独立组织与开展体能练习的能力，引导学生制订和实施锻炼计划，养成终身锻炼的习惯；学业质量的描述中也应侧重核心素养，让核心素养转化为学生的能力、品格和价值观。

（二）凸显内在联系，落实结构化教学

《课标（2022 年版）》强调“注重采用结构化的知识与技能教学，加强学生对所学运动项目的完整体验和理解”。要保证学生学习和掌握结构化的专项运动技能，离不开结构化的学习内容这个载体。教师在进行单元教学设计时，不能只关注某个技术的动作程序、某个战术的呈现方式、某个知识的概念要点等运动项目自身固有的知识与技能体系层面的教学内容，而是要转向关注不同的学生学习某项完整的运动项目、深度认知与理解运动、技能战术实战运用、专项知识实践运用等方面的学习行为表现。在单元学习主题的引领下，教师要将学习内容进行横向关联和逐方面细化，使其形成一个互相交织与互相融合的完整的学习内容。

本单元以跨栏跑的整体技术结构为主线，从起跨腿、跨栏坐、摆动腿动作技术的学习到快速跑中连续跨越 3 ~4 个低栏技术环节，系统地、连贯地、有层次地、结构化地实施教学，不过分追求完整技术熟练掌握后才过渡到连续跨栏练习，而是让学生在基本掌握起跨腿和摆动腿的技术要领后就尝试连续跨越降低要求的 3 ~4 个栏架，建立跨栏跑的完整动作体验，积极参加班级内的跨栏跑小组展示和比赛，理解并能有效运用比赛规则。通过反复练习，学生跨栏跑的技术水平和运用能力能够得到提高。

（三）注重情境教学，强化学科实践

如何通过本单元的教学来帮助学生克服恐惧、调控情绪、合作交流？不是教师告诉学生在学习、竞赛中要如何调控情绪和沟通交流，而是要让学生在各种复杂情境的学习、竞赛中去体会、感悟。有时候反面教材、消极或失败的案例对学生的成长更有帮助。本单元教学，教师可以尝试整合不同学科的知识，创设真实、复杂、多变的教学情境。针对问题解决和能力发展，教师可以创设充满情趣的“问题情境”，即将学生在学习、体验和运用运动技能过程中可能会出现的问题形成“问题链”，教师采取提问的形式，引导学生思考、探究、解决问题；还可以设置充满魅力的“比赛情境”，即教师在关注个体差异的理念下，简化规则，降低难度，分层分组地设计挑战赛、达级赛及展示赛，鼓励每一位学生都能将所学的知识运用到比赛中；体育技能学习的最终目的是将技能运用于生活，教师要挖掘生活情境资源，巧妙设计问题和场景，演绎“生活情境”，将枯燥的跨栏跑教学融入生活中，调动学生学习的热情。当然，情境的运用并不是虚化基本技能，而是将基本技能放在情境中扎实学习，并通过反复练习，提高体育课堂的运动强度和练习密度，学生在情境中掌握技术，发展体能。

第二部分　课时教学设计

一、学习目标

（一）教材分析

跨栏跑是在快速奔跑中连续跨越一定障碍物的项目，具有明显的技术难度，对学生身体协调性、柔韧性、速度、力量以及节奏感等方面素质的要求较高。由于学生在学习过程中会害怕摔倒受伤等，心理上都会产生消极和恐惧的情绪。初中的跨栏跑教学建立在障碍跑的基础上，教学内容安排在九年级，不仅能提高学生的跨越能力、奔跑能力以及综合身体素质，还能培养学生积极进取、勇敢顽强、团队合作、遵守规则、诚信自律、不畏困难和勇于

挑战的优良品质。

（二）学情分析

九年级下学期是九年义务教育的最后半年，学生能够独立思考，有自主判断能力，同时也掌握了一定的运动技能。教师在教学中应积极创设应用情境，选择丰富多彩的手段与方法，调动学生学习的积极性和主动性。另外，由于学生之间，特别是男女生之间身体素质差距拉大，我们在设置教学内容和进行跨栏跑教学实践时，要更加注意个体之间的差异，因材施教。教师可以通过设置多重难度的教学任务，让学生根据自己的能力来自由选择，帮助学生克服心理恐惧。

（三）学习目标

根据《课标（2022 年版）》要求，用体育核心素养来表述学习目标，我们将《体育与健康（九年级全一册）》“跨栏跑”第 1 课时目标设置如下：

（1）运动能力：演绎“牧羊人跨越羊圈栅栏”生活情境，通过起跨腿、摆动腿及完整过栏动作技术的学习，熟练地将跨栏跑完整技术运用到 3 ~4 个低栏连续跨越的练习、展示与比赛中，具备跨栏跑比赛的基本运动能力。

（2）健康行为：在跨栏跑比赛中能够享受运动乐趣，课后主动参与跨越障碍的运动，形成坚持体育锻炼的习惯。比赛中遵守规则，懂得场地器材环境及安全知识，能简单处理跨栏跑运动中常见的运动损伤，逐渐形成积极的运动态度。

（3）体育品德：在器材改造、降低规则及要求的跨栏跑练习、展示和比赛中，保持稳定的情绪，克服恐惧心理，表现出挑战自我、正确对待输赢、团队合作与负责任的体育品质。

二、核心内容

（一）教学重点

（1）摆动腿、起跨腿及完整过栏的技术动作。

（2）3 ~4 个低栏连续跨越的练习、展示与比赛。

（二）教学难点

（1）摆动腿与起跨腿的协调配合。

（2）参与不同形式的小组和班级比赛，挑战不同高度的栏架，在比赛中正确展示跨栏跑的动作技术，理解与运用裁判规则。

三、教学任务

根据《课标（2022 年版）》教学建议，本课教学设置了三个教学任务来引领学习活动：

任务一：安全宣讲团成员招募（5 分钟）。设置情境：江苏省少年儿童体校要为他们的宣讲团招募一批初中生作为安全宣讲志愿者，向即将进入跨栏专业训练队的小运动员们讲解跨栏跑运动的安全防护知识。请你搜集资料，参加招聘，并对竞聘人员的讲解进行简要评价。

任务二：牧羊人跨越羊圈栅栏。设置情境：一个牧场里有一群牧童，经常要越过一个个羊圈，追赶逃跑的绵羊。牧场主准备举办一场跨越羊圈栅栏的比赛，以小组为单位，每位选手要连续跨越 4 个栏架，获胜队可以获得一周的休息奖励。请你按照展板上的基本动作要领，组织你所在的小组成员进行合作、探究学习，成功跨越羊圈栅栏，并在比赛中取得优异成绩。

任务三：翻过人生中的障碍。设置情境：生命是一场跨栏比赛，障碍就是你要跨越的一个个栏架，请你跨越跑道上的栏架，翻过人生中的障碍。通过多种形式的练习，挑战不同高度的比赛，正确掌握与运用裁判规则。积极与同伴交流合作，情绪稳定，遵守规则，正确对待胜负。

四、教学准备

栏架 20 个、辅助器材——自制边带 40 个（器材改造）、平板电脑 20 台。

五、教学流程

（一）激趣导入

情境设置：安全宣讲团成员招募（5 分钟）。江苏省少年儿童体校要为他们的宣讲团招募一批初中生作为安全宣讲志愿者，向即将进入跨栏专业训练队的小运动员们讲解跨栏跑的安全防护知识。请你搜集资料，参加招聘，并对竞聘人员的讲解进行简要评价。

【评价与反馈】

评价内容	要求	自我评价	同学评价	教师评价
内容设计	内容全面 重点突出 层次分明			
仪态语言	端庄得体 朝气蓬勃 语言流畅			
综合评定				

评价等级：优秀、良好、合格。

设计意图：在课程开始时，教师创设探究式情境，组织引导性活动。学生通过教师讲授及相互讨论、网上搜集相关资料，认真学习跨栏跑运动安全防护知识，保持高度的安全意识，增加学生对体育健康知识的认知。教师通过量化评价环节，提高学生参与比赛的热情和兴趣，活跃课堂氛围，提高学生的探究能力，增强自我展示的勇气。

（二）增知促技

情境设置：牧羊人跨越羊圈栅栏。在一个牧场里有一群牧童，他们经常要越过一个个羊圈，追赶逃跑的绵羊。牧场主举办了一场连续跨越 4 个羊圈栅栏的比赛，以小组为单位，获胜者可以获得一周的休息奖励。请你按照展板上的基本动作要领，组织你所在的小组成员进行合作、探究学习，成功跨越羊圈栅栏，并在比赛中取得优异成绩。

【评价与反馈】

评价要点	自评	组评	师评
动作技能的运用情况			
主动参与学练的态度			
对待成功与失败的表现			
遵守规则和参与比赛过程			
同学间交流与合作的情况			

评价等级：优秀、良好、合格。

1. 专项热身操

（1）摆臂练习；（2）垫步高抬腿；（3）行进间垫步高抬腿；（4）膝关节高抬扒地；（5）行进间膝关节高抬扒地。

设计意图：围绕教学内容的重难点，设计有针对性的准备活动，内容层层递进，垫步高抬腿→行进间垫步高抬腿→膝关节高抬扒地→行进间膝关节高抬扒地，动作的基本结构与主教材内容基本相似，既激发“牧童”已有认知，又与主教材跨栏跑的学习做好无缝衔接。学生在学习跨栏跑基本动作的同时，把技术直接应用于生活，改变了枯燥无味单纯的学习技能模式，活学活用，感受到技术动作的重要性。本节课将专项准备活动内容置于展板上，“牧童”们以小组为单位练习，在交流中思考，情绪得到充分调动。

2. 摆动腿练习

在进行完整示范后，教师开始提出问题：“同学们，刚刚准备活动中的动作与跨栏跑中哪一条腿的动作是一样的？”引导“牧童”将摆动腿的动作要领总结为三个字：抬、伸、压。摆动腿的膝关节在栏前高抬，过栏时小腿前伸，积极下压。教师演示自制器材——边带的使用，同时强调在练习过程中要注意安全防护，不能跨反栏，教师提示“牧童”安全意识要贯穿于整节课。“牧童”在教师的带领下两人一组进行摆动腿动作的学练。

（1）尝试练习，确定摆动腿。引导学生合作探究，利用边带，两人一组，一左一右，左右腿反复尝试抬、伸、压的动作，最终确定跨栏跑中的摆动腿。

（2）原地摆动腿边带练习。两人一组，一左一右，与同伴循环进行练习。

（3）跑动中摆动腿过边带练习。两人一组，前后站立，依次进行练习。

设计意图：“问题导向”的情境教学设计，由准备活动直接无缝对接到摆动腿的学练，提升了“牧童”对动作的学习与理解。教师通过器材改造，在栏架的两侧绑上了可调节高度和方向的软式边带，引导“牧童”由易到难进行练习，帮助“牧童”克服恐惧心理，调动“牧童”的积极性，刺激“牧童”挑战的欲望。原地摆动腿练习时，“牧童”两人一组，一左一右，循环练习，增加了练习密度与运动强度。

3. 跨栏坐练习

跨栏坐练习是指坐在地上模仿过栏时的腿部和手臂动作，初步建立过栏时手、腿配合的技术概念。教师讲解跨栏坐的动作要领以及在跨栏跑完整技术中的作用。“牧童”们在教师的口令引导下集体进行跨栏坐练习，教师检查动作的正确性。

设计意图：教师通过讲解，示范完整动作，帮助学生建立正确的动作表象，建立起跨腿过栏架时的空中概念，同时，充分拉伸腿部韧带，为起跨腿技术的学习做准备。

4. 起跨腿练习

跨栏坐练习完成后，教师再一次示范完整的跨栏跑，并提出问题：“跨栏跑完整动作由起跨腿技术和摆动腿技术组成，刚刚已经学了摆动腿的技术动作，那起跨腿的技术动作是什么呢?”让“牧童”带着问题观察、思考。

（1）原地起跨腿练习。两人一组，合作练习，练习的过程中注意起跨腿蹬地，大小腿外展，膝关节高于踝关节，脚尖上钩，膝关节带动前拉。

（2）行进间起跨腿边栏练习。摆动腿过边带，起跨腿过栏架，两人一组，依次进行练习，在走步中模仿两腿的过栏技术。

（3）跑动中起跨腿边栏练习。摆动腿过边带，起跨腿过栏架，两人一组，依次进行练习。

设计意图：设计小组合作学习情境，采用“自主、合作、探究”的学习方式，围绕起跨腿大小腿的角度、脚尖的方向以及起跨的高度等教学重点设置问题与探索解决的方法，促进学生掌握起跨腿的基本动作要领。教师将合作、竞争、挫折、成功、沟通等能力融入教学活动中，培养学生的社会交往能力。

5. 完整过栏技术练习

（1）三栏练习。尝试连续跨过 3 个低栏架，摆动腿过边带，起跨腿过栏架，依次进行练习。

（2）四栏练习。解决跳栏问题，纠正摆动腿弯曲、上体下压不积极的现象。

设计意图：教师结合“牧童”学习情况，鼓励“牧童”连续跨越 3 ~ 4 个低栏，练习过程中通过正确动作和错误动作的对比，引导“牧童”分析跳栏产生的原因，采用回忆、交流的方式，反复练习摆动腿抬、伸、压的动作，纠正摆动腿弯曲、上体下压不积极的现象，克服教学难点。教师对“牧童”的技术掌握与情意表现，连续跨越3～4个低栏架过程中表现出的勇敢顽强、挑战自我以及遵守规则的精神及时给予评价。

（三）拓展延伸

情境设置：翻过人生中的障碍。生命是一场跨越比赛，障碍就是你要跨越的一个个栏架，请你跨越跑道上的栏架，翻过人生中的障碍。通过参与多种形式的练习，挑战不同高度的比赛，正确掌握与运用裁判规则，积极与同伴交流合作，情绪稳定，遵守规则，正确对待胜负。

巩固提高：分层次挑战练习及比赛，运用独立学练、小组合作、班级比赛等多种教学组织形式。设置奖励制度，增强学练热情和竞争意识。巧用边带，将场地分成有边带低栏架、无边带低栏架、有边带正常栏架、无边带正常栏架四个场地。学生根据自身运动能力，自选不同难度级别的栏架进行练习，通过多次重复练习巩固跨栏跑技术，并在比赛中合理运用礼仪、规则等。

设计意图：教师预设挑战和比赛情境，讲解注意事项、挑战方式及比赛规则，指导学生运用完整的跨栏跑技术参加挑战和比赛，加深对跨栏跑运动项目的理解，实现体育品德的培育。教学过程中，教师要面向全体，尊重差异，采用分层学练的方法，激励学生逐步提高。展示和比赛中要积极引导学生相互鼓励，相互加油，发挥最佳状态。学生在丰富多彩的挑战和比赛中不断巩固完整技术动作，体验跨栏跑的乐趣。

（四）体能练习

情境设置：教师提出问题：“同学们在刚刚学练过程中锻炼到了哪些肌肉？身体还有哪些部分没有锻炼到？”组织比赛，两人一组，俯卧直臂支撑姿势猜拳，输的同学做俯卧撑一次，然后继续猜拳比赛，时间2分钟，最终猜拳赢的次数多者获胜。

设计意图：教师设计问题和游戏情境，引导学生了解体能的训练方法，掌握健康的锻炼知识，并引导学生课后尝试制订出一份科学合理的运动计划。游戏情境的设置，使学生在充满思考与启发性的氛围中发展上肢力量，享受运动乐趣。

（五）愉悦身心

教师组织学生自由地坐在草地上，带领学生回顾总结本节课学习的动作要领和情感体验。学生在舒缓的音乐中进行拉伸肩关节、腰、腿部的放松练习。

设计意图：在轻松的音乐旋律中，教师指导学生进行自我评价，组内互评，总结本节课动作技能的掌握情况，激励学生，使他们懂得克服困难、相信自己、欣赏他人。引导同学们将勇于挑战、互相合作、积极进取等品质迁移到日常生活中。

六、作业设计

本课的最后环节教师会采用提问的方式，引导学生思考："跨栏跑主要锻炼身体的哪些肌肉？你还知道哪些锻炼方法？"指导学生课后为自己制订一份科学合理的一周体能运动套餐，并在实践中检验运动套餐的合理性，培养课外体育锻炼的习惯。

附件：课外体育作业登记表（周）

时间	类型	作业内容选择	练习次（组）数	自我评价	督促人评价
星期一	必选	1. 学习制订体能锻炼计划并实施； 2. 纵跳摸高、抱膝跳	1. 制订计划，并实施； 2. 分别完成 2 ~ 3 组，每组练习 15 次		
星期二	必选	观看体育比赛；搜集、学习关于跨栏跑运动中运动损伤的知识；帮父母干活或做家务	任选一种完成 20 分钟以上练习		
星期三	必选	1. 复习起跨腿、摆动腿动作要领； 2. 双手快速推墙、蛙跳	1. 复习 3 ~ 5 次； 2. 分别完成 2 ~ 4 组，每组练习 15 次		
星期四	必选	观看跨栏跑比赛视频，感受中国跨栏运动员的精神并且写观后感（结合自己的生活）	完成一次		

续表

时间	类型	作业内容选择	练习次（组）数	自我评价	督促人评价
星期五	必选	参加义工志愿者活动；参加球类、马拉松等社会举办的体育比赛；参加俱乐部运动	任选一种，周末完成20分钟以上练习		
评价					
建议					
教师					

合格：能按要求完成规定的作业。

良好：基本按规范、标准动作完成作业。

优秀：较好地按规范、标准动作完成作业。

七、课堂评价

（一）聚焦核心素养

本课以核心素养为导向，在学习目标、教学内容、教学手段、学习评价和课后作业的设计部分，进行了具体的描述。把核心素养的培育落实在具体教学活动的每一个环节，使核心素养鲜明化、具体化，逐渐转化成为学生必备的能力、品格和价值观。

（二）落实“教会、勤练、常赛”

体育学科核心素养最终落实须借助课堂教学活动来实现。根据《课标（2022年版）》运动负荷的要求，本课通过设置教学任务，创设多种复杂的运动情境，让学生在跨栏跑挑战、展示和比赛等真实、复杂的运动情境中获得丰富的运动体验与认知。由于跨栏跑技术内容单调，难度较大，在基本部分的教学中教师设定了一个“牧羊人跨越羊圈栅栏”的生活情境，将枯燥的起跨腿、摆动腿动作要领的学习放在情境中。器材改造消除了学生的恐惧心理，软式边带的设计降低了跨栏跑学习的难度，学生可以按照自己的运动能力调整边带的高度，同时有效解决了本课的重难点。勤练是技能掌握的重要条件，本节课教师通过增加练习次数和练习密度，来提高学生的运动负荷。常赛是技能运用和品德培养的有效载体，课堂中教师以比赛为手段来创设“翻过人生中的障碍”学练情境，使学生在竞赛氛围和竞赛规则的激励与约束下，提高技能和情感体验，养成良好的体育品德。

（三）关注学生个体差异

青春发育期开始以后，学生出现自我认知、运动任务价值和运动参与度上的显著差异，这种差异不仅体现在体能和技能上，还体现在因性别差异导致的个性心理特征上。本课在进行教学设计时，充分关注个体差异，选用有针对性和个性化的教学手段，如在主体和拓展提升环节，面向全体学生，采用分层教学的方法，引导学生按照运动能力跨越有边带和无边带的不同高度的栏架，使每一位学生都能参与到活动中，提高学生的学习成就感。

（四）科学设置运动负荷

新课标对体育课的运动负荷标准进行了界定，提出要“科学设置运动负荷”，因此必须要加大体育课的练习密度。本节课通过不同数量、时间、形式、场景的各种挑战赛，激发学生的学练热情，帮助学生在丰富多彩的“学、练、赛”环境中体验运动的乐趣。本节课还设置了 8 分钟左右的补偿性体能练习，班级学生的平均心率在每分钟 140 次左右，达到了新课标中高运动强度的要求。

第三部分　教学设计解读

学者冯杰强调教学设计由三个方面组成，即“我要去哪里”“我如何去那里”“我怎么判断已到达了那里”。这三个方面清晰地回答了教学设计中关于设定学习目标、选择教学内容、制订教学活动任务以及运用教学评价等问题。现将本教学设计简要解读如下：

一、学习目标的设定

新课标指出要将核心素养的培养贯穿在学习目标、教学内容、教学方法、学习评价等环节中。学习目标是课堂教学设计的关键环节，教师应注重学习目标的可观察性与表现性，在不同层次的学习目标制定上要包括条件、行为与表现、结果三个部分，使学习目标明确，具体可操作。在设定学习目标时，教师既要关注学生体能发展与运动技能学练的外在表现和效果，也要关注学生在跨栏跑学练过程中的态度和价值观。

本课从运动能力、健康行为、体育品德三个方面进行了设定：

（1）运动能力：演绎“牧羊人跨越羊圈栅栏”生活情境，通过对起跨腿、摆动腿及完整过栏动作技术的学习，熟练地将跨栏跑完整技术运用到3～4个低栏连续跨越的练习、展示与比赛中，具备跨栏跑比赛的基本运动能力。

（2）健康行为：在跨栏跑比赛中能够享受运动乐趣，课后主动参与跨越障碍的运动，养成坚持体育锻炼的习惯。比赛中遵守规则，懂得场地器材环境及安全知识，能简单处理跨栏跑运动中常见的运动损伤，逐渐形成积极的运动态度。

（3）体育品德：在器材改造、降低规则及要求的跨栏跑练习、展示和比赛中，保持稳定的情绪，克服恐惧心理，表现出挑战自我、正确对待输赢、团队合作与负责任的优良品质。

二、教学内容的选编

新课标强调“注重采用结构化知识与技能教学，加强学生对所学运动项目的完整体验和理解”。教师要从核心素养的目标出发，重组、整合、选择结构化的教学内容，摒弃单个知识点和技能的教学，使学生能将完整技术动作运用到比赛和生活中，提高分析问题和解决问题的能力。

本课通过丰富的情境呈现教学内容，组织安全宣讲团成员招募情境，让学生在真实的比赛中了解、学习、掌握跨栏跑运动安全防护知识，减少整堂课的安全隐患；设计专项准备活动，采用探究式学习的方式，突出准备活动和主教材的无缝对接；利用情境“牧羊人跨越羊圈栅栏”让学生掌握起跨腿、摆动腿技术动作，将跨栏跑整体技术环节连贯起来；最后采用师生对抗比赛和“翻过人生中的障碍”比赛情境，通过分层教学，让学生在比赛、游戏中巩固跨栏跑的完整动作，使学生在“玩中学、学中练”。

三、教学方法的创新

本课积极创设运动情境，探索启发式、问题式、探究式等教学方式。开始部分的安全宣讲团成员招募，使学生身处真实的情境，引导学生了解并掌握安全知识，在讨论评价中得到启迪，建立正确的价值观，逐步强化体育学习能力，增强理论知识水平。主教材部分的“牧羊人跨越羊圈栅栏”，使学生在真实的情境中掌握基本技术动作，并将完整技术动作运用到挑战和比赛中。在体能练习部分，采用游戏教学法，使学生快速进入学习状态，以此来提高学生的运动能力。

本课的一大教学亮点是教具新颖，在栏架两侧增加两条软式边带，可以自由调节它们的高度和方向。边带是用地毯自制而成的，简单实用，而且能很好地为本节课的内容服务。学生通过这样一条小小的边带，从原地基本技术动作的学习到行进间摆动腿过边带，起跨腿过栏架，最后过渡到可以尝试 3 ~4 个低栏的练习，由易到难，克服恐惧心理，体验成功的乐趣。

四、学习评价的运用

依据《课标（2022 年版）》，评价不仅要关注学生学习的结果，还要关注学生学习的过程，体现“教、学、评”全过程一体化的教学思想，体育课堂学习评价应紧扣学业质量，从运动能力、健康行为以及体育品德三个方面来评价学生技能掌握的情况。本节课教师将评价贯穿于学生学练的全过程，多种评价方式综合运用，关注典型行为表现，积极探索增值评价，推进发展性评价，有效评价学生核心素养的提升过程。

本课设定了发展性评价的评分标准，其中包括学生的体育态度、体育知识、运动技能、运动参与和比赛参与等，尤其加大了参与课堂比赛的评分占比，用以评价学生在跨栏跑安全知识、基本技能的掌握和运用以及在比赛过程中表现出来的克服恐惧、勇于挑战、遵守规则等方面的情况。另外，本课充分发挥评价的“矫正”作用，在重点解决环节，针对学生“跳栏”现象，教师在学生自评和互评的基础上，采用共性问题集中纠错，个别问题专项化解的方式，有效解决本课重点问题。

音乐

素养语境下的初中音乐欣赏教学探索与实践

——以江苏凤凰少年儿童出版社七年级（下）《丰收锣鼓》为例

江苏省南通市通州区教师发展中心　李平娟
江苏省南通市通州区金郊初中　邢雪梅

第一部分　单元教学内容简析及建议

江苏凤凰少年儿童出版社出版的义务教育阶段七年级教材（下册）中的第五单元——“弦管和鸣”为课本主题教学单元，共有《彩云追月》《中国功夫》《春天来了》《丰收锣鼓》等教学内容，其中《春天来了》《丰收锣鼓》为器乐作品。

【表现与实践】

本单元学唱两首具有鲜明中国气派的歌曲——《彩云追月》和《中国功夫》，这是适合学生学习、分析的范例。《彩云追月》是1935年我国作曲家任光创作的一首民族器乐合奏曲，乐曲因抒情优美的旋律、清新淡雅的风格、形象地描绘浩瀚夜空的迷人景色而深受人们喜爱。本单元所学《彩云追月》为傅林填词后的作品，歌曲为宫调式，二部曲式，富有民族特色的旋律十分动人，描绘了迷人的夜色。根据乐曲的节奏特点，范唱伴奏配置了探戈舞曲的节奏音型；编配的低声部旋律性较强，形象地塑造了彩云追月的意境。

歌曲《中国功夫》是一首颂扬中国武术的成功作品，既有历史感，又有时代感，表达了一种民族自强的精气神，由歌手屠洪刚演唱。歌曲为七声羽调式，ABA的单三部曲式。旋律采用了戏曲唢呐曲牌的素材。第一乐段有四个乐句，表现出中国武术的雄姿。第二乐段的乐句巧妙地浓缩重复了第一乐段，两段的音乐材料完全相同，易唱易记，却有着强烈的对比作用。第二乐段还创造性地运用了富有节奏感的说唱，既表现出武术魂的威力，又具有鲜明的时代色彩。第三乐段是第一乐段的再现。

【感受与欣赏】

民乐三重奏《春天来了》由雷雨声编曲，主题旋律取材于福建民歌《采茶灯》，全曲欢快喜悦，一派明媚春光。此曲在1957年第六届世界青年与学生和平友谊联欢节器乐竞赛中获金质奖章。欣赏此曲过程中重点推出高胡、扬琴和筝三件乐器，让学生接触重奏的形式，了解拉弦乐器与弹拨乐器的成功配合，了解其所展现出清新的中国民族风格，所传递的喜悦的情感和所描绘的明媚的春色。

《丰收锣鼓》是表现人们喜庆丰收的民乐合奏曲，由作曲家彭修文、蔡惠泉创作于1972年。乐曲为宫调式，分四个部分，借鉴了我国民间吹打乐鼓点和旋法，充分发挥民族打击乐的表现力，淋漓尽致地展现了中国打击乐器的风采，具有鲜明的民族风格和强烈的时代气息，展现了人们欢庆丰收的热烈场面。

第一部分：在雄壮嘹亮的引子之后，乐曲展现了一幅热情欢欣、你追我赶的劳动场面，旋律跳荡、节奏明快、情绪热烈，尤其是最后的锣鼓段，以浙江吹打中音色丰富的十面锣为主奏乐器，情绪更为欢腾、高涨。

第二部分：以吹管乐器富有号召性的音调开始，弦乐组和笛子先后奏出歌唱性旋律，表现了人们内心的喜悦，然后以笛子与弹拨乐器欢快的节奏和跳跃的旋律抒发了人们在劳动时的欢快心情。

第三部分：再现了第一部分的旋律后，用笛子明亮的音色和散板旋律，展现出优美如画的田园景色，云锣的琶音旋律，犹如阳光下的水面粼波。

第四部分：全曲的高潮部分，表现欢庆丰收的场面，一开始用潮州大锣鼓奏出气势磅礴的音响。在变化再现了第一部分旋律后，又用打击乐表现了紧张、急速、激烈的场面，构成第三段的锣鼓，乐曲在快速强烈的全奏中结束。

《丰收锣鼓》采用浙东“十面锣”形式，吸收了“苏南十番锣鼓”“潮州锣鼓”的特点，使用了由25面大小锣组成的大云锣，新组的13面锣，5个大小不同、有固定音高的排鼓，还有大锣、风锣、包包锣、大镲、梆子、大鼓、定音鼓等打击乐器，表现力极为丰富。

【单元课标学业要求】

“听赏与评述是重要的音乐学习任务，是培育学生审美感知和文化理解素养的有效途径，对学生丰富情感体验和审美体验、积累欣赏音乐的经验、理解音乐相关文化、提高审美情趣具有重要作用。”演唱是音乐课程的重要内容，也是学生易于接受并乐于参与的学习形式，有着激发音乐兴趣、发展核心素养、愉悦身心、陶冶情操等多方面的重要功能。本单元“以艺术实践为基础，以学习任务为抓手，有机整合学习内容，构建一体化的内容体系”，通过“欣赏”“表现”“创造”“联系”四类音乐教育教学实践，养成倾听音乐的良好习惯，进一步掌握演唱表现、音乐欣赏的基本方法，提升审美感知、艺术表现、创意实践、文化理解等“相辅相成，相得益彰”的核心素养。

一、激发兴趣　提升文化理解

民族音乐是我国优秀传统文化，不同风格的民族音乐体现着我国各民族强大的凝聚力和民族认同感，是我国民族精神的象征。好的音乐作品具有很强的感染力，可以激发斗志，振奋精神。作为音乐教育工作者，我们在音乐欣赏教学中，应通过音乐独特的艺术形式和审美特点，精心设计教学内容，创新教学方法，以声音美、韵律美、旋律美来陶冶情操、净化心灵，激发学生学习民族音乐的兴趣，增强民族自信心和自豪感，培养爱国主义情怀。

本单元所学习的四首作品均为中国作品，通过演唱和听赏等音乐实践活动，进一步增强学生欣赏和表现中国作品的兴趣。民族器乐曲《彩云追月》

经词作家傅林填词后，赋予乐曲以新的内涵，学生应用恰当的音色、速度、力度表达歌曲的情感，参与《彩云追月》的合唱，注意声音、速度、情绪的统一。《中国功夫》旋律舒展大气，节奏铿锵有力，介绍了中国武术的流派和影响，让人们充分了解中国功夫的博大精深，感受其雄健的气魄。学唱《中国功夫》，应尝试分析其发展手法，对演唱进行恰当的艺术处理，对表现效果做出评价。演唱《彩云追月》《中国功夫》对于激发学生情感、巩固演唱方法都能起到良好的作用，无论听、唱都能感觉到豪情满怀，爱国之情油然而生。

学生聆听欣赏《春天来了》《丰收锣鼓》等器乐作品，能增强对中国民乐作品的兴趣，熟悉主题旋律，听出主奏乐曲的音色，了解中国节奏乐曲的音色特点与独特魅力及色彩多变的表现功能，理解作品丰富的思想感情和内涵意蕴，理解中国音乐文化中的中华美育精神和民族审美特质，进一步增强民族自豪感和文化自信。

二、踊跃表现　充分展示自我

通过本单元的学习，学生应能主动参与不同形式的演唱、演奏活动，能根据作品要求或指挥提示调整自己的表现，并根据自己对歌曲、乐曲的理解，提出创意表现的想法。学生在关注变声期发声方法的基础上注意正确的姿势、饱满的情绪，准确、清晰的吐字、咬字，顺畅、稳定的气息，明亮、甜美的音色等等，掌握一定的演唱技巧，创造优美、动听、富有感染力的歌声，提高歌唱表现能力，对自己或他人的演唱做出简单分析与评价，并根据评价反馈改进，确保达到预期的演唱艺术效果。演唱《中国功夫》时要加强吐字发声的力度，能对演唱进行恰当的艺术处理，唱出中华武术的精气神。能在积极参与演唱表现活动的基础上，积极参与自制乐器、班级音乐会等综合性活动，乐于参与节奏型编创，用自制节奏乐器在音乐声中合奏，充分展示自我、表达情感，体验创作与合作的乐趣。

三、充分感知　掌握音乐要素

《春天来了》《丰收锣鼓》为器乐作品。通过聆听、感受、感知，学生进一步了解中国民族音乐的体裁、形式和审美特征，能听辨乐队中主奏或伴奏乐器的音色，描述它们的音色特点和表现作用，说出乐器及乐器组名称；能听辨音乐主题，感知音乐主题及乐句、乐段的重复与变化，了解它们的变化特点，并对这两首具有代表性的器乐曲的体裁、特点、风格、意蕴等做出判断和简单描述，不断发展音乐听觉与感知能力，丰富音乐审美体验，深化音乐情感体验，增强审美感知和文化理解能力。

学生能视唱包含附点、切分等稍复杂节奏型的《中国功夫》曲谱和《丰收锣鼓》主题旋律，背唱歌曲《彩云追月》。学生学习《中国功夫》时可结合视唱分析，感受并了解运用浓缩乐句的手法进行重复的发展手法，分析两个乐段在旋律发展上的关系。

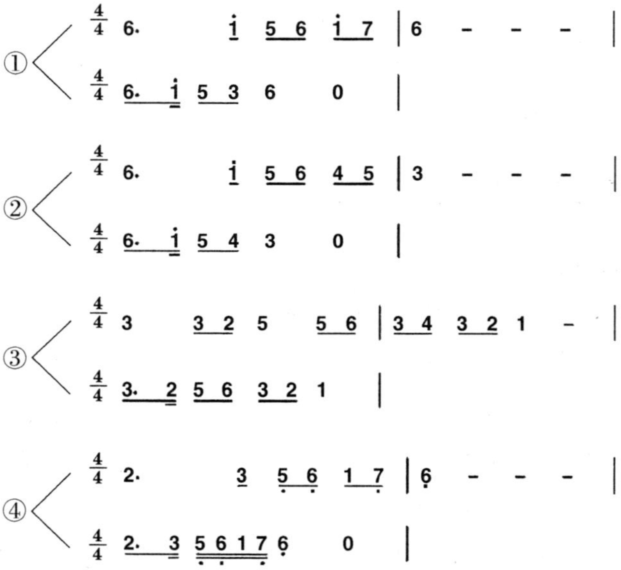

四、乐于参与　增强合作意识

本单元设计安排的竖笛练习、打击乐器合奏练习、自制打击乐器、分组创编节奏并展示等教学环节，旨在着力培养学生乐于参与多种与音乐相关的艺术表现活动的意识。学生能准确掌握《彩云追月》中的切分节奏，并用拍腿或其他伴奏形式为歌曲伴奏，体验探戈音乐的特点。为《丰收锣鼓》第一部分旋律编配节奏谱，学生可自愿组成4～6人的小组用自制节奏乐器在音乐声中合奏；也提倡编创新的节奏型参与合奏，不同声部敲出不同的音色，以烘托热烈的气氛。学生应能综合运用所学知识、技能和创造性思维，开展即兴表演和音乐编创活动，展现自己的个性化理解和创意，在实践中增强交流与合作能力，学会尊重、理解和包容他人，提高创意实践素养和团队合作能力，并能对相关活动的创意、效果以及形式等进行评价，提升审美素养。

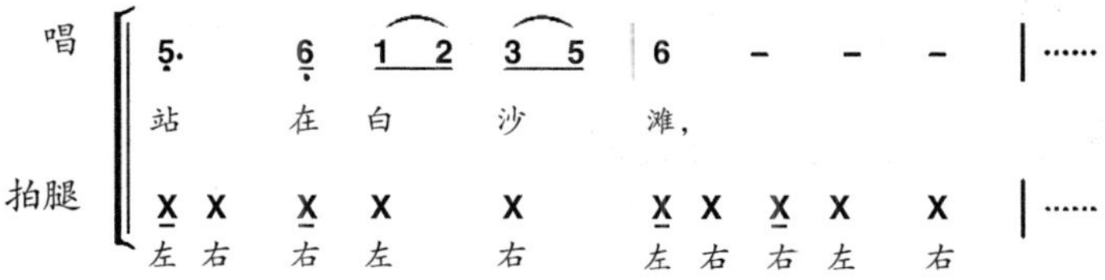

【本单元教学建议】

《深度学习：走向核心素养》一书中提出："深度学习倡导单元学习。它要求教师建立好学科核心素养与学科核心内容之间的关系，依据课程标准和教材，选择有利于培养学科核心素养的教学内容和情境素材，制定学习目标、选择学科内容、设计学习活动、开展课堂教学、进行学习评价，环环紧扣，使学科核心素养具体化，可培养、可干预、可评价。这就需要教师不断更新观念、主动学习，对教学内容进行二度开发。"深度学习为切实改变目前音乐学科教学中普遍存在的问题提供了可行路径，而单元学习改变了课堂思维的模式，使"教"走向整体，使"学"趋向主动，使"教学"形成学习共同体。

一、梳理脉络　明确学习关键点

学生已在小学阶段聆听过多首民乐演奏，如民族管弦乐《瑶族舞曲》、琵琶协奏曲《草原小姐妹》、绛州鼓乐《滚核桃》、笛子独奏《花儿与少年》、民乐合奏《喜洋洋》等，对民族乐器笛子、二胡、扬琴、琵琶、柳琴、唢呐、锣、鼓等具有代表性乐器的外形、音色有了一定的感受和认知，也了解掌握了一些相关的知识。针对本单元两首器乐作品的学习，学生该学什么？如何学习？如何挖掘教材内容的艺术内涵？如何注重学生音乐审美情趣的形成与发展？

通过对本单元器乐作品的梳理，分析其共性——气氛欢快热烈，都是用民乐演奏的等；差异性——演奏形式的不同等，结合学生的已有认知，明确素养培养关键点为体验音乐的情绪与情感，了解音乐的表现要素、表现形式。教学中应以音乐为本，从音响出发，以听赏为主，以讲解、讨论为辅；教师的讲解、提示力求简明、生动，富有启发性。教师应尊重学生对音乐的独特感受和见解，鼓励学生通过口头或书面形式进行表达，教学中要注意处理好总体与部分、整体与要素、内容与形式、音乐与文化之间的关系。

二、情境体验　唤起感悟共情

本单元的教学实施应合理利用现代教育技术，采用视听结合、声像一体、虚实结合的方式，创设与音乐相关的情境，激发学生对音乐的情感共鸣与联想。学生在《春天来了》这节课中可欣赏由著名二胡演奏家闵惠芬等演奏的高胡、古筝、扬琴三重奏视频，感受乐器的音色明亮、华美，形式新颖，色彩华丽以及擅长于表现欢快情绪的特点。在我国民族器乐重奏曲较为少见的情况下，这样具有特色的音乐作品更值得我们很好地加以分析、欣赏，体验乐器演奏的主要变化，从中领会乐曲丰富的表现力、简练的创作手法和鲜明的艺术意境。

学生可以通过欣赏由中国广播民族乐团演奏的《丰收锣鼓》，感受气势磅礴、恢宏壮观的演出场景，通过目睹演员精彩的表演，淋漓尽致地体会中国民族乐器尤其是打击乐器的风采，欣赏人们喜庆丰收的热烈场面。让学生在特定的文化语境中更好地理解音乐的文化内涵与风格意蕴，唤起强烈的情感共鸣。在学生“了解不同乐器的音色特点”“感知乐器音色的表情作用”的基础上，我们着力引导学生对“演奏乐器及音乐表现要素的变化”细致赏析，体验音乐的不同情绪、各种情感、形象场景等的变化，从而能够较好地感受、了解“音乐体裁与形式”“音乐风格与流派”，感知与理解音乐文化的多样性。

三、自主探究　享受审美愉悦

探究学习这种研究性学习方式是由学生在教师指导下，主动地分析交流、发现和探索问题，逐步获得结论的过程，可以让学生拥有开阔的思维。在现代信息技术飞速发展的今天，培养学生的合作能力、创新能力刻不容缓。我们应鼓励学生自主能动地探索研究，充分发挥想象力、创造力，将素质教育中对学生能力的培养真正落实到日常教学中来。

因此，我们应安排学生课前、课后自主搜集相关资料及网络资源，并与他人分享、交流。设计集体讨论、合作探究、互动交流等学习方式，在感性体验的基础上侧重对音乐的理性认知，感知音乐表现要素的变化，使乐曲呈现出丰富多彩的艺术效果。中国民族乐器种类繁多，有着绚丽多彩、别具一格的音色，具有丰富的表现力，不同音色的轮换、衔接不仅增强了作品的艺术效果，更是充分展现了音色的“表情作用”。学生通过了解、交流器乐作品的音色、力度、速度、音区、旋律、节奏等表现要素，获得充分的体验与感受，领会音乐要素在音乐表现中的作用，享受审美过程的愉悦。

【任务学习单】

（1）初步了解作曲家彭修文及其代表作。

（2）进一步了解民族管弦乐队常用乐器分组及音色特点，并能对民族乐队的位置有一定的认知，填写常见民族乐队位置图。

（3）进一步了解具有代表性的民族打击乐作品。

（4）利用废物自制打击乐器并创编简单的节奏型。

第二部分　苏少版七年级（下）第五单元“弦管和鸣”民乐合奏曲《丰收锣鼓》教学设计

【课型】

欣赏课。

【授课年级】

七年级。

【教学内容】

苏少版七年级（下册）第五单元民乐合奏《丰收锣鼓》。

【教材分析】

《丰收锣鼓》是彭修文和蔡惠泉于1972年创作的一首民乐合奏，表现了我国农民的劳动生活和喜获丰收的欢乐情绪。乐曲借鉴了中国民间吹打音乐的鼓点和旋法并加以变化发展，充分发挥中国打击乐器丰富多彩的表现能力，既有民族风格，又有时代特点。乐曲由多段旋律和锣鼓段组成。

【学情分析】

七年级学生对我国民族乐器有一些初步了解，本节课在让学生了解吹管、拉弦和弹拨乐器的基础上，更深入直观地了解民族打击乐器的外形、音色及演奏方法，通过认真聆听、参与活动，感受打击乐器的音色和特点。

【学习目标】

（1）通过聆听，了解民族打击乐器丰富多彩的表现能力，了解中国打击乐器的音色特点与独特魅力，增强对中国民乐作品的兴趣。

（2）辨析每一乐段的主奏乐器、情绪变化以及乐曲的主题旋律，感受音乐所表现的欢庆丰收宏伟场面和喜悦之情。

（3）欣赏和演唱《丰收锣鼓》主题旋律，能简单描述乐曲情绪和音乐要素的关系，理解《丰收锣鼓》的音乐内涵。

（4）小组合作进行节奏型创编活动，并对与《丰收锣鼓》主题合奏的展示进行评价。

【学习重点】

熟悉主题旋律，感受民乐合奏《丰收锣鼓》的音乐情绪及音乐内涵。

【学习难点】

（1）随乐参与活动，打击乐器合奏。

（2）节奏型创编及合奏。

【教学准备】

希沃交互式电子白板，自制白板课件，多媒体投影机，音箱，视频展示台，锣鼓等打击乐器若干。

【教学过程】

一、课前音乐：民乐合奏《步步高》

设计意图：充分利用课前几分钟，为学生营造良好的音乐氛围，让学生浸润在轻松愉悦的音乐中。

二、新课教学

（一）初步聆听《丰收锣鼓》片段

（1）同学们，聆听经典音乐，成就精彩人生。课前我们欣赏了民族音乐大师彭修文的作品民乐合奏《步步高》，今天这堂课老师再来和大家一起欣赏他的另一部经典作品。

（2）播放音乐，学生聆听——欣赏《丰收锣鼓》引子和第一、第二部分。

同学们，这段音乐的情绪是怎样的？有哪些乐器在演奏？它展现了怎样的情境？

（3）学生回答问题（学生畅所欲言）。

（4）复习四类民族乐器——课前已布置（了解、复习、巩固）。

（多媒体图片展示——民乐队的分布图）

图 1

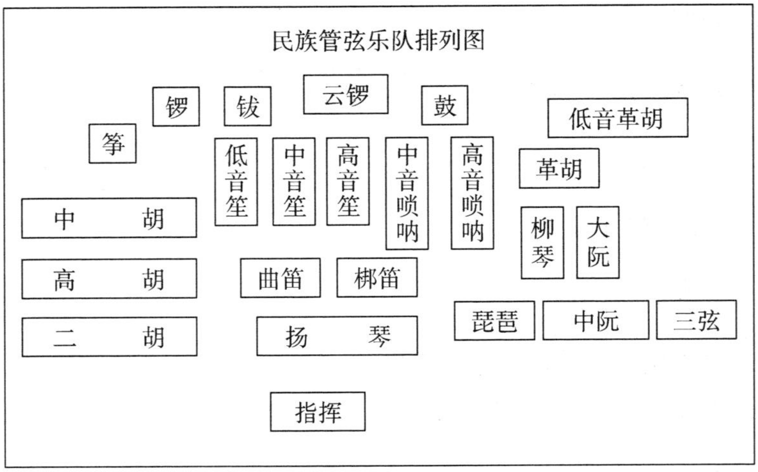

图 2

民族管弦乐队常用乐器一般分为四组：

①拉弦组：高胡、二胡、中胡、革胡、低音革胡。（目前我国的民族乐队常用大提琴作为低音乐器）

②弹拨组：柳琴、扬琴、琵琶、中阮、大阮、三弦、筝等。

③吹管组：曲笛、梆笛、唢呐（高音、中音、低音）、笙（高音、中音、低音）等。

④打击乐器组：堂鼓、排鼓、碰铃、锣、云锣、吊镲、军鼓、木鱼等。

（5）再次聆听。

（6）揭示课题——我们刚才一起欣赏的这段音乐就是由民族乐器合奏的《丰收锣鼓》片段。

设计意图：每个人感受音乐的能力不一样，在未揭示课题的情况下聆听感受音乐，避免学生过度关注标题，让学生将关注点落到音乐本体上，由听觉刺激产生音乐联想，充分发挥想象力，培养发散性思维。

（二）分段欣赏

1. 体验丰收之情

（1）聆听主题一。

主题一

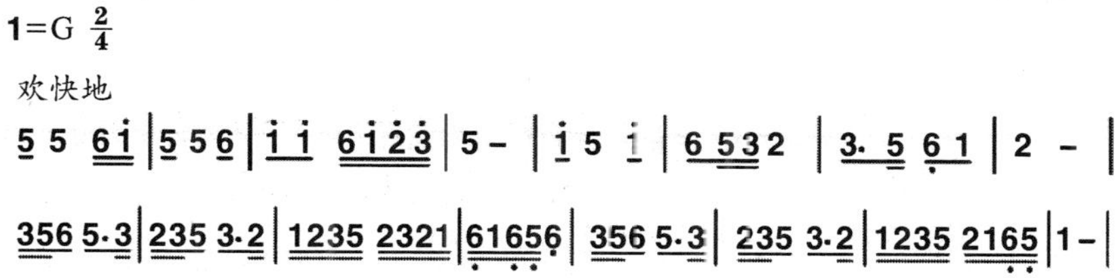

思考：主题一的节奏如何？速度如何？表达了怎样的情绪？音乐给我们展现了怎样的一幅场景？

（节奏明快、情绪热烈……乐器：锣、鼓、笛子、拉弦乐器……乐曲展现的情境：你追我赶、愉快劳动、庆丰收……主题中音程的大跳，使乐曲形成活跃、明快的风格）

（2）再次聆听主题一。

（3）欣赏引子。

思考：引子里出现了打击乐器鼓，它是怎样表现的？（模仿鼓的演奏）

还听到了什么乐器？

（用由慢到快的鼓声，引出雄壮嘹亮的引子，随之出现的情绪热烈的旋律展示了一幅开镰收割、你追我赶的劳动场景……）

（4）完整欣赏引子和主题一，跟着音乐自主参与，再一次感受热闹的劳动场面。

设计意图：主题一情绪热烈欢快，让学生反复聆听，通过分析情绪、速度、节奏等音乐要素，让学生自主参与活动，充分感受音乐所表达的内涵。

2. 歌唱丰收之美

（1）欣赏主题二。

主题二

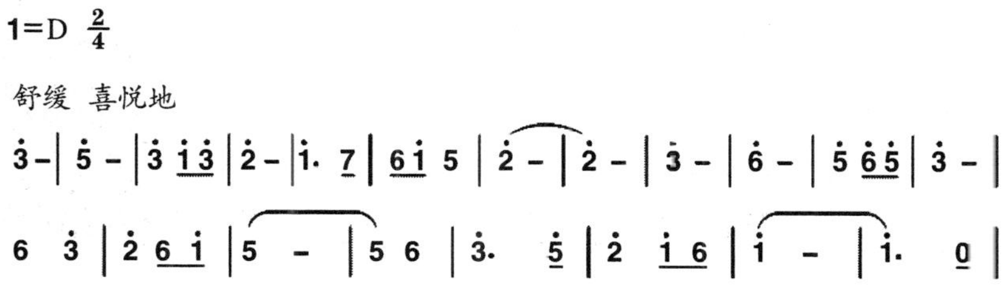

主题二和主题一对比，节奏有什么变化？情绪又是怎样的？表现了人们怎样的心情？

（清亮的竹笛声吹出质朴优美、富有民族风格的旋律，表现金秋田野的美景，抒发劳动者欢快的心情。这部分的抒情性与前后两段形成鲜明的对比。旋律具有歌唱性，舒缓、愉悦……吹管乐器富有号召性，弦乐组和笛子奏出的旋律富有歌唱性，笛子与弹拨乐器节奏欢快跳跃，抒发了人们在劳动时的欢快心情……）

（2）跟琴哼唱主题二旋律，用肢体语言来表现舒缓的旋律。

（3）再次欣赏主题二，注意聆听，主题二演奏了几遍？每一遍的主奏乐器是什么？

（4）跟着音乐用“la”把主题二再哼唱一遍，用肢体语言一起表现。

设计意图：通过聆听、哼唱、声势动作等活动，让学生感受主题二和主题一明显不同的节奏和所展现的场景；感知并记住乐曲主题一、二的旋律特征，体验主题一、二的速度与情绪的变化，从而达成本课的学习目标。

3. 欣赏丰收之景

（1）第三部分展现了怎样的场景？听到了哪些乐器？

（全曲的高潮，再现了第一部分的旋律，笛子以明亮的音色和散板旋律，展现出优美如画的田园景色。云锣的琶音旋律，犹如阳光下的水面粼波。打击乐器的演奏气势磅礴，节奏不断加快，高亢明亮的打击乐器的音色、力度与管弦声部形成强烈的对比。乐曲情绪愈益激昂，表现出欢庆丰收的热烈场面，乐曲在快速强烈的节奏中结束。）

（2）介绍“云锣”，倾听其音色。（出示图片）

设计意图：让学生在聆听中发挥想象，去感受云锣和笛子这两种民族乐器的音色和表现的意境。

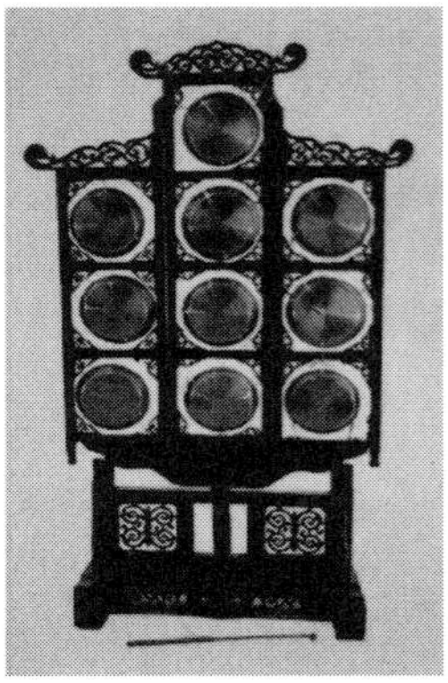

云锣

4. 创造丰收之地

（1）聆听第四部分，思考：

①第四部分再现了哪个主题？

②乐曲是怎样被推向高潮的？

③这一部分音乐速度和第一部分相比有什么变化?

④展现了什么场景?

（全曲的高潮部分，表现欢庆丰收的盛大场面，一开始用潮州大锣鼓奏出气势磅礴的音响，打击乐器的演奏气势磅礴，节奏不断加快，高亢明亮的打击乐器的音色、力度与管弦声部形成强烈的对比。在变化再现了第一部分旋律后，打击乐又表现了紧张、急速、激烈的场面，构成第三段的锣鼓，表现出欢庆丰收的热烈场面，乐曲在快速强烈的节奏中结束。）

（2）欣赏打击乐华彩乐段视频，介绍这段音乐采用的是京剧锣鼓和“苏南十番锣鼓”的点子。

（3）介绍第一部分锣鼓段，老师表演第一部分锣鼓段的鼓点节奏。

设计意图：主题四是主题一的再现，让学生通过速度的对比和乐器的变化，了解乐曲是如何被推向高潮的。再欣赏锣鼓段，引出后面的节奏练习，让学生体验锣鼓段的特点，进一步激发学生的兴趣。

（4）学生打击乐器合奏练习——先分组练习鼓、锣、碰铃、镲四个打击乐器，分组读节奏，再合奏练习。

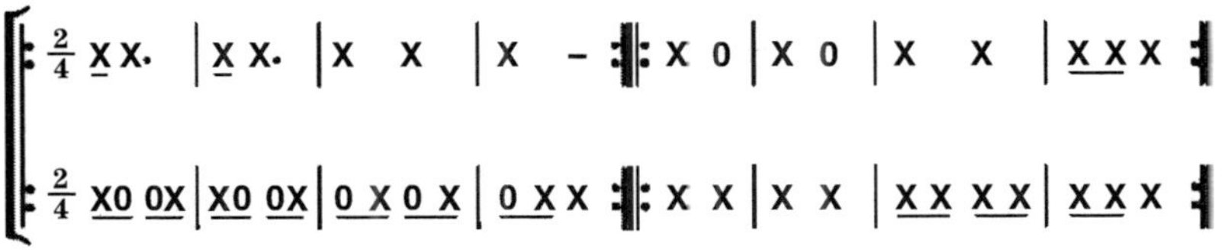

（5）分组创编节奏、展示并进行评价。

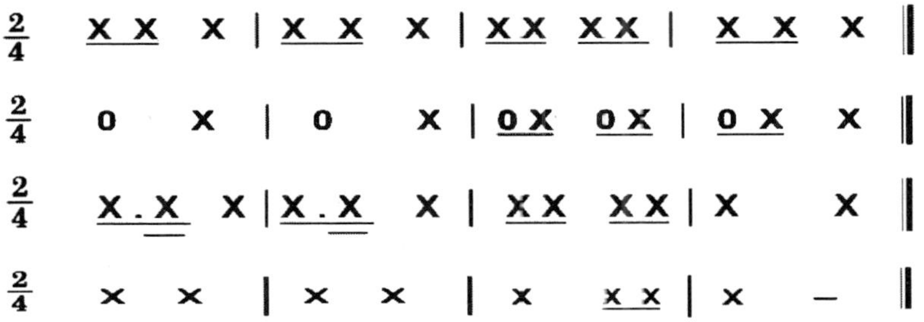

（6）评价——学生互评、师评。

①节奏与音乐吻合;

②小组配合默契；

③是否烘托气氛；

④最佳创编奖；

⑤最佳小组配合奖；

⑥最佳气氛奖；

⑦最佳乐器制作奖。

设计意图：通过分组合作创编，着力培养学生综合运用所学知识、技能和创造性思维的能力，开展即兴表演和音乐编创活动，表达个人想法和创意，提高创意实践素养和团队合作能力及评价能力。

（三）完整欣赏全曲——欣赏由中国广播民族乐团演奏的《丰收锣鼓》的视频

（1）完整欣赏全曲，一起参与音乐表现。

（2）打击乐器在乐曲中起着怎样的作用？

（3）总结乐曲中吸收采用了多种锣鼓的特点，教育学生热爱民族音乐，要把它发扬光大。

设计意图：完整欣赏视频，感受气势磅礴、恢宏壮观的演出场景，目睹演员精彩的表演，并参与活动，感受作品所表达的情境，了解作品中容纳的南北各具特色的锣鼓特点，不断激发学生热爱民族音乐的热情。

三、拓展延伸

1. 欣赏精彩片段

（1）陕西《安塞腰鼓》——感受安塞腰鼓强健的舞姿、沉重的响声、震撼人心的力量，以及安塞腰鼓的独特魅力；充分感受黄土高原青壮年活力四射的精神风貌以及生活在黄土高原的人粗犷、豪迈、开放的性格；认识中华文化的丰厚博大，吸收民族文化智慧。

（2）《击缶而歌》——令人震撼的2008年北京奥运会开幕式上的《击缶而歌》气贯长虹，震撼人心，精彩至极；2008个战士激情澎湃，热血沸腾，将中国人的精气神展现得淋漓尽致，给大家带来了不可磨灭的记忆。

（3）土家族民间器乐曲“打溜子”——《锦鸡出山》。《锦鸡出山》是一首根据土家族人民喜闻乐见的民间音乐“打溜子”改编的乐曲。情绪上乐观开朗、积极明朗。乐曲以锦鸡为描写对象，通过几种打击乐器特有的音色及多变的演奏技法，生动地刻画了锦鸡的各种生活动态，并借此表现了土家族人民热爱生活的乐观情趣。

设计意图：让学生再次感受民族打击乐器的丰富表现力，激发学习兴趣，拓宽音乐视野。

2. 布置作业，自主探究——课后去查阅、聆听更多的音乐，了解更多的音乐文化

如绛州鼓乐《老鼠娶亲》，运用了大鼓、排鼓、大锣、小钹、碰钟、梆子等多种打击乐器，以高超灵活的演奏技巧奏出时而短促结实、时而铿锵豪放的声韵，表现出胆小而机敏的老鼠形象和热闹、滑稽的娶亲场景。

非洲鼓乐：非洲鼓的主要特色在于其声音的属性可以被广泛运用在特殊的场合中，这类鼓声音沉厚有力、清脆明亮，节奏还十分快。非洲鼓具有自己的民族特色，无论是制鼓的材料、形状还是演奏技巧都是独特的。在非洲，非洲鼓不单单是乐器，它还传承着非洲大地的传统、思想、艺术、历史和所有能传承的一切。

编钟是我国古代的一种打击乐器，用青铜铸成，它由大小不同的扁圆钟按照音调高低的次序排列起来，悬挂在一个巨大的钟架上，用丁字形的木槌和长形的棒分别敲打铜钟，能发出不同的乐音。因为每个钟的音调不同，按照音谱敲打，可以演奏出美妙的乐曲。曾侯乙编钟是我国迄今发现最大、保存最完整的一套大型编钟，1978 年出土于湖北随州市，出土时，整套编钟耸立如故。曾侯乙编钟的出土，使世界考古学界为之震惊，因为在两千多年前就有如此精美的乐器，如此恢宏的乐队，在世界文化史上是极为罕见的。人们按钟的大小、音律、音高把钟编成组，制成编钟，演奏悠扬悦耳的乐曲。编钟铸造工艺的巨大成就，更表明了我国古代音律科学的发达程度，它是我

国古代人民高度智慧的结晶，也是我们中华民族的骄傲。曾侯乙编钟音域宽广，有五个八度，比现代钢琴只少一个八度。钟的音色优美，音质纯正，基调与现代的 C 大调相同。考古工作者与文艺工作者合作探索，用此钟演奏出各种中外名曲，令人惊叹。曾侯乙编钟是我国古代音乐史上的一个光辉成就，为今天古音律和编钟制造的研究，提供了珍贵的实物资料。

设计意图：通过了解中国鼓与非洲鼓，让学生认识到不同民族、不同地域鼓乐的风格特点，了解编钟及更多的音乐作品和相关音乐文化，激发探究学习的热情，拓展艺术视野，深化对音乐艺术的理解，潜移默化地落实音乐学科素养要求。

四、课堂小结——立德树人，情感升华

音乐是动态的、富有变化的，旋律、节奏等表现要素的多样统一，构成音乐形态的丰富多彩；音乐有规律地组合与展开，形成了缤纷绚丽的音画。中华文明源远流长，音乐文化博大精深。尤其是进入 21 世纪以来，我们伟大的祖国发生了翻天覆地的变化，不仅迎来了农业的丰收，各行各业也都走在了世界前列，令全世界瞩目。丰收需要奋斗，需要更多的拼搏，让我们用耳朵、用心去聆听音乐，用歌喉、用乐器去表现音乐，共同创造更恢宏的“丰收锣鼓”。

（本课例由江苏省南通市通州区金郊初中　邢雪梅老师提供）

第三部分　教学设计简析与反思

一、教学目标的设定与表述

《义务教育艺术课程标准（2022年版）》的发布使广大音乐教育工作者进一步明确：应以不断深化教学改革为突破，聚焦核心素养，凸显教学价值；强化学科实践，推进育人方式变革。“核心素养是课程育人价值的集中体现，是学生通过课程学习逐步形成的适应个人终身发展和社会发展需要的正确价值观、必备品格和关键能力。艺术课程要培养的核心素养主要包括审美感知、艺术表现、创意实践、文化理解等。”

课程改革从三维目标时代步入核心素养阶段，每门学科都在积极探索如何从教学中挖掘本学科的育人价值，培养学生的学科核心素养，音乐学科也不例外。基于核心素养的顶层设计，音乐学科应以国家课程标准为指导，以课堂教学为载体，彰显学科育人价值，探索新常态课堂教学新路径，建构素养，发现、体验和欣赏艺术美、自然美、生活美，提高审美感知能力，有效地实施指向素养的音乐新常态课堂，努力实践音乐学科育人价值。

1. 新常态课堂

即开放、自主、合作、交往的课堂环境和氛围，以学生为主体、以音乐为本体、以素养为导向、以体验为中心、以活动为载体的新课堂样态。每一节课都要高度关注音乐本体，即便是一首简单的歌曲，教师也要从速度、力度、音色、节奏、节拍、旋律、结构、调式等音乐要素及其表现手法等方面引导学生体验和感受，进而理解其表现作用，感受它们在表达思想感情方面的作用，增强学生对音乐的审美感知力。

2. 音乐学科素养

即以音乐基础知识、基本技能和相关音乐文化的理解为基础，从音乐情感、音乐认知和音乐经验三个维度呈现学生应该具备的、适应终身发展和社会发展所需要的音乐感受、体验、表现和创造能力的总和。从“教学生会欣赏或表现一部音乐作品”转变为“通过对一部或多部音乐作品的欣赏、表现与创造，培育和发展学生的音乐基本素养”。为此，我们的课不能仅仅停留在学习音乐作品本身上，而是要挖掘这些作品在音乐学科核心素养培育与发展中的作用，以及丰富的情感与人文内涵，升华育人主题，达到以美育人、以情感人、以文化人的教育目标。

3. 理念与原则

新常态课堂主要基于学生立场，以国家核心素养体系为基础，以课程标准为参照，根据不同阶段学生的情感需求进行不同层级的音乐体验设计，通过音乐活动建立小型的社会空间，学生在活动中建立规则。学科实践超越了传统知识授受的学习方式和探究方式，代表学习方式变革的新方向。学科实践既注重学科性，也注重实践性，因此强调学科实践并不是“抛弃知识”，而是要以一定的知识储备为基础。学科实践更强调通过实践获取、理解与运用知识，倡导学生在实践中建构、巩固、创新自己的学科知识，学科实践使学生具有强烈的自主性。

南京师范大学邓林教授（第八届中小学优秀音乐课展示与培训活动的评委，活动于2018年12月在广东东莞举行）认为，一个音乐教师的素质很重要的一点就体现在对教材的分析能力上。教材分析到位了，教学目标和方法、重点才能很好地展示出来，要分析音乐作品独到的表现手段，而不是一般的创作规律。抓住了这一点，你的课就好设计了。分析教材是为了掌握教材的本质，弄清各教学内容间的有机联系，探讨、确定教学目标，明确让学生学什么，掌握哪些知识技能，培养哪些音乐能力，渗透哪些思想品德教育。同时，分析教材也是为了深入浅出地进行教学。所谓深入，就是抓住教材的本质及教学内容间的内在联系，对关键性的问题进行透彻的分析；所谓浅出，就是把深奥难懂、难于掌握的东西用通俗易懂、生动形象的方法帮助学生掌握。要做到这一点，教师必须吃透教材、勤于思考、提高专业能力和教学能力。除此，别无他途。

“聆听”是一种良好的音乐欣赏习惯，全神贯注、专心致志地“听”音乐，是高效欣赏的前提。七年级至九年级常态、常规音乐欣赏课中，学生音乐素养的生成，最关键的就是学会聆听，形成良好的聆听习惯，“完整而充分地聆听音乐作品”，有意识地关注旋律、节奏、音色、力度、速度、和声、曲式结构等要素的运用，感知、体验、了解音乐中不同节拍的特点，以及其他常见音乐表现要素的特点及其表现作用。高效聆听需要注意以下几点：一是寻找乐曲中的“核心点”——主题旋律、主奏乐器、音乐风格；二是把握讲解的“时间点”——应在学生充分聆听、感知体验的基础上；三是注重音乐知识、技能的“关联性”——“温故而知新”，设计复习巩固环节。

二、教学设计解读

本节课执教者按照新课标的要求，基于对学情和教材的分析，通过多种方法和手段，让学生聆听具有鲜明主题思想和文化内涵、结构稍复杂的经典民乐作品《丰收锣鼓》，更直接地了解民族乐器的外形、演奏方法，感受其音色特点。学生通过分段欣赏和整体聆听、参与活动，进一步感受了民族打击乐器的音色和特点，了解其丰富多彩的表现功能，加深理解《丰收锣鼓》的音乐内涵，感受音乐所表现的欢庆丰收的盛大场面和喜悦之情，了解音乐家如何通过特定音乐语言与表现形式表达情绪和情感，感知音乐的主题及乐曲的音乐结构，丰富对不同类别、体裁、形式音乐的表现特征及风格的感受与体验。

（1）体验丰收之情——反复聆听情绪热烈欢快的主题一，通过分析情绪、速度、节奏等音乐要素，让学生自主参与活动，充分感受音乐所表达的内涵。

本节课执教者重视学生在学习过程中的审美感知及情感体验，在以艺术体验为核心的多样化实践中，激发学生参与音乐实践活动的兴趣和热情，使学生在欣赏、表现、创造、实践、联系、融合的过程中，形成丰富、健康的审美情趣，提高艺术素养，进一步强化理解中国音乐文化中的中华美育精神和民族审美特质，增强文化自信。

（2）歌唱丰收之美——通过聆听、哼唱、声势动作等活动，感受主题二和主题一明显不同的节奏和所展现的场景，并通过声音的指导与训练、师生合作与演绎，使学生进一步掌握演唱的方法，充分展示自我，增强表现信心和能力。作为常态课——包括展示课、评优课，识谱教学、发声与歌唱气息的练习、歌唱方法与技能的指导要形成常态化。一方面，教师引导学生通过对歌曲、乐曲的感知与体验，理解歌（乐）曲特点，领会歌（乐）曲表达的思想感情，培育和发展学生的音乐审美感知与文化理解素养；另一方面，教师对歌唱方法的指导、对歌曲的创造性的处理以及对歌曲表演的重视，都体现出了对学生音乐实践能力的高度重视，在促进学生艺术表现素养发展方面做出了努力。

（3）欣赏丰收之景——民族乐器千姿百态，打击乐器更是独树一帜。在我国的历史长河中，音色独特、技法丰富的民族器乐伴随着社会生活不断发展，无论独奏、合奏，都流淌着中国音乐文化“和”的精神。新时代民乐推陈出新，为世人所瞩目，浓郁的中国风格与情味的展现，传统的继承与创新，都值得我们细细品味。本节课执教者积极引导学生反复聆听《丰收锣鼓》，让学生充分发挥想象，去感受民族乐器丰富的音色和富于变换的意境；通过速度的对比和乐器的变化，了解乐曲是如何被推向高潮的；通过对作品主题发展、情绪渲染、人文内涵的感受和理解，培养学生健康向上的审美情趣。

（4）创设丰收之地——欣赏锣鼓段，引出后面的节奏练习，让学生体验、表现锣鼓段的特点；尤其是让学生参与了鼓、锣、碰铃、镲 4 种打击乐器的分组练习、合奏练习、创编节奏等多种与音乐相关的艺术表现活动，初步接触了

《锣鼓经》最常见的节奏，极大地提高了学生的参与热情和表现欲望，展现了自己个性化的理解和创意，在实践中增强交流与合作能力，使合奏能力、创意实践能力得到了锻炼和激发。学生通过与同学的合作与交往，培养互相尊重的人际交往能力，增强了创意实践素养和团队合作能力及评价能力。

本课例以聆听体验、歌唱表现、创意实践为教学主线，利用浸润式、情境式、体验式、合作式、探究式和活动式多元整合的方式使学生积极参与学习过程。充分发挥听觉的作用，通过多遍不同指向的分段聆听和整体聆听，以音乐要素为抓手，层层深入、环环相扣，增进了学生对音乐的兴趣，学生关注并乐于参与音乐活动，充分感受音乐所表达的内涵。不仅突出了民乐合奏欣赏教学的常态规律，同时采用了创设情境、情感体验和创意实践等诸多手段，实现了七年级学生“领悟音乐的思想感情和内涵意蕴，增强爱党、爱国、爱社会主义的情感和乐观的态度，以及对美好事物的热爱之情；加深对音乐感性特征和审美特质的感知、体验与理解，提高音乐欣赏和评述能力；对音乐有较浓厚的兴趣”的分段目标。整个教学环节与过程充满了浓郁的艺术氛围，让学生在有限的艺术空间和时间中汲取丰富的艺术营养，提高审美情趣。

拓展延伸这个学习环节，让学生欣赏陕西的《安塞腰鼓》、2008 北京奥运会开幕式上的《击缶而歌》、土家族民间器乐曲“打溜子”——《锦鸡出山》等精彩片段，再一次感受民族打击乐器的丰富表现力；并通过布置作业，自主探究——课后去查阅、聆听更多的音乐，了解更多的音乐文化。这个有意义的学习过程不再是孤立的 45 分钟，而是以课堂为圆心，串联了前后课堂，并延伸到课前与课后，拓宽了学生的艺术视野，使学生情感进一步升华，无不为源远流长的中华民族音乐文化而激动、自豪，也让学生接触和了解多元的世界音乐文化。

苏霍姆林斯基说：“我们的音乐教育，既不是为了培养作曲家，也不是为了培养演奏家，而主要是培养合格的听众。”音乐教育教学的一切活动都要以音乐为主体，遵循教育教学规律，确定切实可行的教学目标，选择合适的教学方法，关爱学生的身心发展，关注音乐要素对塑造音乐形象的作用，以音乐审美为核心，用音乐来陶冶美的情操，用音乐来启迪美的心灵，引导和帮助学生深度学习，引领他们在扎实有效的音乐学习和艺术实践活动中获得审美体验，提升音乐感受力、鉴赏力、表现力、创造力，为他们的终身发展、拥有诗意的人生奠定良好的基础。

美术

核心素养视域下关键能力的培养

——以人美版八年级（上）“美术是人类文化的造型载体”教学为例

陕西省西安市第五十五中学　张晓明

第一部分　课标要求及我们的教学建议

《义务教育艺术课程标准（2022 年版）》（简称《艺术课程标准》）与《义务教育美术课程标准（2011 年版）》相比发生了诸多变化。《艺术课程标准》是本次课程标准修订变化最大的课程标准之一。

一、《艺术课程标准》主要变化表现在如下几个方面

（一）打破学科疆界，统整艺术课核心素养

本次义务教育阶段课标修订变化最大的，就是关于美育指向的艺术领域教学课程内容的整合，新版《艺术课程标准》将原独立的《义务教育美术课程标准（2011 年版）》融入其中，成为艺术课程下设的一个独立版块。新的《艺术课程标准》打通了音乐、美术、舞蹈、戏剧（含戏曲）、影视（含数字媒体艺术）壁垒森严的艺术分科现象，根据其核心内容的一致性，将其统整为艺术课程，并颁布了新的课程标准《义务教育艺术课程标准（2022 年版）》这一涵盖小学一年级至初中三年级的义务教育阶段艺术课程总标准。

新的《艺术课程标准》将艺术课程性质定义为："艺术是人类精神文明的重要组成部分，是运用特定的媒介、语言、形式和技艺等塑造艺术形象，反映自然、社会及人的创造性活动。艺术教育以形象的力量与美的境界促进人的审美和人文素养的提升。艺术教育是美育的重要组成部分，其核心在于弘扬真善美，塑造美好心灵。义务教育艺术课程包括音乐、美术、舞蹈、戏剧（含戏曲）、影视（含数字媒体艺术），是对学生进行审美教育、情操教育、心灵教育，培养想象力和创新思维等的重要课程，具有审美性、情感性、实践性、创造性、人文性等特点。"

在新的《艺术课程标准》中指出："义务教育艺术课程以立德树人为根本任务，培育和践行社会主义核心价值观，着力加强社会主义先进文化、革命文化、中华优秀传统文化的教育；坚持以美育人、以美化人、以美润心、以美培元，引领学生在健康向上的审美实践中感知、体验与理解艺术，逐步提高感受美、欣赏美、表现美、创造美的能力，抵制低俗、庸俗、媚俗倾向；引导学生树立正确的历史观、民族观、国家观、文化观，增强爱党、爱国、爱社会主义的情感，坚定文化自信，提升人文素养，树立人类命运共同体意识，为实现中华民族伟大复兴而不懈奋斗。"新《艺术课程标准》特别强调"立德树人"依然是各艺术课程的根本任务，这与其他学科任务完全一致，也与党的十八大以来的政策方针高度一致。新版《艺术课程标准》中还特别强调了，艺术课程"培育和践行社会主义核心价值观"，着力加强"社会主义先进文化、革命文化、中华优秀传统文化"教育的内核。在这些核心价值观导向之下艺术课课堂教学应"坚持以美育人、以美化人、以美润心、以美培元"，艺术活动中引领学生"在健康向上的审美实践中感知、体验与理解艺术"，并在教学过程中引领学生"逐步提高感受美、欣赏美、表现美、创造美的能力，抵制庸俗、低俗、媚俗倾向"；对中小学学生价值观的教育集中在"引导学生树立正确的历史观、民族观、国家观、文化观，增强爱党、爱国、爱社会主义的情感，坚定文化自信，提升人文素养"，家国情怀跃然纸上。由此可见，当下的义务教育阶段艺术课之一的美术学习内容，课堂学习中无一不包含这些重要的课程元素，我们只有深刻理解了这些课程性质与任务要求，才能因地制宜、因材施教，更好地落实培养学生审美素养和人文素养，为党和国家培育合格的社会主义建设者和接班人。

（二）厘清了义务教育阶段艺术学科核心素养的内涵

即关注学生的审美感知、艺术表现、创意实践、文化理解等素养要求。

《艺术课程标准》规定的核心素养与高中美术学科核心素养——图像识读、审美判断、美术表现、文化理解、创意实践相比较，有“文化理解”“创意实践”两个重合的素养维度，有与之相近的“审美感知”“艺术表现”两个素养维度。新的核心素养，义务教育阶段艺术核心素养有四个维度，高中美术核心素养有五个维度，表明了义务教育阶段艺术学科和高中美术学科内在的关联性和差异性，即义务教育阶段艺术素养重在感知体验，积累艺术经验，形成普适的美育观念和普遍艺术经验；高中阶段美术重在升华提高形成个性化、差异化、职业化艺术素养基础。这标明了从义务教育阶段到高中阶段，美术发展的渐进式升华发展的路径和义务教育阶段作为学生人生基础阶段所应具备的艺术素质。2022 年版《艺术课程标准》涵盖范围更广，涉及领域更多，整合内容更丰富，跨界融合发展思路更明显，素养提升要求更全面。

（三）总目标和阶段目标发生重大变化

总目标在感知、发现、体验和欣赏艺术美，丰富想象力的基础上，“发展创新思维”被提到一个十分清晰明确的位置，新增“感受和理解我国深厚的文化底蕴和党的百年奋斗重大成就，传承和弘扬中华优秀传统文化、革命文化、社会主义先进文化，坚定文化自信，铸牢中华民族共同体意识”。此处将高中美术课标中的发展“多元文化”理解力，下延至义务教育阶段，变为“了解不同地区、民族和国家的历史与文化传统，理解文化与构建人类命运共同体的关系，学会尊重、理解和包容”。学段目标要求学生“用有组织、有意义的音乐语言表达思想，用视觉媒介和技术创造形象，用舞蹈语言抒发情感，通过扮演戏剧角色品味丰富的人生，运用现代媒介和数字媒体技术再现与表现世界，在艺术的世界中求真、崇善、尚美。依据课程分段设计思路，在学段划分上将第二阶段细化为两个学段，形成四个学段，分别是：第一学段 1 ~ 2 年级，第二学段 3 ~ 5 年级，第三学段 6 ~ 7 年级，第四学段 8 ~ 9 年级。”这是本次艺术学科教学课程标准中变化最大的地方，即将音乐、美术、舞蹈、戏剧（含戏曲）、现代媒体艺术（含数字媒体艺术）五个学科综合在一起，形成了大美育人、大美育观下的综合、一体化、任务驱动式的立体综合艺术实践课程内容，对中小学艺术学科教师提出了非常高的要求，意味着过去那种独立的分门别类、疆界明晰、各自为战、相对狭窄的音乐、美术分科艺术教学在义务教育阶段教学中画上了完整的句号，中小学音美教师如不在现有基础上主动拓展自己的艺术技能和认知边界，将无力胜任中小学音乐、美术课程教学。新划分的四个艺术学习学段也是对当下小、初、高分段教学的巨大挑战。七年级艺术教师课程教学如何向下兼容？八、九年级艺术教师课程教学如何向上融合？对分科教学的实施者——初中美术教师，都是一项巨大的挑战性工作。

（四）聚焦核心素养，教、学、评全过程一致性充分展现

《艺术课程标准》中课程内容的设计思路：聚焦审美感知、艺术表现、创意实践、文化理解等核心素养，围绕欣赏（欣赏·评述）、表现（造型·表现）、创造（设计·应用）和联系/融合（综合·探索）四类艺术实践活动，以任务驱动的方式遴选和组织课程内容。课程内容坚持以中华优秀传统文化为主体，讲好中国故事，吸收、借鉴人类文明优秀文化成果，追求精神高度、文化内涵、艺术价值相统一。可见，新的《艺术课程标准》围绕学生艺术学习实践性、体验性、创造性等特点，将学生的学习与实践活动情况纳入学业评价。而其中的欣赏（欣赏·评述）、表现（造型·表现）、创造（设计·应用）和联系/融合（综合·探索）四类艺术实践活动中，这些附注核心词汇原属于旧版《义务教育美术课程标准（2011 年版）》中美术课程对应的四大教学领域“欣赏·评述、造型·表现、设计·应用、综合·探索”，现今它们不仅属于义务教育阶段美术分目标板块内容，而且还在更大的领域涵盖综合了艺术学科教学各领域内容。由此可见，《义务教育美术课程标准（2011 年版）》的美术四大领域在新版《艺术课程标准》中上升到一个非常重要的位置。

此外，《艺术课程标准》评价方面指出：明确评价依据，改革创新评价的任务设计、题目命制、评价方式；强调评价的统一要求，重视艺术学习的过程性、基础性考核与评价；尊重学生艺术学习的选择性，以学定考，根据学生的选择进行专项考核，体现教、学、评一致性。从以上描述中我们发现一个非常重要的指向，就是教学、学习、评价在《艺术课程标准》中成为一个完整的闭环，教学过程、学生日常学习实践表现与评价有机融合为一个整体，意味着初中美术教学必须将教、学、评统合在完整的课堂教学之中。

本文是在新版《艺术课程标准》指导下的义务教育阶段美术教材尚未出台的情况下，将暂时依据现在正在使用的旧版《美术》（2013 年修订人美版）教材，结合新版《艺术课程标准》中分板块“美术课程标准”，包括初中美术课堂教学评价要求，以八年级（上）“美术是人类文化的造型载体”一课“欣赏·评述”领域教学为例，做个别案例解析，尝试将新版课标与旧版美术教材进行衔接教学设计，探索将新版《艺术课程标准》基本理念落实在真实的课堂教学情境之中，从而推动义务教育阶段学生艺术核心素养的扎实落地且向下生根，向上生长。

二、美术“欣赏·评述”领域教学《艺术课程标准》要求

《艺术课程标准》将 6 ~ 7 年级定为艺术学习第三学段，本学段课标与美术“欣赏·评述”领域教学相关的要求如下：“运用造型元素、形式原理和欣赏方法，欣赏、评述世界不同国家和地区的美术作品，领略世界美术的多样性和差异性，养成尊重、理解和包容的态度。”8 ~ 9 年级定为艺术学习第四学段，本学段美术“欣赏·评述”领域“学习任务主要引导学生概览中外美术发展史，了解美术产生的背景，以及不同时代、地区、民族和国家美术的特征，知道中国古代经典美术作品，以及近现代反映中华民族追求独立解放和党团结带领人民进行革命、建设、改革的美术作品，增强对伟大祖国、中华民族的情感，传承红色基因，坚定文化自信，形成开放包容的心态和人类命运共同体意识”。

由此可见，《义务教育艺术课程标准（2022 年版）》初中阶段美术领域学习任务主要是引导学生总体概括认知中外美术发展历史，了解美术产生的历史文化背景，知道不同时代、地区、民族和国家美术的基本美术艺术特征，结合《艺术课程标准》总目标要求，重在掌握中国古代经典美术作品、近现代反映中华民族追求独立解放与建设社会主义强国而不懈努力奋斗的美术作品，要求学生增强对国家、民族的情感，传承红色基因，坚定文化自信，形

成开放的心态和全球化的意识和眼界，这既是时代发展需要，也是国家意志体现。梳理《艺术课程标准》美术教学内容、学业水平陈述，可见如下具体要求。

（一）教学要求

（1）通过欣赏中国古代不同时期的经典美术作品，了解中国美术源远流长的历史和丰富独特的文化特质，了解中国美术为世界美术做出的贡献及对世界美术的影响。

（2）欣赏中国近现代不同时期的美术作品，理解中华民族近现代追求独立解放、建设社会主义强国而做出坚持不懈的努力，以加强自身文化认同与理解，加强家国情怀与民族情感培育。

（3）欣赏世界不同时期、不同地区的美术作品，知道世界各国美术发展的历史与背后的文化特性及其差异，感受世界美术的多样性，感悟人类文明的丰富性与多样性，领悟文化交流和艺术多样性对人类文明丰富发展的贡献。

（4）在欣赏过程中，能够运用线条、色彩、形状、空间、肌理、透视、明暗等造型元素，以及节奏、韵律、对比、均衡、对称、重复、比例、变化、统一等艺术形式原理，辨析识别世界主要的美术流派——古典主义、新古典主义、浪漫主义、现实主义、印象主义、现代主义等美术流派，感受不同美术流派的特点及其文化发展的脉络，体会人类文化艺术演进的源流关系，学会尊重、理解不同的艺术文化样态，丰富学生的人文艺术修养。

（5）新增知晓知识产权知识，知道在使用他人图像作品和文字资料时，需懂得尊重他人的知识产权。

（二）学习内容与能力要求

（1）能从文化和历史的角度分析相关美术作品，能与同学交流自己的欣赏感受和想法。

（2）知道中国不同历史时期所创作的经典、富有代表性的美术作品（含书法、篆刻）。

（3）能够与同学分享、交流反映中华民族近现代以来为追求民族独立解放和党团结带领人民进行革命、建设、改革的美术作品，从而坚定理想信念，增强热爱祖国、热爱中国共产党、热爱社会主义、热爱中华民族的情怀。

（4）能运用美术的相关艺术语言，识别、分析、判断中外美术的主要流派，尊重并理解世界美术的多样性及文化的差异性。探究美术在过去、现在和未来对推动社会发展所起的作用，理解美术对个人发展与社会发展及人类命运共同体的构建所具有的独特作用，进一步提高学生的综合实践探索与学习迁移的能力。

（5）学习使用他人文字资料和图像作品时，能够尊重他人的知识产权，并学会保护自己的知识产权。

三、美术“欣赏评述”领域教学建议

《义务教育艺术课程标准（2022 年版）》美术“欣赏·评述”领域主要涉及“身边的美术”“中国美术赏析”“世界美术赏析”“中外美术简史”四大板块内容。7 年级美术在此板块重点是“领略世界美术的多样性”，8 ~ 9 年级重在“概览中外美术史”如图 1 所示。

根据《艺术课程标准》美术板块“欣赏·评述”目标、内容要求与学业要求分析可知，初中八年级美术“欣赏·评述”教学设计为保证核心素养落地，课标的实际推行，个人认为初中美术“欣赏·评述”领域教学应遵循以下原则：

（一）初中美术史论非线性化教学和宏观美术文化生活化交融

初中生处于青春期，相较于小学生，心智有了明显的变化，但单一传统的美术欣赏线性结构和讲解教学，并不完全适合此阶段学生的学习需要。美术欣赏评述教学中应注意以八年级学生生活场景为原型，创设探究美术史论学习的相关情境，将美术学习生活化、情境化，将美术欣赏评述实践化，寓教于乐，寓理论于情境，寓概念于场景，寓抽象于具象案例中，活化枯燥的美术史论教学内容。

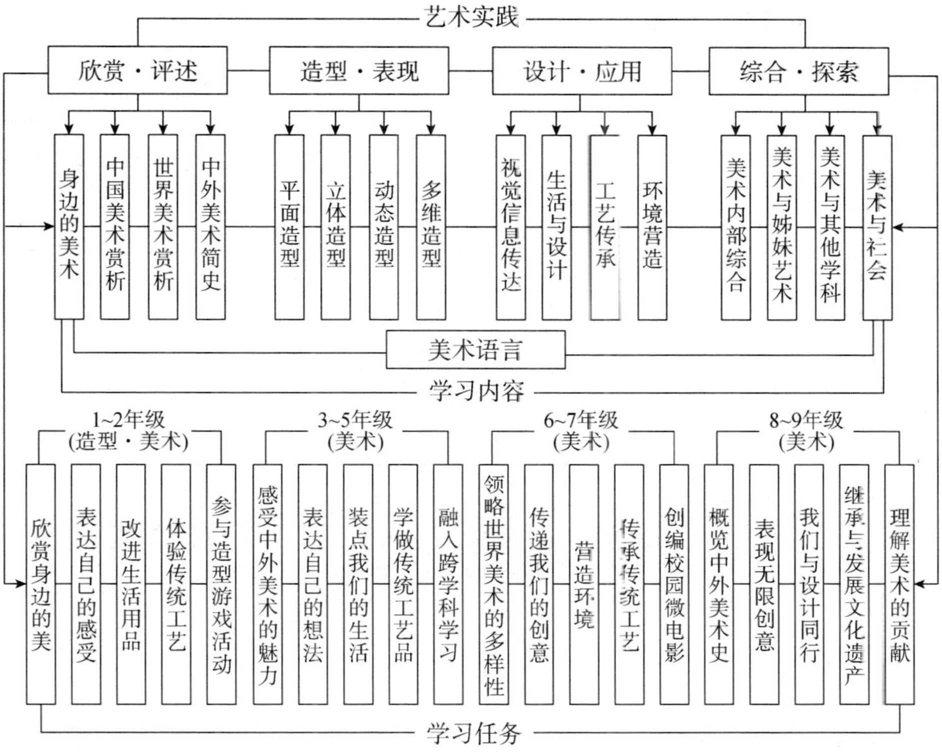

图1

（二）史论概念组织架构，任务驱动小组合作探究，促进学生自我美术欣赏实践能力提高发展

美术史论概念很多，风格流派复杂多变，如以线性结构展开，必然会让八年级学生兴趣索然。教师在教学中可在相关主题概念组织下，以任务驱动结合小组合作探究的形式，引导学生通过课内观察、体验，课外查找、探访与美术相关的工艺、设计、建筑、绘画、雕塑等领域精品杰作与现实案例及其对社区、生活的影响等。教师在课中采取案例寻赏、问题启发、思考引导、感悟汇报等学习形式，以问题为核心展开，分享交流讨论，积极互动、平等对话的教学方式，激发、培养、唤醒学生对美的追问与追求，从而大力推动学生美术欣赏评述能力发展，提升其审美感知、艺术表现、创意实践、文化理解力的水平。

（三）围绕核心素养培养，开展跨科融合形式丰富美术课堂教学

因初中生介于小学生和高中生的过渡期，其心智尚不完备，身心发育正经历人生发展中的巨大分裂期，情绪波动较大，自控能力不稳定，意志品质尚待完善。初中美术欣赏教学切忌满堂灌式的教学方式，课堂应采用多种手法，结合影视艺术片段，开展跨学科（美术 + 音乐/舞蹈/戏剧/摄影/影视/新媒体艺术/语文/数学/政治/历史/地理等学科）元素交叉、交融的学习方式，带领学生在统合整理的课堂文化场景中立体感知美术艺术的历史、风格，流派发生、发展的原因，感悟其文化源流及差异发生的本质，以此帮助初中生理解美术文化的多样性及艺术风格流派的丰富性，形成初步的多元审美素养，具备开阔的文化视野，为其未来人生多元发展奠基。

（四）学习评价全程渗透于初中美术课堂教学之中

新课标在本轮课堂教学指导中，重点强调了“教、学、评一体化”问题，同时强调了过程性评价与终结性评价相结合的问题。初中美术欣赏课堂教学的评价方式，重点指向学生艺术核心素养中的审美感知力和文化理解力，所以非常容易实现全过程学习评价。如常规的各项情况督查：工具材料准备、课前资料查阅、小组协作、自主学习、交流互动、参与研究、作品表达、语言描述、案例分析、创意实践、课堂效果就某知识点达成自评、互评、他评等情况，均可作为美术课堂跟踪评价的维度。同时，美术教师做好学生欣赏报告的收集、归档，各种教学效果监测归档的跟踪测评方式。这可以强化初中生对美术学习的认知，对培养优良的意志品质，形成良好的学习习惯及自主自觉的审美意识，都具有非常重要的作用。终结性评价美术学业质量检测往往在期末跟随非统考科目一起进行，此文章因重点讨论新艺术课标如何在课堂教学中开展与实施，因此仅以课堂评价为主，暂不赘述终结性评价美术学业质量检测。

第二部分　课时教学设计

“美术是人类文化的造型载体”教学设计（1课时）

一、教学目标

（一）教材分析

本课属义务教育阶段美术八年级（上）“欣赏·评述”领域。本课围绕着对雕塑、绘画、服装、建筑、工艺等中外美术作品的欣赏，使学生重视并认识我国美术的悠久历史和辉煌的文化成就，对当时社会历史、文化展开探究性学习。本课主要引导学生从文化理解的角度来欣赏美术作品，认识美术作品中所折射出的时代文化特征。教材主要选择了包括雕塑、绘画、工艺、建筑、服装等中外美术作品，引导学生从文化的角度来欣赏美术作品，认识美术作品在人类历史发展进程中是如何体现社会文化的，以及社会文化是如何映照美术创作的。本课的开设使学生重视并认识美术艺术的悠久历史和辉煌的艺术成就，在重温经典的同时增强学生的审美意识。把对艺术品案例雕塑、绘画、壁画、建筑、工艺、服饰的赏析放在特定的文化情境中，以便学生更好地理解美术造型艺术特点，同时使学生对当时社会的文化产生认识，从一个全新的角度来学习认识美术艺术，激发学生的爱国主义热情，让学生懂得艺术珍品的价值，从而促进学生美术核心素养的提升，推动其人格全面发展。

（二）学情分析

2020级八年级新生共14个班，789人，其中城市学生占4个班，城乡接合部及外来务工人员子女占10个班，学生整体情况既有城市孩子，又有乡村孩子，学生总体文化背景属于混编群体。城市孩子小学段美术课程学习比较完备，乡村孩子美术基础相对薄弱，学生对美术的认知城乡二元对比明显，教学中难用比较统一的资源和课型进行授课。教学应做到因材施教、教学相长，发挥不同学生群体的优势，执教时不断改进教学方法与策略，组织教学注意发挥学生的自主学习能力，做好课堂引导。

由于本课属于开学第一课及入校第一课，我们还应加强中学美术课学习常规教学和纪律行为习惯养成教育。教学内容以自主探究、小组合作和教师引导为辅的方式展开。所幸本节课的教学对象为八年级学生，他们在上学年美术学习后具有了一定的审美基础，且具备了一定的图像审美与文化理解能力，并且学过了相关的美术历史知识和政史社会知识等，对于本课的理解和掌握不会有太大的困难。

八年级的学生，好奇心强，探究欲也强，敢想、敢说、敢尝试。本课的内容虽灿烂辉煌、博大精深，但有一定理解难度。我们在教学中应抓住学生的身心优点，多以他们了解的场景导课、实践、活动，收效应会很好。本课知识实际外延量大，如处理不当，便会让他们的好奇心、探究能力达不到预期的效果，也就很难理解美术史论中的文化意蕴。因此本课讲述的内容不宜过多，应从学生的兴趣出发，选择学生曾感知到的生活文化中的艺术为主线，学生亦好奇的经典作品故事为辅线，化繁为简，把深奥的作品用“深入浅出”的方法解读出来，让学生理解、接受。

（三）教学目标

根据新课标要求、教材内容与学生特点，本课教学目标设计如下：

（1）知识与技能：通过对不同时代、不同种类、不同地域的美术作品雕塑、绘画、服装、建筑、工艺进行欣赏和比较，让学生理解美术与社会、美术与历史、美术与文化的关系。根据美术作品承载的文化、历史进行分析讨论，从文化角度理解美术作品，培养学生的审美感知力。（审美感知、文化理解）

（2）过程与方法：通过讲解、视频、欣赏、比较、讨论的教学方式引导学生对美术作品进行感知、评价、判断与表达，让学生基本了解美术的文化艺术内涵及功能。同时将文化比较、历史、政治经济等生活内容与美术跨界融合，提高学生综合判断与认知思维能力，课中能对绘画、雕塑等艺术形象与艺术效果进行大致分析，加强审美感知力与文化理解力。（审美感知、文化理解）

（3）情感态度与价值观：通过欣赏美术作品，认识美术的艺术文化价值及各美术艺术形式的特点与成就，了解美术艺术文化发展的过程，感知优秀传统文化，增强认识、保护、传承民族优秀文化的使命感，坚定文化自信、树立民族自豪感。（审美感知、艺术表现、文化理解）

二、核心内容

（一）教学重点

认识绘画、建筑、工艺、设计等艺术价值与成就，重点认识分析理解“美术是人类文化的造型载体”这一基本认识的内涵。（文化理解）

（二）教学难点

多角度认识理解美术作品与特定时代文化的联系，理解不同时期艺术与时代之间的联系，识别美术各门类基本文化艺术特征，感知其内涵。（审美感知、文化理解、艺术表现）

三、教学方法与教学任务

（一）根据新课标要求、学生学情及教材内容，本课预备采用的教学方法

（1）教法：谈话、讲解、案例、对比、演示。

（2）学法：课外调查、自主学习、合作探究、小组学习、交流、讨论、汇报、观察、对比、实践操作。

（二）根据新课标要求、学生学情及教材内容，本课教学设置了相互关联、层层递进的四个教学任务

（1）任务一：破冰游戏——晒晒自己的朋友圈。引导学生用画笔模仿朋友圈，以独幅漫画或多格漫画方式，画出暑假自己最喜欢的活动，打破暑假的闲适，迅速进入学习状态，并为假期与新学期学习的内容建立连接打下基础，让学生理解美术背后的文化意义，在于反映和表达真实的生活与情感，从而唤起学习兴趣。

（2）任务二：案例赏析《清明上河图》相关视频，仔细观察作品，谁能说说它所反映的历史文化以及经济、政治和生活背景？让学生通过熟悉的作品，认识美术可表达的内容，纠正学生对美术的认知停留于单一的概念化的

“画画”和“画像”的层面，同时引入历史背景及文学作品《水浒传》中武大郎的角色故事，激发学生跨界学习的兴趣，拉近师生距离，培养良好的美术学习习惯，互动赏析，开阔学生艺术视野，增强其迁移内推能力。

（3）任务三：合作探究，《簪花仕女图》展示观察欣赏。教师派学生代表于教室中间过道展开《簪花仕女图》高仿复制品，同时打开 PPT 作品图片，让学生切身感受真实的美术作品面貌，并进一步激发学生探究兴趣，引导学生仔细观察画面并思考如下问题：这种绘画我们应该先从哪个方向看起？画上都有谁？她们在干什么？这是什么画种，有什么特点？画面分为几个场景？画家如何进行巧妙衔接的？她们的生活与我们今天有什么不同？从哪儿发现的？反映了画面人物内心怎样的思想情感？进一步加深学生对美术作为文化造型载体的功能、作用、内涵强化认知，同时引导学生将其与宋代、原始时期绘画相比，深刻感知时代变化对审美和艺术的深刻影响。

（4）任务四：自主探究，赏析西安世园会局部图与苏州园林局部图，对比法国凡尔赛宫局部图，思考：不同地区、不同时代的建筑艺术样式背后透露出哪些文化内涵？中外建筑进行对比，了解不同地域、不同国家的审美不同、文化不同，美术表现形式也不同，以此加深学生对美术与文化关系的理解。

四、教学准备

（含实验器材、课件制作、教学视频录制等）

教　具	课本、多媒体、PPT、小视频、音响系统
学　具	课本、笔、美术本、彩笔
课时安排	1 课时（45 分钟）

五、教学流程

（含教学反馈与评价：用文字标明以什么方式反馈评价）

（一）情境导入

任务一：破冰游戏——晒晒自己暑假的朋友圈。（3 分钟）

（1）布置任务游戏：愉快的暑假结束了，大家有什么开心的事，说出来让我们开心一下呢？现在给大家5分钟的时间，不能用语言说，必须用画笔模仿朋友圈，在美术本上以手绘线条独幅漫画或多格漫画方式，画出暑假自己最喜欢的活动，画具不限，看谁画得又快又好。

（2）学生5分钟手绘，教师巡回指导。（背景轻音乐造境）

（3）作品展示与评价：

选择最有代表性及完整性的作品，请学生猜漫画内容，请作者讲述猜测正确与否，学生集体评价所示作品的优点。

评价要点	星星等级，最高5级5颗星，请在对应的要点后表格内画出你认为合理的星星数
构图饱满度	
线条生动度	
内容清晰度	
画面趣味性	

小结过渡引入新课：从刚才的活动中，大家发现，即便我们不用语言，大家也能从充满故事的画面中，发现假期快乐生活的不同瞬间，可见美术比文字更具直观性，这就是美术作为文化载体的真实表现。今天我们一起走进第一课“美术是人类文化的造型载体”。（板书揭题：美术是人类文化的造型载体）请大家打开书，翻到第1页，前后桌4人为一小组自学交流讨论。PPT展示自学任务。

设计意图：引导学生用手绘朋友圈的方式，打破暑假的闲适，迅速进入学习状态，并为假期与新学期学习的内容建立链接打下基础，以学生现有的生活经验唤起学生的学习兴趣，引出美术作品和文化与生活的关系，让学生潜在认知理解美术背后的文化意义，在于反映和表达真实的生活与情感，从而唤起学习兴趣；掌握艺术相关形态的基本艺术风貌和特色，初步了解文化内涵，为突破本课重难点奠基，提高学生的观察力、想象力和形象思维能力，加强审美感知、艺术表现、创意实践与文化理解力，认知美术表现的多种表现形式；同时是对七年级所学漫画知识和手绘线条物象的表达内容复习和延续递进学习。

（二）学生自学教材内容，小组合作，主动探究

（1）学生4人为小组阅读教材1～3页，同时用笔标出自己认为重要的地方，组内讨论要点，选出汇报代表。

（2）学生小组代表汇报课本要点，教师引导协助学生整理归纳出重点问题，展示于黑板。（用粉笔在黑板上写出相关问题的关键词）

（3）学生分组汇报讨论结果，教师引导归纳总结板书要点。

（4）师生集体评议自学效果，表扬优秀小组，鼓励后进小组。

设计意图：课本教材向学生提供了大量的资料与图片，是开展主动探究学习最好的资源，同时，教师补充提供图片及资料，引导学生从中汲取信息，培养学生处理信息、运用资料的能力，进入主动探究状态，提高了学生的自主学习能力、团结协作能力和自我建构知识的学习能力。

（三）案例对比赏析，深入感知教材内容

1. PPT展示中国原始绘画黑山岩画及法国洞窟壁画《野牛》

（1）思考：这两幅作品的相同点与不同点是什么？（师生讨论交流）

生：相同点是都是原始绘画，都是狩猎场景或与猎物有关的内容。不同点在于前者是中国绘画，后者是西方绘画。中国绘画喜欢用线条造型，西方绘画喜欢用颜色和体块造型；中国绘画富有平面装饰感，西方绘画比较真实写实，有体积感。

师：说明什么？

生：原始人主要依靠狩猎维生，展现了他们当时的生活状态和社会文化结合方式。他们工具简陋，只能以集体合作方式才能获得食物并战胜自然灾害和各种困难。

（2）小结：由此可见，美术作为原始文字出现以前的语言符号，具有重要的文化内涵，它具有叙事和传递文化信息的功能。

教师顺便板书甲骨文“山、水、日”等描摹自然的形态样式的象形文字，使学生明了原始图像与文字之间的演化规律，引导学生进一步理解“美术是人类文化重要的造型载体”这一主题。

设计意图：以原始社会中外美术作品作为探究起点，运用从整体到局部的欣赏方式，对洞窟壁画《野牛》进行图像识读，并从文化理解的角度对作品进行解读，既能让学生了解中外美术早期绘画的共性与个性，也能培养学生多元的审美观念。同时对原始社会生产力的发展水平和早期人类的生活方式有一个明确的认知，且进一步了解了美术作为文字出现以前的语言符号，具有重要的文化内涵。

（3）思考：美术作品与文化的联系。

师：什么是文化呢？

生：文化就是包含了衣食住行、风俗习惯、历史、政治、宗教、哲学等内容的东西，总之比较广泛。

师：（PPT小结展示）《不列颠百科全书》中文化定义："人类知识、信仰和行为的整体。在这一定义上，文化包括语言、思想、信仰、风俗习惯、禁忌、法规、制度、工具、技术、艺术、礼仪及其他有关成分。"这与我们同学的理解比较相似，大家把文化概念具象化了，而《不列颠百科全书》将它高度抽象、概括了，实际也就是我们同学所认识到的内容。

设计意图：通过对比、典例赏析、明确概念，厘清美术作品和文化的内在联系，初步认识"美术是人类文化的造型载体"这一重要课堂主题。

2. 典例深入，进一步感知美术作为文化载体的内涵

任务二：出示《清明上河图》视频及作品。（欣赏、观察、思考）

PPT出示问题：仔细观看视频，观察作品，猜猜它所反映的历史文化以及政治、经济和生活背景是什么样的？（师生互动交流讨论，从作品构图、透视、人物、场景、画面内容、艺术表现手法等多角度研究讨论）

小结：《清明上河图》以白描勾线，散点透视，全景式长卷构图形式，再现了一个过去的王朝曾经富足与惬意的都城生活。由刚才讨论可知，美术课不单单是画画那么简单，它还涉及很多与我们日常生活相关的内容。从名作中我们可以看出北宋都城开封繁荣昌盛的商贸景象，看到了宋代城市文明的繁盛。街道上贩夫走卒，官轿商旅，人物众多；舟车鞍马，往来频繁；商铺高楼林立，经济繁荣，政治稳定，文化厚重、开放，是一个市井生活烟火气浓厚的时代。但衣食住行与我们今天大相径庭。从中可见：美术比文字更直观。一件美术作品不仅仅有美术的意义，而且能代表一定的文化特征。所以，我们说"美术是人类文化的造型载体"。人在社会学习中得到的知识、信仰、

艺术、法律、风俗等都属于文化范畴，所以文化涉及范围十分广泛。由此可见，我们了解一个国家、一个阶段的文化特征，除了通过文字书籍，还可以从美术作品中穿越历史，看到昨天的文明与生活，这就是美术重要的载体特征。

设计意图：通过典例视频及作品对比赏析，进一步激发学生学习兴趣，再一次明确文化的概念。以经典作品深入讨论分析，给学生以赏析范式，并使其从欣赏活动中进一步感悟美术作品和文化的内在联系，加深对“美术是人类文化的造型载体”的主题的认识。小结中引入学生熟悉的《水浒传》中武大郎的故事，进一步加深学生对宋代历史与经济的了解，并进行了美术与历史、文学的跨界融合，开阔了学生艺术视野，使其进一步深刻理解宋代风俗绘画的内在文化内涵，同时培养了学生的艺术感悟能力、审美感知能力和文化理解力。

过渡：看过宋代的美术经典和文化，我们再来看看唐代又有哪些社会风尚。

3. 合作探究，深入赏析，深切感知精美作品，PPT 展示《簪花仕女图》图片，展示复制品实物

任务三：合作探究，《簪花仕女图》展示观察欣赏。教师派学生代表于教室中间过道展开《簪花仕女图》高仿复制品，同时打开 PPT 作品图片，让学生切身感受真实的美术作品面貌，并进一步激发学生探究兴趣，引导学生仔细观察画面并思考如下问题。

图 2

思考讨论一：

这种绘画我们应该先从哪个方向看起？这是什么画种，有什么特点？画上都有谁？她们在干什么？画面分为几个场景？画家如何进行巧妙衔接的？

（师生互动，学生讨论汇报交流）

小结：大家说对了，这类画应该从右边向左边看，这是我国古代的书写和绘画的习惯。这是一张中国唐代古典绘画中的工笔人物重彩绘画，属于宫廷绘画。画面色彩饱满，散点构图，画中描绘了衣着艳丽的贵妇女及其侍女于春夏之交赏花游园的情景。全图人物主次、远近安排巧妙，景物衬托少而精，画作不设背景，绘仕女五人，女侍一人，另有小狗、白鹤及辛夷花点缀其间。浓丽的设色，面部的晕色、头发的勾染、衣着的装饰，极尽工巧之能事，较好地表现了贵族妇女的细腻柔嫩的肌肤和丝织物的纹饰。两只小狗、一只白鹤、一株辛夷花衔接各个独立的人物，使画面产生了前后联系、左右呼应的关系。半罩半露的透明织衫，使人物形象显得丰腴而华贵。绘画用笔及线条细劲有力，流动多姿，充分体现了盛唐气象。

思考讨论二：

从仕女的姿势造型和眼神中，你能看出画面表现了什么样的生活内容？这些人物形象与今天的人有哪些不同？整个画面人物、动物等描绘得栩栩如生，你觉得唐代绘画水平如何？从仕女的华美服装和精美的首饰中，你觉得唐代纺织技术与工艺水平如何？从作品描绘的仕女面庞、体态饱满，你能说出当时对女性的审美观吗？（PPT 放大局部赏析，师生交流讨论汇报互动）

学生汇报后教师补充（PPT 配合图片展示要点）：

（1）“仕女”原指古代宫女，后引申为美女。《世说新语》中曾写：“顾长康画人，或数年不点目精。人问其故，顾曰：‘四体妍蚩，本无关于妙处；传神写照，正在阿堵中。’”意思是说，顾恺之画人像，有的画完几年都不点人物的眼睛。有人问他原因，顾恺之说：“形体的美丑，与人的神韵没有关系；画像是否传神，关键正是在这眼神里面。”仔细看《簪花仕女图》中美女们眼睛中透露着哀怨无聊，从作品描绘的盛唐贵妇在庭院中散步、赏花、采花、观鹤、戏犬的情节和百无聊赖的眼神，可感受到盛唐上流社会贵妇虽物质富足，但精神空虚乏味。

（2）形象描绘得细致入微，线条精劲有力传神，可见唐代绘画技巧的娴熟，唐代也是我国古代人物画的巅峰，这是代表作之一。

（3）画中华美衣裙及精美首饰的刻绘，折射出唐代的纺织技术与工艺水平相当高超精湛。

（4）仕女面庞、体态描画反映出盛唐女性的审美标准是丰腴肥美，即所谓“瘦而不干，肥而不腻”，这样的审美与盛唐国力的雄强、文化开放包容密不可分，这就是美术作为文化载体所受到唐代社会的深刻影响。美术作为一种符号系统，它也记录了时代的某种真实状态。

（5）簪花，就是将花插在头上。簪花在我国历史悠久，早在东汉时期墓俑雕塑头上就发现了簪花。魏晋时期，人们头上簪花逐渐成为风尚。据传潘安（古代传说的美男）就经常在帽子上插几朵鲜花。隋唐佛教的广泛传播对簪花之风兴起也起到推波助澜的作用。加之唐代武则天对簪花的喜爱，簪花便在唐代成为社会风尚，民间甚至出现了簪花大赛。唐代诗人杜牧等人在九月登高归来时就个个在头上插满菊花，且赋诗“尘世难逢开口笑，菊花须插满头归”。到了宋代，商业的繁荣与士大夫阶层的兴起，将簪花的地位推向了巅峰，宋代男女老少皆爱花，李清照的词中也映照着人们对花的热爱，比如其著名的词句“花自飘零，水自流”“帘卷西风，人比黄花瘦”等。宋代《水浒传》描写人物装扮时，多出现男子簪花的情形，比如浪子燕青就是“腰间斜插名人扇，鬓畔常簪四季花”的人物。

小结升华：由此可见，通过一件美术作品，我们可以解读出如此众多的盛唐信息，绘画技术、政治、经济、历史、文化、生活风尚、审美观、纺织工业技艺等。即便是唐朝，初唐流行的柳叶眉，盛唐的卧蚕眉，审美风尚也是一直在变化发展的。可见美术与政治、经济、历史、文化、社会生活密切勾连，任何人、任何艺术样式都会带上时代的烙印，不以人的意志为转移，绘画如此，人的发展也如此。因此，我们每位同学都要学会时不时抽离当下的情境，站在一个更高的维度不断反思个人自身局限，不断突围，超越时代的茧房，以便成为一个更好的自己。

设计意图：通过典例现场实物作品展示，除了加强学生兴趣外，更重要的在于使学生亲身体会感受经典名作仿品的真实长相，从而激发学生学习美术和欣赏绘画艺术作品的兴趣，配合 PPT 作品局部图放大分析，引导学生进行名作图像深度识读，既增强了学生对于美术本体知识和技能的认知，又不断加强了学生对于美术作为视觉文化载体的重要记录功能的认知，提升了他们的审美感知、艺术表现、创意实践、文化理解力。小结部分的升华引领，尽精微，致广大，体现立德树人、学科思政的具体要求，为学生健康人格培育奠定坚实的审美基础。

（四）小试牛刀，巩固实践（各组任选其一）

任务四：小组自主探究。

1. 对比赏析西安世园会局部图与苏州园林局部图以及法国凡尔赛宫局部图（PPT 展示）

（1）思考：南北不同地区、不同时代的建筑艺术样式背后透出哪些文化内涵？（思考、讨论、汇报、交流）

（2）学生汇报。

（3）小结：西安世园会以现代国际的架构，融合中国古典园林与现代园林的文化元素，给我们呈现出西安作为迈向国际化都市建设发展的现代城市所具有的开阔、大气、服务公众的园林建筑艺术风貌设计，与苏州私家园林精巧、细致、婉约、静谧的风格迥异。法国凡尔赛宫则彰显出法国皇家宫殿建筑艺术异域的辉煌、气派及华美、精致和繁复的装饰。三种不同的建筑类型分别代表了古今中外不同艺术样式所表达的属于它那个时代的独特气质与文化。这就是美术，总会以实体的方式为我们彰显眼睛可及的文化实相，而文学、音乐则是以声音和文字的方式呈现出某种抽象不确定的艺术表象。

设计意图：通过建筑艺术典例本地园林建筑与异地园林建筑样式及中外建筑的对比，了解不同地域、不同国家的审美不同、文化不同，美术表现形式也不同，以此加深学生对美术与文化之间关系的理解；同时进一步开阔学生视野，培养全球意识和国际视野，增加审美广度与深度。

2. 展示《三彩骆驼载乐俑》与凤翔泥塑虎并进行比较

（1）小组讨论思考：

①《三彩骆驼载乐俑》与凤翔泥塑虎在表现风格上分别体现了什么文化特征？

②有哪些时代印记？

③能发现其使用群体吗？

（2）小组代表汇报讨论结果，教师引导学生小组间及时相互评价汇报质量、合作状态、思考深度、表达流畅性和完整性情况。

3. PPT 展示民族服饰与现代服饰比较

（1）小组讨论思考：民族服饰与现代服饰的区别是什么？它是如何体现文化差异的？

（2）小组代表汇报讨论结果。

（3）小结：服饰既是美术设计领域的种类之一，也是文化的表征之一。不同民族、不同工种、不同职业、不同年龄、不同群体，对服装的需求完全不同。它既体现个人喜好，也呈现审美品位与风格，更是身份与生活的外化。因此，每位同学都应关注个人服饰文化，学生就要有个学生样，以免行走社会招来麻烦。

设计意图：将教材内容与学生熟悉的陕西民间代表性泥塑作品自主研究比较，呈现与学生密切相关的服饰主题内容，旨在唤醒学生学习兴趣的同时，让他们深切感受艺术就在自己身边，美术就在生活中。通过自主探究识别不同历史时期、不同受众对工艺美术及设计作品的审美风格和文化内涵需求的差异，进一步拓展认知美术作为造型文化的载体，其包含的范围之广。同时这对美术各门类艺术作品欣赏也是一个开拓，并进一步加深学生对美术文化内涵的认知，提高学生艺术感悟力，强化发展审美感知力和文化理解力，培养学生热爱家乡的情感，唤醒学生文化自觉。家国情怀渗透其中，学科思政植根细节。

（五）拓展延伸，巩固提高

（1）PPT 拓展欣赏：Q 版《簪花仕女图》文创产品及根据宋代王希孟《千里江山图》创作改编的舞蹈《只此青绿》视频片段。思考并集体讨论，看到这些，你想到了什么？

（2）学生汇报。（师生、生生互评）

（六）升华总结全课

美术作为文化的造型载体，我们跟随古代美术作品，走到现代，领略了美术对时代和历史社会文化生活的忠实记录，感知了不同时期的审美文化和社会风貌。无论绘画、雕塑、建筑还是工艺美术、设计艺术，这些美术作品作为造型艺术，其内容表现的都是人的文化生活。作为人类文化的造型载体，我们可以通过美术作品研究，验证特定时期的历史文化风貌，感受不同时期的艺术文化魅力。美术也随着科技、社会的发展而日新月异。《簪花仕女图》《千里江山图》在今天的变化告诉我们：世界上唯一不变的就是“变化”。大家也要适应时代的变化，不断丰富发展和完善自我。文化发展需要传承，传承并非一味摹古拟古，Q 版《簪花仕女图》文创产品及舞蹈《只此青绿》都是很好的历史文化沿革和创新。

创新成为当下最热门的话题和最重要的个人品质，更是民族复兴和国力强盛的基础。大家一定要承担起重要的历史使命，将个人命运与时代发展规律结合，创造出一个更好更美丽的世界。

设计意图：将学生现实生活经验的内容及地域文化背景下的古为今用案例和新媒体艺术作品赏析结合拓展，认知美术表现的多种表现形式。进一步验证美术是人类文化的造型载体，巩固学生分析欣赏艺术作品的能力，加强感知美术作品与特定时代背景的联系。既培养了学生观察、思考、欣赏、总结与表达能力，也拓展了其艺术视野，同时从单纯的认识美术文化，引申到文化传承、使命担当、责任心培养。在落实核心素养的基础上，既进行了跨界、跨科学习，又加强了学生思维的深广度，同时不断唤醒学生的审美学习兴趣，引导学生形成自主创新意识和创意思维能力，以期促进创意实践核心素养的形成与发展，培养学生自觉传承优秀中华传统文化，促进民族自豪感形成，增强文化自信，锻炼创新意识发展。

（七）作业（四选一，学有余力的学生可全选）

（1）请以《簪花仕女图》为例，从人物妆容、首饰、衣物等方面分析初唐、盛唐、晚唐妆容、首饰、衣物风格等发展演变，自主进行网络探究，根据探究结果，写一篇 200 字左右的小短文，电子版发老师邮箱，纸质版下节课开课前 5 分钟和同学分享交流。提示：文字中如有采用网络或具体书籍的图片和文字，请以参考文献的方式，注明图片与文字来源和出处，标明作者与网站链接。

（2）刚才我们讲到文化需要创新，请你以凤翔泥塑虎为参考，设计一个新的文创产品，并画出线稿，下节课开课前在全班分享。

（3）也有人说《清明上河图》是“盛世危图”，原因何在？请你利用网络或图书资料，找找其中的原因，以100字左右的小短文来描述分析，电子版发老师邮箱，纸质版下节课开课前全班分享交流。提示：文字中如有采用网络或具体书籍的图片和文字，请以参考文献的方式，注明图片与文字来源和出处，标明作者与网站链接。

（4）调查你身边还有哪些体现时代特征的美术文化作品，以手机拍照或摄像或微视频制作的方式进行1分钟图片或视频介绍。图片、视频电子版文件发老师邮箱，下节课现场向全班分享展示调查内容。

设计意图：对课堂经典案例、核心知识与能力进行深入挖掘，让学生了解一幅美术作品包含的文化内涵之广泛，巩固本课所学内容与技能，帮助其养成从文化角度观察和理解美术作品的习惯。通过调查报告写作、对美术现象的自我探究、文创产品的设计等课外练习，帮助学生形成创新意识、创意思维，提高深度学习水平和思考能力，拓展了其学习边界。在小视频制作中发展学生现代信息素养与媒体意识。

（八）评价与总结

学生根据课堂表现填写评价量规，提醒学生要客观真实地描述与评价。

课堂学习效果评价要点	学习评价等级（A：非常能，B：很能，C：基本能，D：待改进）
我知道了美术的门类，并能进行大类识别判断	
我知道原始时代、宋代、唐代绘画的审美差异和背后的文化原因是什么	
我知道美术与社会文化的关系	
我知道美术区别于文学、音乐的显著特征是造型与真实可感的可视化形象	
我能够运用色彩、线条、空间、明暗、肌理等对美术作品分析描述	

续表

课堂学习效果评价要点	学习评价等级（A：非常能，B：很能，C：基本能，D：待改进）
我理解了文化包含的内容	
我知道美术创意表达的形式	
我知道美术与其他姊妹艺术和新媒体艺术的关系	
我知道美术与时代发展的关系	
我知道课外美术调查学习的途径和方法	

设计意图：根据学业质量水平，分解教学目标，合理地量化评价指标，真实地反映学生在本课学习中的质量水平发展程度。帮助学生学会自我评价，增强目标意识和反思能力。

对学生已完成的评价量规进行展示，总结学生完成的总体情况，并对其进行评价。

设计意图：给学生提供充分展示表达的机会，及时展示、反馈学生的自我评价，激发学生的自信心，使学生保持最佳的学习状态，发展学生正确评价自我与他人的能力。

（九）板书设计

美术是人类文化的造型载体

美术种类｛绘画、工艺、设计、建筑、雕塑｝｛历史、经济、政治、宗教、哲学、技术、法律｝文化（语言、思想、信仰、禁忌、工具）、风俗习惯、规章制度、艺术、礼仪……

第三部分　教学设计解读

一、选题设计说明

之所以选择旧版八下"美术是人类文化的造型载体"一课进行新课标转型课例教学案例设计的尝试，主要在于本课例符合新课标要求的内容统整，且在一定文化情境中帮助学生认识学习美术文化，理解相关美术样式和形态的要求，本课内容也符合《艺术课程标准》对初中美术教学的项目式、主题式、探究式、小组教学、自主学习模式和教、学、评一体化的尝试要求。

本课题在《艺术课程标准》指导下，在八年级 14 个教学班加 1 个外校班级进行过各种组合的教学实践探索。其中有乡村学生，也有城乡接合部学生，还有城市学生。本设计方案在综合了城乡不同群体班级的最优方案，保留了教材最核心内容，融合相关延伸关联且贴近学生生活实际的内容后，进行了重新整合改编和精心的实践设计。其力求深入落实《艺术课程标准》最新学业水平和执教内容要求，充分体现艺术核心素养"审美感知、艺术表现、创意实践、文化理解"四个能力维度的发展培养要求，同时涉及"立德树人、学科思政"的新课改要求，力争把"坚持以美育人、以美化人、以美润心、以美培元"的艺术课程要求落到实处，以"引领学生在健康向上的审美实践中感知、体验与理解艺术，逐步提高感受美、欣赏美、表现美、创造美的能力，抵制低俗、庸俗、媚俗倾向；引导学生树立正确的历史观、民族观、国家观、文化观，增强爱党、爱国、爱社会主义的情感，坚定文化自信，提升人文素养，树立人类命运共同体意识，为实现中华民族伟大复兴而不懈奋斗"。

二、教学设计解读

本课例设计依据新版《艺术课程标准》美术八年级"欣赏·评述"领域教学要求，学习任务主要引导学生"概览中外美术发展史，了解美术产生的背景，以及不同时代、地区、民族和国家美术的特征，知道中国古代经典美术作品，以及近现代反映中华民族追求独立解放和党团结带领人民进行革命、建设、改革的美术作品，增强对伟大祖国、中华民族的情感，传承红色基因，坚定文化自信，形成开放包容的心态和人类命运共同体意识”。发展学生义务教育阶段艺术核心素养“审美感知、艺术表现、创意实践、文化理解”四维度能力而设计此课。

本课虽为美术史论欣赏内容，但为避免陷入常规美术史论理论课一讲到底、满堂灌式、线性传导型、单一课堂教学模式，我在课堂导入环节采用初中学生非常喜欢的手绘线条漫画游戏形式，结合暑假生活和假期生活愉悦的心情体验，开展模拟朋友圈手绘活动，以美术本体游戏活动将课堂带入第一个教学高潮，激发出全体学生的学习欲望，让学生真实体会了一把美术作为文化载体，呈现个人文化生活的便捷，潜在让学生感知“美术是人类文化的造型载体”这一主题。

除此而外，全课围绕“美术是人类文化的造型载体”这一核心观点，融合初中生非常喜欢的“课堂游戏 + 任务驱动 + 自主合作 + 小组交流学习教材内容等”形式。教师通过经典美术作品问题导赏、对比研究、案例解析，设计出深入浅出、环环相扣的课堂结构；结合学生小组协作、自我探究式学习，将“美术与文化”这一核心词作为独立主题项目，贯穿课堂始终，围绕“美术与文化”的教学主线，紧扣这一主题，将原始岩画、宋代典型白描绘画《清明上河图》和唐代《簪花仕女图》作为本课探究的主要核心对象，打破美术史论的线性结构，通过问题串、问题链、层层递进的任务链，把经典的美术作品和社会、文化、政治、宗教、哲学结合在一起，综合研究学习。

与教学相关的内容会辐射至相关领域的文学、音乐、舞蹈、媒体艺术、民间美术等，同时设置绘画、雕塑、建筑、工艺、设计等美术类型的作品，并尽力将美术学习内容的典型案例与学生历史课、政治课及个人生活等内容紧密联系，作为重点案例进行深入研究，以帮助学生建立美术宏观文化场域，让他们认知美术作为一种文化样式与其他学科之间的联系，帮助其体会美术的外延与内涵。

拓展中又结合陕西、西安本地美术文化中学生熟悉的世园会、凤翔泥塑等内容，与课本内容进行对比赏析，加强中外美术艺术文化差异的比较，强化学生的审美感知力和文化理解力。如在任务四中增加了一组课本没有但学生知晓的苏州园林、世园会、凡尔赛宫建筑艺术作品的对比赏析，使学生清晰感知中外美术文化差异巨大，使其潜在认识到美术背后蕴藏的政治、经济、历史、宗教、哲学、风俗习惯等及其对社会生活和文化现象的影响，同时使学生深切感受到美术所包含的内容之深广，将之喻为“文化万花筒”也毫不为过。

由此，全课设计编织了一张义务教育阶段初中美术欣赏课教学的立体综合模型，它是融项目、合作、交流、自主学习于一体的跨学科教学网络，能使学生在美术文化饱满充实的内核填充下，深切感受美术作为一种文化的博大精深，深刻感知其内部的艺术魅力，从而点燃学生内心主动学习探索的愿望，强化其“在艺术的世界中求真、崇善、尚美”的需求。

与此同时，本课例在教学中始终将评价置于课堂教学全程，使学生在学习中能够不断检查自己的学习效果，不断强化学生的自信心和自觉学习意识，同时培养了学生的多种学习能力，提升了其人格品质与修养。

三、教学反思

（一）关于导入

本课教学因执教班级较多，学生学情变化非常大。对城市学生曾尝试用西安文创产品入课的办法，出发点虽然良好，但学生实际的课堂表现并不十分理想，课堂预热很慢，学生积极性不是很高，也耽误重点内容的教学时间，因而很快放弃这一尝试。

在城乡接合部的班级授课，我也曾尝试过将不同历史时期的美术作品以图片连播形式快速播放入课，并带领学生深入研讨不同时期的美术作品所反映的文化特色。此活动学生非常喜欢，但交流讨论时间较长，容易导致课堂节奏失控，不利于经典作品的深入解读，也被放弃。

最后所选的漫画游戏晒朋友圈的方式，整体实验班级学生都很喜欢，且贴近学生日常生活。这项活动课堂用时不多，效果很好。它既关注了美术手绘线条和漫画等本体内容的强化训练与学习，同时是对学生七年级美术学习内容的复习回顾和提升，且直击课堂教学重难点问题，加之赋予其“晒朋友圈”的时尚流行活动，更加引起学生喜爱，学生课堂情绪热烈，动作迅速，作品完成效果好，最终将它保留了下来。

总之，好的课堂导入，既要贴近学生生活，能够将学生从课下松散、游离、自由、散漫的状态唤醒，激发出学生的学习兴趣；又要注意紧贴课堂教学的重难点问题，紧扣核心素养要求；而且能在3～5分钟直接进入课堂学习内核重难点问题，且能起到引起重点，突破难点的作用。这需要一线美术老师认真用心、用脑，观察学生，理解课标与教材，只有熟悉本学科及相关学科知识与内容，才能驾轻就熟、信手拈来，达到预期效果。

（二）关于课堂资源统整与跨科融合

《艺术课程标准》将艺术各学科进行了学科统整，原美术学科仅仅成为新版《艺术课程标准》中的五分之一，学习比重大大下降，但教学难度大大加深，因为它需要体现艺术学科之间的关联性。也就是说，美术老师课堂教学虽然是分科教学，但必须呈现美术与其他艺术学科或其他文化知识之间的内在联系；教学必须指向学生综合素养提升，健全完整的人格培养。基于新课标此特性，在教学本案例设计时，将学科统整内容分解到各个小环节。比如，“晒朋友圈”活动，就是将美术手绘线条和漫画与学生日常生活结合，美术作为文化表征和载体已渗透在其中。这种寓教于乐，潜移默化融知识学习于生活的学习方式，既符合初中生身心发展特点，又体现了新课标课程统整的要求，还彰显了美术课本身的特质，是一种有益的尝试。

课中《清明上河图》案例视频与作品的结合，则是现代媒体艺术与绘画的跨界融合。作品背景中的历史、文化、经济、政治等文化特色分析，自不必说体现了美术与其他学科的文化融合。《水浒传》故事人物与美术作品的勾连，则是美术作品时代背景延伸的文化关联，同时是与文学的接轨。

盛唐《簪花仕女图》服饰、妆容、体态等与现代审美的对照赏析，则更是站在美术核心素养的基础上对美术文化所包含的生活、物质与精神的审美关联。

最后一部分拓展延伸了Q版《簪花仕女图》文创产品及根据宋代王希孟《千里江山图》创作改编的舞蹈《只此青绿》视频片段赏析与感知。这是引导学生关注当下与生活，关注创新与发展的重要维度。其中有舞蹈、有音乐、有设计、有创意，同时其鲜明的时代性，也是学生非常感兴趣的内容。

这些设计，旨在保留教材规定欣赏的经典作品精细化研读，使学生通过欣赏中国古代不同时期的美术经典作品，认识中国美术源远流长的文化历史和丰富独特的民族文化特质，又让他们了解中国美术为世界美术做出的贡献及对当下生活的深刻影响，从而培养学生为了美好生活而励志学习的品质。

总之，融合统整后的美术课堂，比直白地呈现教材图片与内容有更加丰富的含义和更好的学习效果，对于学生内化学习行为和审美习惯，认知民族文化的深厚程度，培养创意实践能力，都有举足轻重的作用。

（三）关于初中美术课堂的宽度、深度与高度

好的课堂都具有课堂的宽度、深度与高度，其全部流程中都不应留下太多遗憾。虽然绝对完美的课堂不可能，也不存在，但我们完全可以不断追求课堂教学内容的广度、深度和高度。这样的课堂本身，内涵丰富，内容充实，课堂节奏舒适，充满学习的乐趣，学生思维能够不断得到锻炼和激发，学生走出课堂眼神一定是闪亮的。本课案例教学也在 2022 年版《艺术课程标准》指导下力求做到这一点。

因此案例在每个环节的归纳总结中总是不断结合学生思想实际，将升华引领、画龙点睛的句子置于课堂每个环节的小结中（见第二部分教学设计各环节内容与设计意图，此处不再赘述）。本课为呈现美术学科的丰富、完整性，将绘画、雕塑、建筑、工艺、设计等相关内容与代表案例综合在课堂之中，拓宽了学生的艺术视野。在课堂内容深度的把握上，对案例做了从作品内容、形式到文化背景的全面研究，增加了课的宽度、深度与高度，且与高中美术鉴赏教学的内容和方法进行了某种局部形式与内容上的对接，为学生未来更高学段的美术学习打下了坚实的基础，同时体现了 2022 年版《艺术课程标准》对第四学段学业能力向上兼容、专业发展学习的需要。

（四）关于学生作业设计

美术学习一般不预留课外作业，所有练习都在课内解决，但因本课跨越幅度较大、内容比较深邃、具有很高审美范式的教学内容，其某种深度项目与案例研究可与高中美术鉴赏教学媲美，因而依据义务教育阶段新课标从审美感知、艺术表现、创意实践、文化理解四个核心素养角度对本课课外学习内容进行了实际的学习指导和升华引领。当然，这些作业是非强制性的，是可选择的，且必须与课堂教学内容结合，具有一定趣味性，即使全部完成也不会占用学生太多课余时间，不会给学生带来过重的学业负担。而且，课外的美术拓展学习实践还有利于学生美术表现、审美感知、文化理解、创意实践能力的发展，同时培养了学生自主探究学习、归纳总结和艺术表达能力。所以本课作业设计以四个小作业形式。第一个练习：从《簪花仕女图》深度探究人物妆容、首饰、衣物等，分析初唐、盛唐、晚唐妆容、首饰、衣物风格的发展演变，写一篇200字左右的小短文。该练习指向学生文化理解的素养发展，对提高学生的自主探究学习能力大有裨益。于八年级学生而言，并非难以做到的事情。练习特别强调了小短文中如有采用网络或具体书籍的图片和文字，请以参考文献的方式，注明图片与文字来源和出处，标明作者与网站链接。这也是《艺术课程标准》要求培养学生版权意识，学会尊重他人与自己的学术劳动成果的具体体现。同时，这也是潜在培养学生学习处理好自我与他人的关系，渗透着哲学意味的人格训练。第二个练习：以凤翔泥塑——虎塑为参考，设计新的文创产品，画出线稿。其既与当堂学习内容相关，同时指向对学生创意实践素养发展与民族情感、家国情怀培养。第三个练习：也有人说《清明上河图》是“盛世危图”，原因为何？其旨在培养学生自主探究和归纳总结升华的能力，同时加强了学生对民族传统古典优秀文化的继承。第四个练习：调查身边还有哪些体现时代特征的美术文化作品，以手机拍照或摄像或微视频制作的方式进行1分钟图片或视频介绍等。这既是对课堂学习内容的巩固和强化，也是对学生课外学习能力与综合实践探索能力的加强、锻炼和提升。

（五）关于教学效果评价

本课美术学习评价基于新课标核心素养教学评价“教、学、评一体化”要求，主要设计了两次大的评价表格，即简易量规评价模式，主要分布在开课活动中关于学生创意表达的评价和结课时关于学习重点内容的自我评价，课堂中间辅助穿插实时的动态学习态度、协作态度、交流效果等师生、生生评价，渗透了自评、互评的评价方式，既体现出新课标“教、学、评”全过程一体化，又起到了强化学生审美感知能力和文化理解力的作用，且有强化记忆和自我习惯纠正的妙处，润物无声，调整学生的学习行为，培养良好的学习习惯和正确的自我认知及人际互动能力，有很好的引领作用。

（六）改进提升思考

常言道："有教无类，教无定法。"美术课堂教学更是一个贯穿师生互动全程的创新实践过程。而好的课堂本身当随情境、时代、学生状况、教师个人积淀、文化、科技、社会发展状况而不断变化和发展。

本案例教学虽在很多班级都取得了非常好的教学效果，但它不是定格画面，课堂仍有诸多可继续提升与挖掘的地方，比如：本课教学评价还可有对案例进行填表自学等评价方式，但课堂活动部分环节时间就需要压缩，有的案例解读就没有办法进行精细化鉴赏与研究了。如果增加评价项目，课堂结构与素材都需要重新调整。另外，如果时间和条件允许，即学生素养很高与教学硬件设施完备的情况下，还可允许学生课下自主探究，课上集体汇报，进行教师引导下的学生自主赏析实践分享，课堂将是另外一番景象。

总之，义务教育阶段美术课成为一项非常重要的美育艺术教育实践课程，也是学生创新实践精神和意识培养的重要科目。如何结合新课标，不断推进发展学生艺术核心素养，将"审美感知、艺术表现、创意实践、文化理解"深入美术课堂，融入学生生活，不断提升学生的审美修养与艺术品位，我们还有十分漫长的教学之旅需继续实践与探索。

信息技术

科学与技术并重的信息科技教学

——以物联网和人工智能教学模块为例

江苏省通州高级中学　张剑平
江苏省南通市通州区金郊初级中学　蒋春红

第一部分　课标要求及我们的教学建议

一、学材内容分析

新课标确定了初中学段信息技术的教学内容由互联网、物联网和人工智能三个大的单元模块构成。从原先以信息为教学内容主体推移到以数据和数据的计算为教学的核心，整个教学内容紧紧围绕数据和计算这两个中心，让学生探索基于真实问题的技术应用。

三个模块之间有着非常紧密的联系：物联网是互联网的延伸与拓展；人工智能离不开互联网和物联网作为载体提供的大数据支持；人工智能又能更高效、更智能地驱动物联网和互联网获取数据和传输数据。

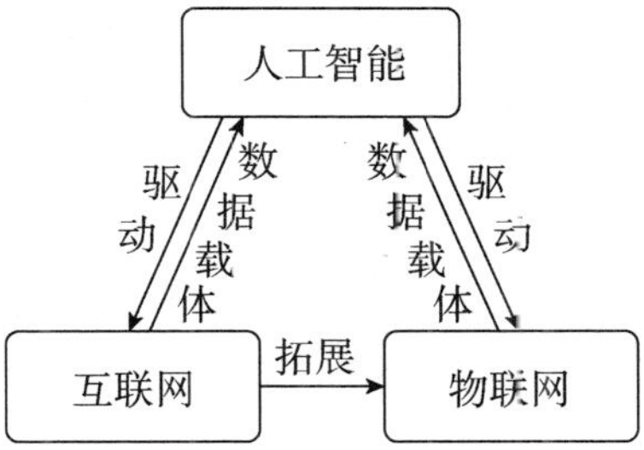

课标组的专家们除了确定了这门课程学习的内容之外，还将课程的名称从“信息技术”改成了“信息科技”。虽然只是一字之改，却使得这门课程的本质属性发生了变化。

科技＝科学＋技术。原本的“信息技术”侧重于技术层面，现在的“信息科技”不仅仅要关注技术层面，还要关注技术背后的科学原理层面。这种变化，对于课程内容的编排、教学的设计以及评价测试都有一定的影响。

在三个学习模块中，我们选取了物联网和人工智能两大单元模块来进行新课标的解读和学材内容分析。在当前众多的信息科技教材中，我们又选取了和新课标匹配度较高的两种教材作为新课标解读、教学范例编写的样本。

物联网模块学习内容的分析：

新课标中，物联网模块包含了四部分内容：“从互联网到物联网”“物联网基本原理与功能”“物联网创新应用”“物联网安全”。

物联网是互联网的延伸和拓展，从互联网知识的学习到物联网知识的学习，是水到渠成的安排。在学习内容上，不仅仅对比了两种网络的共性，更强调了物联网的特性。

“物联网基本原理与功能”重在“实现万物互联”基本原理的讲述，偏向于科学性的理解；“物联网创新应用”则偏向于搭建物联系统原型以及简易物联系统的“技术”实现。这两部分内容是整个物联网学习的重点和难点所在。

人工智能模块学习内容的分析：

新课标中，人工智能模块包含了三部分内容：“人工智能的基本概念和常见应用”“人工智能的实现方式”和“智慧社会下人工智能的伦理、安全与发展”。

“人工智能的实现方式”显然是这个模块的技术难点所在。虽然初中的学生具有一定的信息科技基础，但是由于受数学等相关学科学习进度的影响，这部分内容的学习要求较低。

新课标除了加重了信息科技中理论部分的教学，还着重强调了信息科技的安全性，尤其是对于个人以及国家的安全性。这一点也是值得关注的。

二、课标要求解读

信息科技新课标在确定不同学段的教学目标时，将目标分解成“信息意识”“计算思维”“数字化学习与创新”以及“信息社会责任”四个子目标来进行表述。

物联网模块的子目标中包括：感受改变；知道网络中信息（数据）编码、传输和呈现的原理并能设计和搭建简单的物联系统原型；能通过项目活动采集、分析和呈现数据从而体验数据处理和应用的方法和过程；知道数据安全防护的方法和策略并了解自主可控物联网对国家安全的重要意义。

对于普通学生而言，学业的要求包括：

（1）能完成简易物联系统的设计和搭建；

（2）能借助智能终端或编写程序，读取和处理物联网中的数据，从而实现物联网的反馈和控制；

（3）能对典型的物联系统进行分析。

人工智能模块的子目标则包括了：了解作用，具备意识；借助案例分析，形成个人理解，且会合理选用并能比较使用人工智能与否解决问题的效果；体验应用场景以及合理开展互动，并且了解人工智能带来的伦理和安全挑战。

对于普通学生而言，学业的要求包括：

（1）体验、感受人工智能带来的便利；

（2）了解人工智能的基本知识；

（3）学会人工智能场景的分析，从而加强对三大技术基础作用和常见的人工智能实现方式的了解；

（4）认识自主可控技术的意义。

无论是物联网模块的学习，还是人工智能模块的学习，对于特长学生而言，学业的要求还应该包括能创新性地解决一些跨学科的真实问题。

三、单元教学建议

（一）鼓励自主探究学习

信息科技学科是一个非常适合学生进行自主探究学习和合作探究学习的学科。这不仅仅因为在互联网的学习目标中要求学生利用网络进行学习，体验在线学习新模式，也不只是因为网络可供学习的资源比较丰富，还因为信息科技的学科内容特别适合试错式学习，也特别适合项目式学习。试错式学习是一种自主学习的重要方法，项目式学习是小组合作学习的最佳方式。

在教学中，教师不仅要鼓励学生自主学习和小组合作学习，更要为此创造条件以及进行相应的引导。

（二）注重思维能力提高

新课标要求，在教学中应该着重关注学生思维能力的提高。不仅要强调具有学科特质的计算思维（包含抽象思维、分析思维、建模思维、算法设计思维），还要着重培养学生的类比思维、系统思维以及创新思维。让学生掌握借助思维导图等图示化软件将思维过程可视化的基本方法和技巧。

可视的思维不仅可以为思维的自我反省和完善提供便利，而且为同学之间的思维交流和老师对思维的评判提供了可能。

（三）采纳多种评价方式

课堂教学中，采纳多种评价方式，来体现“教、学、评”的一致性。以往的教学活动中，比较重视教师对学生的评价，而学生和学生之间的生生互评以及学生对自己学习状态的过程性自我评价相对比较缺失。信息科技的课堂学习中，往往更看重解决问题的过程，过程性评价显得更为突出。新课标特别提出了过程性评价应该遵循的原则以及评价环节和评价方法。两个课例中均有相关的体现。

（四）借助社会技术力量

信息科技的教学不仅要让学生们面对真实性问题，也要让学生体验解决真实性问题的技术路径。新课标提出“充分调动社会各界力量，建立资源建设共同体”，为我们在教学中如何运用教育系统之外的技术资源和技术平台指明了方向。

物联网和人工智能相关技术公司开发了不少应用平台和工具软件，和这些公司进行教学应用上的合作也是我们更好实现新课标目标的重要的、有效的途径。

（五）积极转化最新成果

信息科技是一种日新月异、飞速发展的科学技术。在教学中，需要随时关注全世界信息科技的最新发展成果，更需要在第一时间内将最新成果转换成教学资源，实现教学资源的迭代更新。这也对信息科技老师提出了更高的要求。

也正因为信息科技教学内容更新速度快，信息科技的教学内容就不能局限于更新周期漫长的纸质教材，而是需要将纸质教材和在线教材、在线资源相互融合、补充。

第二部分　课时教学设计

【案例一】初识物联网

教材：浙教版信息技术八年级下

课题：第 5 课　初识物联网

课时：2 课时

课型：项目探究课（　）　原理学习课（√）　综合应用课（　）

一、学习目标

1. 运用步骤分析方法，能通过绘制流程图呈现实例分析的结果；

2. 借助类比实例的分析，能用语言描述两个实例之间的类比关系；

3. 通过实例分析，能用语言文字归纳总结出物联网的基本组成环节；

4. 借助列表，罗列出物联网三个架构层次对应的组成环节以及不同层次中的操作方式、设备技术和作用价值；

5. 借助主动思考，能在质疑性理解的基础上默写出物联网的三个特征；
6. 运用下定义的方法，能严谨清晰地阐述物联网概念；
7. 运用比较分析的方法，能列表比较互联网和物联网的异同与相互关系；
8. 运用知识可视化的方式，能画出本节课的知识系统结构图。

二、学习重点

1. 物联网的架构层次；
2. 物联网的概念和特征。

三、学习难点

1. 对实例进行分析；
2. 给物联网下定义；
3. 互联网和物联网关系及差异的分析。

四、课前准备

相关视频、学生自评互评表、教学课件。

五、教学过程

（一）实例分析

1. 视频演示并提问：播放“红外感应门”视频并提出问题。你知道为什么能人来门开么？能否猜一猜这种红外感应门人来门开的工作流程？

（学生：带着问题观看视频并回答问题。评价建议：学生自我评价。）

2. 提问并引导：红外感应门的简单原理。通过以下问题进行引导：这个感应门是如何知道有人来的？电机又如何能够准确地开关运行？

（学生：思考，回答提问。评价建议：学生自我评价。）

3. 讲述：自动感应门在感应器探测到有人进出时，将信号数据传给主控器，主控器判断后通知电机运行。

（学生：听讲，对概念形成初步认知。）

4. 布置任务：请学生尝试将归纳的过程进行步骤分解，并将分解好的步骤用流程图的形式表示出来。

（学生：尝试绘制步骤分解流程图，并相互交流学习。）

5. 总结并板图：感应器（感应探测）→主控器（判断）→电机（运行开门），其中箭头表示数据的传递过程。板图：“红外感应门”步骤分解流程图。

（学生：互评及修改完善绘制的流程图。评价建议：对照老师的流程图，同桌同学间进行互评。）

（二）呈现概念

讲述：感应器、主控器、电机等设备在信号传输线的连结下成为一个网络，这些设备和传输线都是“物”，它们组成的这个网络就称为“物联网”。暂时不给出严谨的定义，仅做出解释。

（学生：听讲，初识“物联网”。）

（三）类比案例分析

布置任务：“手被火烫会缩回”这是我们人的生理反应。请按照同样的步骤分解要求，绘制出这个生理反应过程的流程图。

（学生：尝试绘制步骤分解流程图，并在相互交流学习后修改完善。评价建议：同桌同学互评。）

（四）分析物联网的层次架构

1. 提问：借助以上两个案例的分解分析，请思考总结物联网由哪些基本的环节所组成。

（学生：思考并回答。）

2. 总结：依据实例分析，组成物联网的环节有：感应环节、判断处理环节和数据传输环节。

3. 讲述：我们根据物联网不同环节对数据的操作，对物联网这个系统的结构进行了层次上的划分。

（学生：听讲。借助连线呈现自己理解的“环节”和“层次”的关联。评价建议：自我评价。）

4. 讲述并布置任务：物联网有多个结构层次划分的方法，教材上介绍了最简单的三个层次的划分。请学生阅读教材，尝试用列表的方式呈现物联网三个层次和物联网环节的对应关系以及三个层次中对数据的不同操作。

（学生：阅读教材并完成列表比较。学生间互动学习并完善列表。评价建议：同桌互评。）

5. 讲述：借助以上列表，增加“作用价值”和“相关的设备技术”两项，比较各项目并进行讲述。

（学生：听讲，补充完善列表。）

6. 布置课后选做作业：呈现四层、七层物联网参考模型图。

建议有兴趣的学生课后运用学习的知识和技能通过网络搜索等方法来学习。

（学生：课后选做作业，有兴趣的学生选择性完成。评价建议：学生自我评价。）

（五）物联网的特征

1. 讲述：从物联网的三个层次总结出物联网的三个特征——全面感知、可靠传递和智能处理。

（学生：听讲。鼓励并要求学生用提起问题的方式进行质疑性思考。）

2. 提问和提示：为什么说物联网感知的特点是“全面”或者是“整体”的？我们可以从感知的设备和技术来探寻感知的特点。

3. 讲述：网络层的特征是“可靠传递”，利用传感器网络技术、移动通信技术以及互联网技术来实现传递数据的可靠性。这个层次运用了很多的互联网技术。

（学生：听讲。鼓励并要求学生用提起问题的方式进行质疑性思考。评价建议：学生自我评价。）

4. 提问：应用层的特征是“智能处理”，如何实现数据处理的“智能化”？

（学生：回答。）

5. 视频演示并提问：观看影视作品中有关指纹锁的视频片段。这个视频片段带给我们什么样的思考和启示？

（学生：以文字形式各自作答，交流。评价建议：同桌互评。）

6. 布置课后选做作业：以物联网的安全为主题查找相关资料并撰写短文进行汇报。

（学生：课后选做作业，有兴趣的学生选择性完成。评价建议：教师检查评价。）

（六）物联网的定义

1. 布置任务：让学生尝试用下定义的方法来界定物联网概念。提示下定义的方法并提出具体要求（见教学设计解读）。

（学生：以文字撰写形式完成任务并交流完善。评价建议：同桌互评。）

2. 讲述：物联网英文为 Internet of Things，简称 IoT。

（学生：听讲，记忆英文全称和缩写。）

3. 布置课后选做作业：上网搜索有关物联网的历史。

（学生：课后选做作业，有兴趣的学生选择性完成。评价建议：学生自我评价。）

4. 布置课后必做作业：概念也可以通过解释、举例加以阐述。用自己的语言向家长介绍物联网概念并记录和家长的对话交流过程以及家长对物联网的理解。

（学生：完成课后必做作业，以文本记录方式上交。评价建议：教师检查评价。）

（七）物联网和互联网比较

1. 提问并布置任务：我们学习了互联网的知识，现在又在学习物联网的知识。它们之间有什么异同呢？请列表进行对比。先交流一下列表的比较项。

（学生：思考作答，完成任务并交流完善。评价建议：同桌互评。）

2. 提问：物联网和互联网之间又存在着怎样的联系呢？请大家对来自网络的观点做出自己的评价。

有人认为："物联网并不一定必须要有传统意义上的网络支撑，蓝牙技术、ZigBee 技术等都可以支撑物与物的连接以及数据通信。物联网是互联网的一种扩展，或者说互联网只是物联网的一个子集。对于物联网的概念，应该更加开放性地理解，不能错误地认为，物联网必须依附于互联网。"

（学生：思考作答，和同桌交流讨论。评价建议：同桌、同学互评。）

（八）总结

板演总结：围绕教学核心内容——物联网的组成环节，板演知识关联图

（见教学设计解读）。

（学生：准备下节课默画知识关联图。评价建议：教师检查评价。）

【案例二】生活中的人工智能——智能语音技术

教材：苏科版信息技术九年级

一、教学目标

1. 深入理解语音识别及语音合成的原理，能在情境下合理运用相关技术解决问题。理解人机对话技术的原理，能尝试运用人机对话技术编程实现项目子目标。

依据的课程目标：通过案例分析，理解人工智能。

核心素养培养：信息意识、计算思维。

2. 通过对项目的分析与分解，培养学生宏观解决问题的能力。通过对具体子项目的研究，链接原理、确定方法、明确步骤，在实践操作中倡导“提问、争议、质疑、证明”，培养学生百折不挠、求真务实的科学精神。

依据的课程目标：具有自主动手解决问题、掌握核心技术的意识。

核心素养培养：信息意识、计算思维、数字化学习与创新。

3. 通过对项目的分析、实现及优化，进一步感受人工智能的神奇及有趣，增强用人工智能服务于生活的意识。

依据的课程目标：根据学习生活需要，合理选用人工智能。

核心素养培养：信息意识、数字化学习与创新、信息社会责任。

二、核心内容

本课内容是九年级信息技术人工智能章节的部分内容。根据《义务教育信息科技课程标准（2022 年版）》可知，人工智能是第四学段（7 ~ 9 年级）三大内容模块之一，是重点章节。本课主要内容为：巩固语音识别技术和语音合成技术原理；掌握人机对话技术的原理，并能综合运用智能语音技术完成项目目标。智能语音技术是人工智能核心的三大基础技术之一，对后续人工智能其他应用原理的学习有着可类比推理的作用。掌握智能语音技术的原理并能熟练应用，可增强学生学习人工智能技术的信心，在项目实施的过程中，逐渐形成解决问题的基本思路和方法。

（一）教学重点

能灵活运用人机对话技术实现项目目标——我与机器一起诵诗歌。

（二）教学难点

人机对话技术原理的理解及应用。

三、学习任务设计

（一）基础型学习任务

1. 能迁移运用语音识别及合成的原理，掌握人机对话的原理。

2. 能轻松地运用语音识别及合成技术，实现机器跟读诗歌。

（二）发展型学习任务

能根据提供的学习资源，与伙伴合作探究，实现“我与机器一起诵诗歌”。

（三）拓展型学习任务

能融合已学的人工智能技术，运用智能语音技术创新设计新情境。

四、教学准备

PPT 教学课件、学习单、平板电脑、安装有 kittenblock 软件的笔记本电脑、科大讯飞机器人及配套平板。

五、教学流程

（一）项目提出，整体设计方案

1. 激趣导入。

（1）课间你们看到的机器人具有哪些技能？

（2）说一说机器人的工作流程。

（3）如何优化机器人功能，让机器人与人类能互动？

2. 师生活动。

（1）根据学生的情境优化，提出项目目标——与机器一起诵读诗歌。

（2）学生小组合作，在学习单上绘制更深层次的思维导图。

3. 设计意图。

本环节由会诵读诗歌、会走路的机器人的另类出场欢迎仪式导入，由学生思考其实现流程，激发学生兴趣，营造积极思考、踊跃回答的“学、思、行”氛围。如何才能陪伴机器人诵读诗歌，与机器人互动呢？产生新的问题，引发新的思考，明确项目目标，整体规划实现路径。

（二）项目分析，迁移引入新知

1. 基础任务——跟读。

（1）学生类比“母亲教幼儿读诗”的场景，设计流程图及编制程序并测试程序。

（2）请一组同学分享小组的作品，另一组同学对该作品进行评价。

2. 进阶任务——对诗。

（1）学生真实再现“对诗”情境。

（2）教师采用类比法讲解人机对话技术原理。

（3）学生根据情境，绘制机器人的工作流程，明确算法。

（4）学生根据软硬件环境，自主选择实现平台，探究编程实现途径。

3. 设计意图。

本环节先小试牛刀，运用已有的知识储备——语音识别与语音合成技术，实现项目子目标——机器跟读诗歌，学生通过这个环节既体验到运用已知解决新问题的成就感，又为学习新知——人机对话技术做好铺垫。采用类比法进行原理的讲解，辅以原理图及算法流程图，让学生对人机对话原理有较为立体的认识，为后续的编程实现及项目创新打下坚实的基础。

（三）项目实施，实现人机对话

1. 师生活动。

（1）学生阅读“问题解答”程序，通过程序与流程图的对应关系，理解每条代码的含义。

（2）教师通过动画演示，帮助学生理解列表与变量的概念。

（3）学生合作探究理解 if（）条件与答案列表的匹配。

（4）小组按照不同的分工完成程序及测试，适时展示评价。

2. 设计意图。

本环节主要是从原理至流程图再到程序实现逐层推进，对人工智能中常用的人机对话技术进行全面深刻的剖析，在探索与发现的过程中帮助学生立体地感知人机对话技术。这一环节以 kittenblock 中的人机对话的实现为主，学生通过理解程序和实践，探究人机对话的核心实现原理。

（四）项目总结，涵养大情怀

1. 师生活动。

（1）师生总结：围绕项目目标，我们解决了哪些问题？学习了哪些知识？有什么感悟？

（2）项目应用：人工智能语音技术还可以应用在哪些方面？希望同学们做有使命、有担当、有本领、勇创新的新时代少年，将创意变成现实。

（3）总结评价：每组评价员综合本组的评价意见，在“问卷星”上提交，评选最佳合作小组、最佳发言人等。

2. 设计意图。

本环节的设计是对人工智能中智能语音技术的拓展和总结。一方面，从项目出发总结学习过程及涉及的知识点；另一方面，引导学生联系生活，从社会发展的角度去畅想人工智能的应用领域，涵养学生的大情怀，渗透科技强国的思想。

（五）评价设计

活动评价表

组内自评（组长记录）：

总体评价：

本组学习目标达成情况：

□能迁移运用语音识别及合成的原理，掌握人机对话的原理。

□能轻松地运用语音识别及合成技术，实现机器跟读诗歌。

□能在老师提供的学习资源帮助下，与伙伴合作探究，实现与机器一起对诵诗歌。

□能融合已学的人工智能技术，运用智能语音技术创新设计新情境。

□能够在测试编程作品过程中发现新问题，并能对出现的问题进行科学的解释。

□项目实施的过程中，能够合作学习、积极展示，对自己、他人有恰当的评价。

组员姓名	负责内容	完成情况

组间互评（组员讨论后，组长记录）：

组名	完成情况				功能改进设想
	突出主题	实现功能	创新程度	是否小组协作	
第一组					
第二组					
第三组					
第四组					
第五组					

（六）作业设计

1. 什么是图灵测试？搜集资料，说明我们设计的 AI 机器人是否符合“人工智能”定义。

2. 什么是人机对话？简述人机对话的原理。

3. 利用“九歌——人工智能诗歌写作系统”创作诗句。

（七）板书设计

我与机器一起诵诗歌——智能语音技术应用

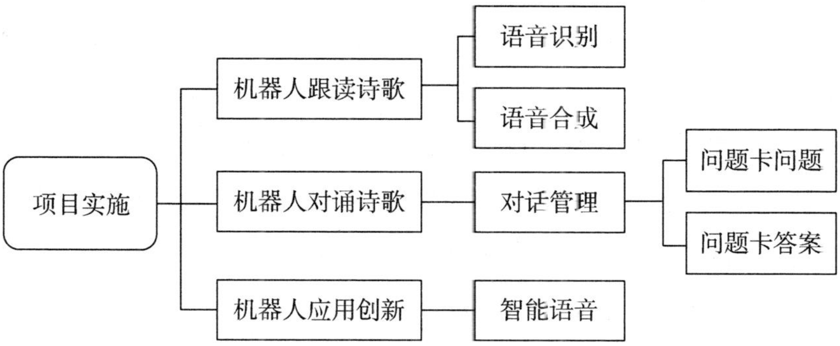

第三部分　教学设计解读

一、“案例一：初识物联网”的教学设计解读

这堂教学课偏理论，是开启物联网整个教学模块的起始课。对于不同地区的学生而言，接触物联网应用的机会是不一样的，对于物联网的感性认知也有较大的差异，适当应用视频等媒体来增加学生对物联网的感性认知还是有必要的。在一定的感性认知基础之上，通过分析、类比、划分、总结归纳、比较等理性思考方法，让学生在了解物联网的案例以及层次架构和特征后，自行建立物联网的概念，是本节教学课的教学方法和目标。

这堂课以浙教版信息技术八年级下册第二单元第5课“初识物联网”内容为主要参考。在整堂课的设计中，我没有按照教材内容的逻辑顺序进行讲授，而是对教材的内容逻辑进行了一些调整。从某种角度而言，教材仅是一个参考，我们不必严格遵循教材的编写逻辑，可以摆脱教材中素材的束缚。信息科技是一门在不断快速发展变化的学科，尤其需要老师们不因循守旧，能紧跟科技发展的潮流，带给学生最新的思想、方法和技术。

本节课教材内容的逻辑顺序是：由物联网的概念，到物联网的特征，再到物联网的层次架构。这个顺序呈现出的是“教”的本质，也是学生建构知识的步骤和过程。我的课堂教学顺序则是：通过对实例的分析，得到物联网的层次架构，再得出物联网的特征。这个顺序是要努力呈现出“学”的内在认知逻辑本质，模拟从无到有学习者的创造性生发，由新的现象或者事物的发现到逐步形成概念，进而在掌握新现象或事物的特征后，用下定义的逻辑方法来自我界定概念，让学生自己建立物联网概念。

由于这堂教学课的设计上增加了思维的难度和密度，所以需要用2课时来完成教学任务。

（一）实例分析

本课借用“红外感应门”视频引入。视频的意义是为学生提供一个视觉上的感知认识，并由此给学生提供了一个“真实问题”的分析样本。视频播放前，给学生一定的问题，让学生有目的地观看，会更好地实现视频的教学应用价值。在一些老师的观点中，视频是用来激趣的。在我看来，真正的学习兴趣来源于知识本身的深刻和对知识本身的好奇，而不是外在附加的趣味，所以视频应该是引发有目的观察和思考的载体。真正意义上的兴趣来源于思考和更深入的思考。

红外感应门的工作过程以及原理对于部分学生来讲是陌生的，所以在观看视频后，还需要进行简单的讲解。这个学习环节设置的关键在于引导学生学会对红外感应门工作过程的环节进行分解。将一个事物或者一个过程进行恰当的分解是应用分析思维的第一步。

教学中，不仅要求学生尝试分析红外感应门的工作过程，而且还要求他们用流程图的方式呈现这个分析过程。图示化的表达不仅仅体现出一种呈现能力，更能增强理解力。

（二）呈现概念

借助红外感应门实例，顺势引出“物联网”概念，但此时不急于给出“物联网”的确切定义，让学生通过后续的学习，逐渐完善和清晰“物联网”概念的内涵和外延，最终水到渠成，建立概念。

（三）类比案例分析

我在教学设计中还设置了一个类比案例的分析，将人体从感觉到神经传输到反馈的系统性生理过程作为类比案例，让学生进行模拟分析。类比，是一种重要的思维方式，在人类发明创造和探究学习中有着非常重要的价值和意义。类比可以帮助学生对新知识进行理解和记忆，是跨领域联系已掌握知识和新学知识的纽带和桥梁。电脑、物联网以及人工智能的发明都离不开对人的智能的类比思考与模仿，所以信息科技的学习要充分借助类比思维这一利器。

两个实例分析的步骤分解流程图如下，这两个图也从视觉上体现了两个系统之间的类比关系。

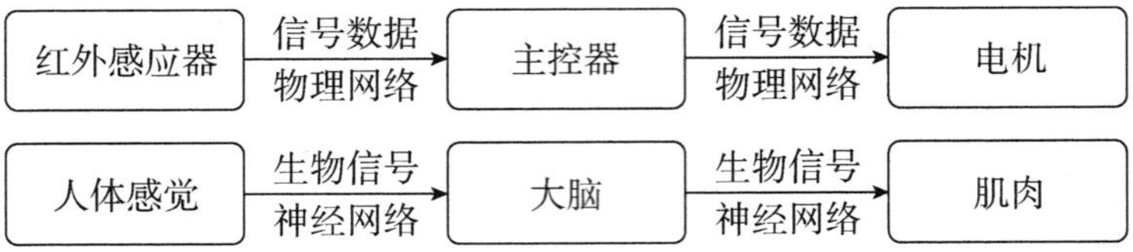

（四）分析物联网的层次架构

通过两个实例的分析以及图示化步骤分解流程，能让学生对物联网的基本环节组成形成一定的认知。在此基础之上，我们可以概括总结出物联网的基本组成环节。

我们要预设学生在概括总结中可能出现的和老师结论不一致的地方：比如遗忘“网络”环节，比如将“主控器/大脑”和“电机/肌肉”分成两个组成环节。这些都需要老师在提出问题和让学生回答问题时给予适当的引导和提示，在总结归纳时进行完善和调整。

概括物联网的基本组成环节，为提出物联网的三个层次架构进行了知识上的准备和铺垫。

通过列表呈现的方式，可以将物联网的基本组成环节和物联网的架构层次一一对应起来。这个表格也将每一层次的数据操作特点呈现出来。

物联网组成环节	物联网架构层次	数据的操作	作用价值	设备技术
感应环节	感知层	收集数据	是物联网应用的基础，实现物联网全面感知的核心能力	射频识别技术、摄像头、传感与控制、短距离无线通信等为主要技术
传输环节	网络层	传输数据	将感知层获得的数据进行长距离传输	网络技术和设备
处理环节	应用层	处理数据	是物联网应用的目的，是物联网与用户（包括人、组织和其他系统）的接口	物联网技术与专业技术相互融合

三个层次的架构是一种最简单的架构分层，还有更复杂的架构分层，比如有四层、五层以及七层的架构分层。这些复杂的架构分层基本上是在三层的基础上，细化了其中的一些层次。复杂的架构分层涉及更多的概念和知识，有兴趣的学生可以利用课后的时间借助网络进行自学和探究。正好可以对利用互联网进行自学的知识和能力进行复习。

（五）物联网的特征

在物联网三个层次架构的基础之上可以讲解物联网的特征。由于学生对物联网的认知和了解才刚刚起步，无论如何是不能通过自我的认知总结得出物联网的特征的，即使教师给学生进行详细的讲述，也只能让学生被动接收。物联网的特征这一部分教学内容应该是在整个物联网教学单元结束时，让学生体会和归纳总结的。很显然，这部分内容在教学活动中的安排顺序体现了与教材的区别，也体现了以“教”为主还是以“学”为主的区别。在组织教学时，可以将这部分内容调整到物联网教学的最后来完成。我仍然按照教材的内容来进行教学设计，为了让学生在被动接收时，增加一些主动性，特别强调了“鼓励质疑性思考”，提出了“物联网仍然存在着诸多的安全威胁和不便”的观点，让学生在自我质疑的思考中加深对物联网特征的理解。

（六）物联网的定义

在学生对物联网的实例、类比实例、环节、架构层次以及特征理解的基础上，可以让学生尝试给“物联网”下定义。

下定义是一种用严谨的语言阐述对象的特点和本质属性，揭示概念内涵的逻辑方法。下定义用公式表示就是：被定义概念 = 种差 + 邻近属概念（“种差”是指同一属概念下的种概念所独有的属性，“邻近属概念”是指包含被定义者的最小的属概念）。

“物联网”就是“被定义概念”，“种差”就是物联网的独有属性或者特征，“邻近属概念”是“网络”。用公式表示如下：

物联网 = （　　　　　　　　　　　　　）+ 网络

用语言文字表述如下：物联网是一种“××××”的网络。对于一个概念的理解不仅仅可以通过下定义的方式，还可以通过解释、举例和类比说明的方式。这节课布置了一项课后所有学生都需要完成并要上交的作业。这项作业就是要求学生用解释、举例和类比说明的方式向家长介绍物联网这个概念。能用自己的语言准确表述概念，表示已经初步形成对概念的理解。

课堂还可以简单介绍物联网的诞生历史，当然可以用视频来演示。对于有精力和兴趣的学生，不妨鼓励他们搜索一些有关物联网（IoT）的外文资料。

（七）物联网和互联网的比较

定义了物联网的概念，知道了物联网邻近的属概念是网络，也知道物联网的网络层要借助于互联网的设备和技术。自然而然地对互联网和物联网的联系和差别产生疑问。

课堂教学中除了让学生列表对互联网和物联网进行比较之外，还特地从网络上摘录了一位网友的观点，让学生借助批判性思维形成自己的评价和观点，并在和同桌进行讨论交流后完善。

整堂课的教学思路是围绕一个核心抓手——物联网的环节，步步推进、环环相扣，由感性认识到理性认识，由分析到归纳再到分析，由内部的比较到外部的比较。整堂课的教学基本上遵循的是学生自我建构知识的逻辑和顺序。

从实例分析入手→物联网的环节→物联网的架构层次→物联网的特征→物联网的概念→物联网和互联网的关系及差异。

就这堂课的教学，由于融合了很多的思维训练和提升元素，使得教与学的难度都有很大幅度的提升，对老师和学生有着较大的挑战。

只有应对高强度的思维挑战，我们的思维才会越来越强大。这也符合新课标对提高学生思维能力的主张和要求。

关于作业，本节课的课后作业分为两大类：其一为课后必做作业，这种作业是针对全体学生，而且老师必须进行检查评价的；其二为课后选做作业，这种作业是为学有余力且对本学科有浓厚兴趣的学生准备的。选做作业的检查，老师可以根据情况酌情安排。作业进行分层设计就是考虑到要因材施教，考虑到新课标对不同学生不同学业目标有不同的要求。

关于评价。课堂的评价包含三种基本方式：学生的自我评价、同学的相互评价和教师的评价。学生自我评价的目的主要是检查自己的学习准备和学习状态，为自己在进一步的学习中进行相应的调整。同学互评则是让学生在相互评价中，学会评价他人并在评价他人时反观自己。教师的评价不仅仅要评判结果的对错，更要评判学生得出结果的思维过程。

二、“案例二：生活中的人工智能——智能语音技术”的教学设计解读

教学设计是以认知学习理论、教育传播理论和系统科学理论为基础，根据学生的学习特点和自身的教学风格，对教学过程的各环节、各要素预先进行科学的计划、合理的安排，制订出整体教学运行方案的过程，涉及教学目标、学习内容、学习活动、教学设计等要素设计。现将本节课的教学设计作如下解读：

（一）教学目标的设定与表述

教学目标的设定根据课程标准的要求，主要以实际知识点为载体，在教学各环节，根据学生特点、需求，通过信息技术深度应用于教学过程，以学生为中心，以学生成果产出为目标，持续改进。根据课程标准的学段目标和教学建议，本模块教学重点是学生能认识和感受人工智能的魅力，能掌握人工智能的基本概念和常见应用、人工智能的实现方式，能认识到智慧社会这一新型社会形态下的新机遇和新挑战。落实到智能语音技术这一单元的教学，围绕“我与机器一起诵诗歌”这个核心任务，结合解决核心任务需要的知识与技能支撑，确定了以下教学目标：

（1）学生能够根据已有的人工智能应用经验，就本课新提出的项目目标——“我与机器一起诵诗歌”，制订整体解决策略。（信息意识）

（2）能根据解决问题的思路，将大问题分解成小问题，并根据提供的学习“脚手架”的支持，尝试运用合适的智能语音技术及算法解决问题，高效地实现项目目标。（计算思维）

（3）根据项目目标及问题分解的情况，能够灵活运用智能语音技术的原理，选择合适的 AI 实验平台，创新实现项目目标。（数字化学习与创新）

（4）通过项目研究，认识到智能语音技术在日常生活中的应用价值。能够联系生活实际，思考智能语音技术可以解决的社会问题。（信息社会责任）

对于这些教学目标，以学生视角看，比较抽象。所以进一步明确以下学习目标：

（1）能迁移运用语音识别及合成的原理，掌握人机对话的原理。

（2）能轻松地运用语音识别及合成技术，实现机器跟读诗歌。

（3）能在老师提供的学习资源帮助下，与伙伴合作探究，编程实现人机一起对诗歌。

（4）能融合已学的人工智能技术，运用智能语音技术创新设计新情境。

（5）能够在测试编程作品的过程中发现新问题，并能对出现的问题进行科学的解释。

（6）项目实施的过程中，能够合作学习、积极展示，对自己、他人有恰当的评价。

（二）教学内容的组织与呈现

根据新课标的要求，学生要能够分析不同的人工智能应用场景，能知其然，知其所以然。所以本教学设计以机器人小飞吟诵诗歌为情境，自主建构本课的核心任务，探究实现“我与机器一起诵诗歌”的技术原理，确定运用原理解决问题的具体流程，由目标逆向追溯至当前最紧要学习的原理与实现的平台。最终在项目实施的过程中完成各个子任务——机器能跟读诗歌、机器能与“我”对诗歌，在实现目标的过程中探究其背后的实现原理，从迁移旧知“语音识别技术、语音合成技术”至探究新知“人机对话技术”，直至运用新知实现总的项目目标——“我与机器一起诵诗歌”。学生在持续探究与深度学习的过程中，进行思考与纠偏，迭代更新自己的知识储备，为同类型问题的解决建立模型。

教学设计对智能语音技术的相关知识进行重构，将本单元需要掌握的知识与技能恰当融入真实情境问题的项目中，变零散知识点的学习为项目产品的设计学习，在体验成功的过程中，感悟创造的乐趣。在产品测试与产品展示中，提升学生的关键能力与必备品格，提升课程育人价值。

（三）教学活动的任务与环节

教学活动紧扣“我与机器一起诵诗歌”这个核心任务开展。从明确项目目标，至深入项目分析，再到探究项目实施，并积极进行项目展示。人工智能模块智能语音这个单元的第一课时即由四个环节组成。

在第一个活动环节中，学生的学习目标就是对成品机器人进行功能分析，在问题情境中，明确项目目标，并对整节课的学习任务有一个整体感知。

在第二个活动环节中，先就人工智能产品的设计流程有了全局认识，然后根据流程一步步落实。根据所掌握的知识，结合项目目标，通过思维导图分析，先确定人工智能产品要达到想要的效果要具备“能听会说及人机对话”的能力，然后再探究机器能听会说、能对话背后的原理。

在第三个活动环节中，以编程实现设计的功能为目标。在这个过程中，教师提供一定的“脚手架”支撑，学生通过教师提供的“标程”，理解代码，在动手实践收获成功的喜悦之后，再尝试创新。从原理学习至功能分析再至代码实现，帮助学生建构人工智能技术相关知识的同时，降低学习难度，激发学生深入学习“人工智能”的兴趣，提升学习的自信心。

在第四个活动环节中，展示即测试，师生通过作品的展示，回顾整节课的教学流程，学生运用完成项目过程中所获得的知识自主建构本节课的知识体系。借助“问卷星”平台多维度评价学生学习过程，从评价作品至评价学生的个体、团队表现，培养学生的团队合作意识。

本单元设计的主要思路就是基于真实的问题解决情境，以“有成就感的目标”促进学生对相关原理的学习与运用。在各个环节中，评价的维度基于信息科技四个核心素养，促进学生动态持续学习的发生。

劳动

五育融合理念下的劳动教育课程设计

——以苏教版劳动八年级第二单元“烹饪与营养”任务群为例

江苏省南通市通州区教育体育局　杨晓华

第一部分　课标要求及我们的教学建议

一、课标教学要求

《义务教育劳动课程标准（2022 年版）》（以下简称《课标》）第四学段（7～9 年级）对“烹饪与营养”任务群的内容要求表述为“根据家庭成员身体健康状况、饮食特点等设计一日三餐的食谱，注意三餐营养的合理搭配。独立制作午餐或晚餐中的 3～4 道菜。了解科学膳食与身体健康的密切关系，增进对中华饮食文化的了解，尊重从事餐饮工作的普通劳动者。”

“烹饪与营养”任务群作为劳动课程的十大任务群之一，贯穿义务教育的四个学段，每一个学段有不同的要求。第四学段（初中）与前三个学段（小学）相比，其内容更加丰富，要求上也有了明显提高。

学段	内容要求	素养表现
第一学段（1～2 年级）	参与简单的家庭烹饪劳动，如择菜、洗菜等食材粗加工，根据需要选择合适的工具削水果皮，用合适的器皿冲泡饮品。初步了解蔬菜、水果、饮品等食物的营养价值和科学的食用方法	能在家庭烹饪劳动中进行简单的食材粗加工，掌握日常简单烹饪工具、器皿的使用方法和注意事项。具有安全劳动意识，以及“自己的事情自己做”的生活自理意识。初步具有科学处理果蔬、制作饮品的意识和能力
第二学段（3～4 年级）	使用简单的烹饪器具对食材进行切配，按照一般流程制作凉拌菜、拼盘，学习用蒸、煮方法加工食材。例如：用油、盐、酱油、醋等调料制作凉拌黄瓜；将几种水果削皮去核并做成水果拼盘；加热馒头、包子等面食；煮鸡蛋、水饺等。加工过程中注意卫生、安全	能用简单的凉拌、蒸、煮等烹饪方法，满足自己基本的饮食需求。形成生活自理能力，初步建立健康饮食的观念。具有初步的食品安全意识。能正确认识烹饪劳动的价值，形成热爱劳动、尊重普通劳动者的观念
第三学段（5～6 年级）	用简单的炒、煎、炖等烹饪方法制作2～3道家常菜，如西红柿炒鸡蛋、煎鸡蛋、炖骨头汤等，参与从择菜、洗菜到烧菜、装盘的完整过程。能根据家人需求设计一顿午餐或晚餐的营养食谱，了解不同烹饪方法与食物营养的关系	能进行家庭餐食的设计和营养搭配，并掌握简单的烹饪方法。初步养成营养搭配和健康饮食的习惯，具有食品安全意识。树立乐于为家人服务的劳动观念，初步形成家庭责任感
第四学段（7～9 年级）	根据家庭成员身体健康状况、饮食特点等设计一日三餐的食谱，注意三餐营养的合理搭配。独立制作午餐或晚餐中的3～4 道菜。了解科学膳食与身体健康的密切关系，增进对中华饮食文化的了解，尊重从事餐饮工作的普通劳动者	能根据家庭成员实际需求设计食谱、合理搭配饮食，在制作菜肴的过程中进一步掌握日常烹饪技能，形成健康生活的理念和基本能力。理解劳动对于个人生活、家庭幸福的意义，懂得劳动创造美好生活的道理

由上表可以看出，对于“烹饪与营养”任务群，《课标》的要求是循序渐进的。第一学段（1～2 年级）重在“参与”，要求学生对烹饪与营养知识

有“初步了解”；第二学段（3 ~ 4 年级），涉及“简单烹饪”，有了“卫生、安全”等要求；第三学段（5 ~ 6 年级）则提出了“经历完整过程”“设计食谱”，了解“烹饪与营养”的关系等要求。

第四学段（7 ~ 9 年级）的内容与要求更加强调“关注家人需求”“合理设计、独立制作”“了解膳食与健康的密切关系”“了解饮食文化，尊重劳动者”等要求。

二、任务群教学建议

本任务群可以分为四个模块。

第一模块的内容是“根据家庭成员身体健康状况、饮食特点等设计一日三餐的食谱”。

这一模块涉及两个内容：一是了解家庭成员身体健康情况、饮食特点。初中阶段正是从自然人逐步过渡到社会人的关键年龄段，了解家庭成员身体健康状况和饮食特点，是帮助初中学生进一步从“自我中心”转向“心中有他人”，培育“为他人服务”意识的活动载体，蕴含了“以劳育德”的要求。要通过与家人的谈话、平时的观察，体认到自己是家庭生活中的一员，有义务为家庭成员服务。可以通过文本整理的方法，帮助学生进一步清晰认识到不同家庭成员不同的健康状况、饮食爱好，理解不同年龄、不同健康状况、不同文化背景的家庭成员有不同的饮食偏好和习惯。

二是设计一日三餐的食谱。在《课标》的第三部分关于总目标的阐述中，提出了关于筹划思维和设计能力的要求——能从目标和任务出发，系统分析可利用的劳动资源和约束条件，制订具体的劳动方案，发展初步的筹划思维，发展基本的设计能力。关于这方面的要求，在第三学段（5 ~ 6 年级），已经提出“能根据家人需求设计一顿午餐或晚餐的营养食谱”；在第四学段，则要求学生设计一日三餐的食谱。两相比较，第四学段对学生的要求更高。一方面要求考虑到三餐的搭配，包括主食和辅食的搭配、荤素的搭配、煎炒炖煮等烹饪方式的搭配，以及营养的搭配和不同家人需求的平衡满足等。另一方面，还要结合时令菜蔬的上市时间、采购的难易程度、家中现有烹饪工具等外部有利或不利条件，提出合理方案。因此，这项任务蕴含了系统筹划、取舍得当、合理安排的要求，对学生思维能力形成一定挑战。

第二模块的内容是“独立制作午餐或晚餐中的3～4道菜”。

这里的要求是“独立制作”。所谓“独立”，就是要在没有他人指导、示范的情形下，自己设定目标，自己筹划方案和步骤，自己采购原材料，自己完成菜品从“净制”到“装盘”的全过程。所谓“制作”，强调的是实践性。劳动课程与义务教育阶段其他课程相比，最大的特点在于具有鲜明的实践性。只有在实践中才能遭遇现实问题、细节问题，才能锻炼动手操作、解决问题的能力，形成具身认知。同时，也只有在实践中才能确立规范意识、流程意识、安全意识，培养劳动精神。因此，在本任务群的实施过程中，要将课堂教学与动手实践紧密结合，有条件的学校要让学生在烹饪教室亲自动手，没有条件的学校要发动家长，让家长带领学生动手实践。要善于捕捉实践过程中遭遇的各种问题，将之转化为教育的契机，锻炼真正的动手能力。

当然，“独立制作”是最后要达成的目标要求，在教学的过程中，老师或家长可以进行一定的指导。学习实践的过程也不是一次性完成的任务，要利用休息日、节假日，不断创造机会让学生有充裕的时间去动手实践。有些家庭，父母工作时间比较特殊，难以保证在正常的餐点时间做饭就餐，要鼓励学生承担一定的家庭责任，为父母减轻家务劳动负担。每一位同学都应该通过不断实践，学会独立地、熟练地制作几道符合家人饮食习惯和营养需求的菜品。

第三模块的内容是“了解科学膳食与身体健康的密切关系”。

在第三学段，关于食物营养的知识，要求学生“了解不同烹饪方法与食物营养的关系”。而在第四学段，学生掌握的知识越来越丰富，对各种不同食物的认知越来越深入，因此提出了“科学膳食”的要求。所谓“科学膳食”，包括三个方面的含义：一是营养全面要求。要帮助学生理解营养与健康的知识，有条件的学校可以开展有机农产品、食品添加剂等研究性学习项目。二是适应体质差异的要求。帮助学生了解不同年龄、不同体质对于食物有不同要求，同样有营养的食物不一定适合所有家庭成员。三是“饮食有节”要求。要帮助学生领会饮食不能过饥过饱，一日三餐要定时，一年四季的食谱要按照气候冷暖、时令节气不同有所调整。

第四模块的内容是“增进对中华饮食文化的了解，尊重从事餐饮工作的普通劳动者”。

中华饮食文化根植于多姿多彩的民俗传统，蕴藏着深邃的民间智慧，有“大美存焉”。学习了解中华饮食文化蕴含了“劳动育美”的要求。可以通过阅读书籍，观看相应的纪录片，或者参观食品工厂、餐饮企业等活动，分析交流餐饮文化案例，了解不同地域的饮食文化和特点，对中华饮食文化形成感性认知，培育热爱生活、热爱家乡、热爱祖国的情感。

从事餐饮工作的普通劳动者一方面为大家提供了服务，另一方面也是中华饮食文化的直接体现者。要通过采访食堂工作人员，或者邀请餐饮企业工作人员进校园、与远方的餐饮工作者连线等活动，增进对他们工作的了解，学习他们身上体现出来的服务精神、工匠精神、劳动精神，培养尊重劳动者的情感。

总之，第四学段学生进入青春前期，自我意识逐步增强，更加渴望独立，渴望创新，渴望得到认可。“烹饪与营养”任务群在这一学段的要求，突出了劳动教育的思想性、社会性和实践性，让学生有机会服务家人，了解社会，在观察、分析、思考的同时，也能动手操作，解决实际问题，完成烹饪作品。在任务群实施中，要针对这一学段学生的认知特点以及不同学生的个性，合理安排好资料利用、方案设计、独立操作、合作交流等各种学习活动，在尝试、评价、反馈与改进的活动中提升学生的劳动素养。

第二部分　课时教学设计

（苏教版劳动八年级第二单元“烹饪与营养”任务群）

一、教学目标

（一）教材分析

本单元导语从物质和精神两个方面介绍了学习营养学知识和烹饪技术的意义：“不仅有助于我们提高家务劳动的能力，实现吃好求健康的目标，不断提升自己与家人以及社会的饮食质量，而且有助于我们传承和发扬博大精深的中华美食文化。”这提示我们，在教学中既要重实践操作，又要重文化熏陶，帮助学生在烹饪实践过程中提高劳动能力，涵养劳动情感，感受劳动之美。

单元教材分“走进烹饪与营养世界”和“制作美味佳肴”两部分。第一部分“走进烹饪与营养世界”主要介绍了与营养烹饪、食谱设计、厨房功能以及厨房安全相关的知识，偏重于理论知识学习，对学生的思维能力，设计筹划能力提出一定要求。第二部分“制作美味佳肴”分为五个项目和一项主题活动，涉及炒、蒸、炖、煮等烹饪方法，具有突出的实践性，对学生的动手能力，以及分析实际问题、在实际操作中解决问题的能力提出了要求。

（二）教学目标

结合本任务群的学习实践项目，拟从三个方面提出教学目标：

筹划、操作与融合创新方面：学习为家人设计一日菜谱，培养劳动筹划能力，进一步学习烹饪技能，深入体会烹饪劳动中蕴含的独特技巧，默会知识，尝试融合所学知识，针对生活实际中遭遇的不同情境，创新开展劳动实践。（劳动能力）

体验、尊重与文化自信方面：通过菜品的设计与制作，进一步加深对劳动美的体认，提升劳动创造美好生活的感性认知，形成尊重劳动、尊重普通劳动者的情感，了解中华饮食文化的博大精深，体会不同劳动、不同职业的辛苦与快乐。（劳动观念、劳动情感）

规范、安全与工匠精神方面：学习有计划、有步骤、忙而不乱、有始有终地操作，形成流程意识、规范操作意识、安全防护意识，形成对劳动全过程的具身认知，继承勤俭节约的优良传统、精益求精的工匠精神。（劳动习惯和品质、劳动精神）

二、核心内容

学习根据实际情况，将不同需求转化为具体的工作目标，结合现有条件、限制因素等开展筹划设计，形成劳动方案。

结合菜谱，学习食材的预处理方法；在烹饪过程中体会不同灶具、锅具对“炒”的油温、火候的影响，对“蒸”“炖”“煮”的水量、时间的影响，尝试用适当品种、数量和风味的调味品为食品调味。

学会直面各种复杂的、难以预见的现实问题，培养学生不怕失败、与不完美共处的心态，在分析、尝试、解决问题中提升素养。

学习规范用气用电，预防刀伤、烫伤，培养劳动安全意识。

三、教学任务

任务一：走进烹饪与营养世界

学习关于烹饪与营养的基本知识，形成知识图谱，为后续学习做准备。

“营养学”模块：营养学知识——如何设计菜谱。

“烹饪”模块：主食加工、副食加工、厨房使用、安全事项。

任务二：制作美味佳肴

通过设计一日食谱，制作简单菜肴，培养全局筹划能力、动手操作能力，形成作品意识，培育工匠精神。

项目一：全家一日食谱设计；

项目二：炒（芹菜炒肉丝）；

项目三：蒸（清蒸鳊鱼）；

项目四：炖（炖鸡汤）；

项目五：煮（煮饺子）；

主题活动：设计制作我的菜肴。

四、教学准备

与学生家长沟通协调，为学习活动准备好食材、工具，让学生在家里经常有机会独立烹饪。可以在开学初（或本任务群开启之初）给家长写一封信，示例如下：

尊敬的各位家长：

这学期，孩子们进入了八年级，看着他们学习能力得到提高，所学知识越来越丰富，我们感到由衷的欣慰。在关注孩子文化学习成绩的同时，我们不能忽视了对孩子劳动能力的培养。

本学期学校将安排关于“烹饪与营养”的劳动课程任务群学习。这一任务群与家庭生活相关，需要得到您的悉心指导和密切配合。希望您能关注学校劳动课程的进度，关注老师布置的“烹饪与营养”任务群作业，抽出时间为孩子准备好必要的食材、调料、厨房工具以及常用的食谱资料等，陪伴和指导孩子一起完成我们的劳动课程作业（具体材料详见我们布置劳动作业时提出的建议清单）。

衷心感谢您对劳动教育的大力支持！

××班劳动课教师：×××

年　月　日

五、教学流程

第1课时　走进烹饪与营养世界

【课时目标】

帮助学生了解现代营养学、传统饮食文化的基本知识，能用所学知识评价食谱的科学性。

了解主食、副食的基本知识，形成对厨房布局、功能的初步认知，了解各种烹饪工具的基本知识，了解厨房安全常识。

【学习准备】

空白的柱状图坐标纸；标有比例尺的厨房平面布局图空白纸。

【学习进程】

（一）营养学模块

1. 导入：交流各自一日三餐食谱。

2. 出示小明的一日三餐食谱，讨论：这样的食谱是不是合理？

餐别	食物	质量
早餐	面包、牛奶、煮鸡蛋、香蕉	面包100克，牛奶250克，鸡蛋60克，香蕉80克
午餐	清蒸鳊鱼、清炒苋菜、紫菜虾皮汤、米饭	鳊鱼150克，苋菜150克，紫菜25克，虾皮25克，大米150克
晚餐	芹菜肉丝、蒜泥黄瓜、小米粥、馒头、水果拼盘	芹菜100克，肉丝50克，黄瓜150克，小米50克，面粉50克，新鲜水果若干

课堂活动：研究膳食金字塔结构。

课本35页有一个“中国居民平衡膳食宝塔（2016）”，请大家认真观察研究这个宝塔图，思考每天的膳食应该如何搭配，并完成三个任务：

（1）将这个宝塔图用柱状图的形式画出来。

（2）将小明的食谱中各种食物量计算清楚，在柱状图中表示出来。

（3）将推荐的膳食结构与小明一日食谱做对比，做出评价。

小结：什么样的饮食才是合理的？营养专家们的看法也不完全相同。一般认为需要从三个方面进行综合评估：一是食物的种类是否齐全，二是食物的热量供需是否平衡，三是三餐安排是否合理——所谓合理，不仅与营养有关，还与人们的风俗习惯、宗教信仰、文化和社会背景有着密切的关系。因此在设计食谱的时候要综合考虑多方面因素。

【设计意图】通过练习将示意图中的信息转化为不同的表达方式，帮助学生学习读图，养成认真仔细观察的好习惯。

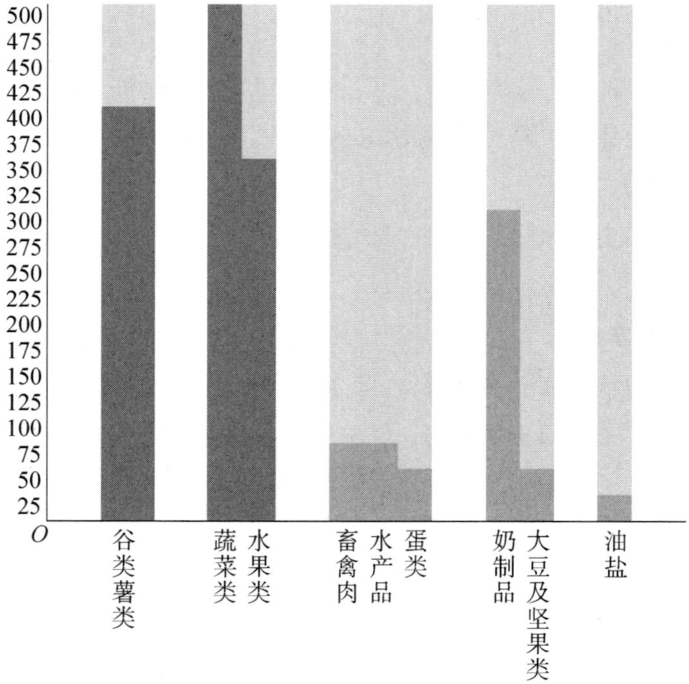

（二）烹饪模块

所谓烹饪就是做饭做菜，烧煮食物。“烹”的本义是用火煮，“饪”是指熟。“烹饪”的原义是用火烧煮，将生的食物原料加工成熟食品。后来人们用“烹饪”这个词指做饭做菜，也包括调制生食。

1. 主食加工和副食加工。

请将下面列出的项目分为“主食加工”和“副食加工”两类。

煮米饭、蒜薹炒腰花，炒饭，制作面点，盐水煮河虾，烙饼，凉拌莴笋，煮水饺，清蒸鲈鱼，清炖牛肉，煮腊八粥，水果拼盘。

【设计意图】这个知识点并不困难，通过分类作业让学生用较短的时间对主食和副食有一个基本的了解，帮助学生确立“主食加工”和“副食加工”两个大概念。

2. 认识厨房。

厨房是烹饪工作的主要场所，在设计厨房的时候，人们常常考虑到烹饪的方便，设置了不同的功能区。

课堂活动：画一画你们家的厨房布局草图，用文字标明各部分的功能，向同学介绍自己家的厨房布局。

【设计意图】通过回忆和绘制图形，为学生搭建思考的支架，领会厨房各部分不同的功能设计。

3. 安全讨论。

厨房中，有时候会发生一些安全事故。请你说说厨房中可能会有哪些安全事故，我们应该如何避免？如何处理？

（1）刀伤类；（2）打碎碗碟类；（3）油锅着火；（4）烫伤；（5）漏电触电；（6）其他。

【设计意图】《课标》将劳动安全列为六大课程理念之一，也是“劳动习惯与品质”核心素养的重要内容，因此在本任务群实施过程中要时刻提醒学生注意劳动安全。

（三）课后作业

1. 研究教材 133 ~ 135 页“常用食物营养成分表”，分析自己一天的饮食结构状况。

2. 采访调查，深入了解家人的个人情况、身体状况、饮食习惯。包括：①称谓、性别、年龄；②身体状况（肠胃功能好不好、饭量大小）；③饮食习惯（最喜欢的食物、菜品）等。为每一位家人写一份饮食习惯报告。

3. 在家人的带领下，考察本社区菜市场、食品商店，了解家乡物产。

（四）评价要点

了解关于营养全面、热量平衡、饮食合理的基础知识（能用学到的知识分析自己的一日三餐）；

能辨别主食加工和副食加工的基本概念；

对自己家中的厨房功能有清晰认识（能画出草图，标明功能分区）；

了解基本的厨房安全知识；

为家人写的饮食习惯报告条理清晰，言简意明；

了解社区菜市场的商品分布，了解食品类店铺的位置及商品。

第2课时　为家人设计一日食谱

【课时目标】

了解家人的身体状况、饮食习惯；了解本地时令食材种类。

独立设计一日三餐食谱。

培育“为他人服务”意识，体认到自己是家庭生活中的一员，有义务为家庭成员服务。

【学习准备】

课前采访调查，深入了解家人的身体状况、饮食习惯。

本社区空白地图若干张。

【学习进程】

（一）交流调查报告

上一堂课，我们留了一个课后作业，同学们为自己的家人撰写了饮食习惯调查报告。今天这堂课，我们首先请几位同学交流一下。

（邀请3~4位同学介绍自己撰写的家人饮食习惯报告，涵盖父母、祖父母、兄弟姐妹或其他人。）

点评时，表扬点应集中在：①紧扣主题，详略得当；②言简意赅，条理清晰；③数据翔实，结论合理等要点。

【设计意图】劳动课程具有较强的学科综合性，调查报告这一文体的写作与语文课程密切相关，但与初中生平时的作文练习要求有较大不同。通过点评可以引导学生领会调查报告写作的要点，帮助学生学习调查报告类文体的写作知识。

（二）交流本地物产信息

上一堂课结束后，我们还在家人的带领下考察了本社区的菜市场，包括一些食品商店。同学们一定发现了许多美食食材。这些食材在哪里可以购买到？一般是什么价钱？今天这堂课，我们用小组合作的方式来绘制一张本社区的食材采购地图。

学生活动：

（1）下发空白的社区地图（或空白的菜市场平面图），要求学生将自己或家人最常购买、最喜欢的食材在地图上相应的位置标注出来（可以用图标、文字，用不同色彩的笔，标注有什么，质量如何，什么价格等信息）。

（2）小组交流，相互补充，丰富地图信息。

（三）设计一日食谱

有了对家人饮食习惯的了解，有了对家乡物产的调研，下面我们可以根据这些条件，结合我们上一堂课学的营养学知识，来为家人设计一个一日食谱。

餐别	主食及质量（克）	副食及质量（克）	设计意图
早餐			
中餐			
晚餐			

你设计的食谱中，有哪些食材是家里已经有的？有哪些是需要采购的？如果要采购这些食材，需要做好以下工作：

（1）制作一张采购表（包含采购物品名称、数量、预算价格等）。

（2）设计一个最科学的路线，在采购地图上标注出来。

【设计意图】通过设计食谱和食材采购表，规划采购路线图，培养学生初步的劳动筹划能力。

（四）评价要点

三餐热量比例恰当；

主食与副食比例恰当，营养成分搭配均衡；

食谱制作清晰，一目了然；

能结合时令节气、本地物产情况制订食谱；

关注到每一位家人的不同需求；

采购表设计全面，所采购食物数量合理，路线图科学有序。

（五）作业设计

1. 阅读 43 ~ 44 页“知识窗”，了解中医主张的饮食理念。

2. 收集全班各小组绘制的食材地图，课后举办小型展览。

第 3 课时　芹菜炒肉丝

【课时目标】

学习炒菜的基本方法，在烹饪过程中体会不同灶具、锅具对“炒”的油温、火候的影响。

筹划炒菜前的准备工作，炒菜中的步骤安排，炒菜后的装盘上菜，练习有条不紊的工作节奏。

在不断尝试实践中改进方法，达成最佳烹饪效果，培育工匠精神。

【学习准备】

与家长沟通，结合时令上市蔬菜，采购好食材。本课以芹菜炒肉丝为例。

净制芹菜、萝卜、瘦肉等食材的视频。

【学习进程】

引入谈话：炒菜是中国传统的烹调方法，也是使用最广泛的一种烹饪方法，它最能体现中国菜肴“色香味形”俱全的烹饪特点。炒菜里面有着大学问，今天我们就一起来研究，如何制作一盘芹菜炒肉丝。

（一）炒菜前

1. 讨论。

这个菜要用到三种食材——芹菜、胡萝卜和肉丝。炒这样一盘芹菜肉丝，书上的菜谱介绍的是需要瘦猪肉 250 克，芹菜 150 克，胡萝卜 10 克。这个分量在现实生活中到底是多少呢？

提示：

（1）瘦猪肉250克也就是半斤，大约是成人手掌那么大一块；

（2）芹菜150克，也就是三两，大约是一大把；

（3）胡萝卜10克，其实很少，差不多只有手指那么长的一段。

【设计意图】这里训练学生在阅读菜谱的时候，把菜谱上所标明的量转换为现实生活中可感的量，可以培养学生的数感，是将数学估算训练与劳动教育相结合的设计。

2. 净制演示（或者观看视频）。

刚才我们把芹菜去根洗干净并且切成了段，把胡萝卜去了皮，洗干净并且切成了丝，将肉洗干净并且也切成了肉丝。观察了刚才的整个过程，你认为在这个过程当中应该注意些什么？

（1）首先要穿上厨房反穿衣或系上厨房围裙，这样可以防止油、水溅到衣服上（有必要时要戴上手套）。

（2）握刀一般用右手，应该用大拇指和三个手指抓住刀柄，食指抵在刀身上以控制方向。

（3）左手要把芹菜、胡萝卜或肉按住，注意手指要适当往后缩，以避免切到手指上。

（4）切完以后要把它们分别放到盘子里面，整齐地排列在锅边，这样可以在炒菜的时候，避免手忙脚乱。

【设计意图】通过观察，培养学生边观察边思考的能力，同时养成规范穿戴厨房反穿衣、围裙，规范使用刀具的习惯；培养学生在劳动中科学安排流程的习惯，确保劳动安全；培养工匠精神。

（二）炒菜时

1. 观察演示（或者观看视频）。

2. 讨论。

（1）为什么要先将肉丝上浆、过油？

阅读材料一：

上浆是指鱼、虾、肉等食材在加热前，先用淀粉、蛋液等辅料拌和，加热后使原料表面形成浆膜，它能保全原料的营养成分。

过油是指将鱼、虾、肉等食材先放到油中，制作成半成品，它能够改变原材料的色泽和质感，加快原材料的成熟速度，促使原材料定型。

（2）你家在做饭时，是先放油，还是先点火？为什么？

（3）油温在什么情况下将食材下锅过油最合适？

阅读材料二：

油温的几种类型：温油锅，俗称“三四成热”，油温 70～100 摄氏度，表现为油面平静，无轻烟、无响声；热油锅，俗称“五六成热”，油温 110～170 摄氏度，表面无轻烟，四周向中间翻动；旺油锅，俗称“七八成热”，油温 180～220 摄氏度，油面有轻烟，用手勺搅动时有响声，这时候如果继续旺火加热，有可能会着火。

（4）为什么要在锅中先放入葱类煸炒，然后放入芹菜和胡萝卜，最后再放入肉丝？

（5）翻炒和装盘时的动作要领有哪些？

【设计意图】通过观看演示和讨论，帮助学生学会仔细观察，理解每一个动作细节背后的意义，培养边观察、操作边思考的习惯。

（三）炒菜完成后

炒菜完成后，要及时洗锅。如果是最后一个菜制作完成，还要做哪些事情？

（1）及时清理灶台、水池，养成良好的厨房卫生习惯。

（2）及时切断气源、电源，确保用电用气安全。

（四）作业

回家后，在家长指导下，选定菜谱，完成一个炒菜作品。收集家人对作品的评价。

（五）评价要点

规范穿戴厨房反穿衣、围裙、手套；

根据不同的菜品和烹饪需要对原材料改刀，处理后的食材粗细均匀、大小合适；

握刀手法规范，注意安全；

按照操作规范打开和关闭电源或气阀，注意安全；

食材充分炒熟，不过嫩过老，具有一定的色香味；

作品完成后，各种工具归位存放，保持工作场所整洁；

厨余垃圾分类放置。

第4课时　清蒸鳊鱼

【课时目标】

学习给鳊鱼刮鱼鳞，去内脏、鱼鳃，安全使用刀具。

学习清蒸的基本方法，在烹饪过程中体会不同灶具、锅具对“清蒸”的水量、时间的影响，结合菜谱，学习对蒸制食材预处理方法。

筹划清蒸前的准备工作、清蒸的步骤安排、清蒸后的装盘，练习有条不紊的工作节奏。

在不断尝试实践中改进方法，达成最佳烹饪效果，培育工匠精神。

【学习准备】

与家长沟通，结合社区菜市场所售，采购好食材。本课以清蒸鳊鱼为例。

刮鱼鳞，清理内脏、鱼鳃的视频。

【学习进程】

（一）谈话引入

清蒸是制作相对简单，并且能够使食物保持原汁原味的一种做菜方法。清蒸鳊鱼有肉质细嫩、味道鲜香的特点。清蒸看起来很简单，其实里面也有很多讲究和门道，今天这堂课我们一起来学习和研究清蒸鳊鱼的做法。

（二）净制

观看杀鱼视频（或者回忆看到的杀鱼过程），说说杀鱼时应该注意什么？

1. 小组讨论。

（1）持刀的手法与切菜时的持刀手法有什么不同？刀具使用安全需要注意哪些要点？哪些部位的鱼鳞清理容易被忽略？

（2）去除内脏和鱼鳃要注意什么？（不要弄破苦胆，注意清理鱼腹内黑色的内膜。）

2. 给出提示，按顺序说一说。

杀鱼时，第一步是刮鱼鳞，要注意：____①____。刮完鱼鳞，第二步是去除内脏和鱼鳃，要注意：____②____。最后将鱼进一步清洗干净，放入盘子待用。

【设计意图】这是一个劳动教育与语言表达相结合的实际场景，通过这样的训练，不但能帮助学生厘清劳动时的注意事项，也能帮助学生练习更有条理地表达。

（三）切配

观察课本上的插图，说说为什么要在鱼背上划上几刀？怎样腌渍才能更入味？

将鱼清洗完成后要适当沥干水分，盐、料酒要涂抹均匀，生姜、葱段等腌料要尽量大面积地与鱼肉接触。

（四）清蒸

1. 课本上说锅中要放入“适量”的清水。（思考：怎样才算是“适量”？）

要根据锅具的大小深浅，蒸盘距离锅底的高度，确定水量，将水量控制在接近蒸盘底部的位置，不能过高。

2. 清蒸的时间，一般为水开后 12 ~ 16 分钟。（思考：这段时间可以怎样利用起来？）

（1）可以在这一段时间内完成灶台、水池的清洁工作，将厨余垃圾分类装入垃圾袋。

（2）整理好餐桌椅，准备好餐具以及其他菜品。

【设计意图】培养学生统筹安排工作的意识和忙而不乱的劳动习惯。

（五）出菜

思考：（1）如何判断清蒸鳊鱼是否蒸熟？

（2）出锅的时候应该注意什么？如何防止被烫到？

小组讨论，发言，教师总结。

（六）作业设计

利用休息日，为家人做一次清蒸鳊鱼。也可以清蒸其他菜品。

（七）评价要点

规范穿戴厨房围裙、手套等；

握刀手法规范，注意安全；

清理鱼鳞仔细全面（注意清理腹部、背部以及靠近头部等部位鱼鳞）；

清理鱼内脏等干净利落，注意细节（不弄破苦胆）；

按照操作规范打开和关闭电源或气阀，注意安全；

食材充分蒸熟，不过嫩或过老，具有一定的色香味；

作品完成后，各种工具归位存放，保持工作场所整洁；

厨余垃圾分类放置。

第5课时　炖鸡汤

【课时目标】

学习清理杀好的鸡，了解鸡的净制要点。

了解炖汤的各种佐料、配料的使用。

学习炖汤的基本方法，练习使用电饭锅、压力锅等电炊具炖鸡。

在不断尝试实践中改进方法，达成最佳烹饪效果，培育工匠精神。

【学习准备】

在家长的带领或协助下，购买杀好的鸡，准备好葱、姜、蒜、料酒，适当准备蘑菇、竹笋、枸杞等配料。

清理鸡的视频、各种电压力锅、电饭锅的说明书（面板照片）。

【学习进程】

（一）谈话引入

你喝过鸡汤吗？能不能用一两个形容词来描述一下鸡汤的味道？

鸡汤鲜美、鸡肉酥烂、入口即化、喝进肚子里暖洋洋的……

鸡汤味道鲜美，营养成分溶于水，容易被人体吸收。可是如果没有掌握正确的方法，炖出来的鸡汤或滋味寡淡，或鸡肉硬柴，或过咸过淡，浪费了好食材。

今天我们就来一起学习研究如何炖好一锅鸡汤。

（二）净制

演示（或观看视频），了解杀好的鸡买回来以后的清洗。

讨论这一步有什么注意点：

（1）将残留的羽毛和血水清洗干净。

（2）将鸡屁股上的脂肪剪去。

（3）如果皮下油脂太多，可以去掉一部分皮下油脂。

（三）配料研究

研读教材 45、48 和 51 页，三份不同菜谱的调料表部分。

讨论一：说一说三个菜品的调料表有什么相同点和不同点？为什么会有这些相同与不同？

相同点：都有葱、姜、盐。

不同点：

（1）芹菜炒肉丝要用到食用油。

（2）清蒸鳊鱼和炖鸡汤不用食用油。

（3）清蒸鳊鱼和炖鸡汤都用到了料酒。

（4）炖鸡汤还用到了枸杞和胡椒粉。

讨论二：研究料酒的作用。

是清蒸和炖汤这两种烹饪方法必须用料酒，还是鱼和鸡这两种食材必须用料酒？请大家展开讨论，简要表达观点。

阅读材料：

料酒的作用：料酒的调味作用主要为去腥、增香，增加菜肴的香气，有利于咸、甜等各种味道充分渗入菜肴中。料酒之所以能起到这种作用，一是因为酒类中酒精具有挥发作用，能使肉类中有腥膻味道的蛋白和胺类挥发掉，在去除腥膻味道的同时，还不会破坏肉类中的蛋白质和脂类。二是因为黄酒中含有较多的糖分和氨基酸，它们能够起到增香、提味的作用。

类似的还可以提出“枸杞和胡椒粉有什么作用？为什么炒菜一定要用食用油？”等不同的问题，引导学生通过查阅各种资料来解决困惑。

【设计意图】帮助学生养成读书时，前后勾连、对比、思考的习惯。读书过程中遇到熟悉的内容，或者前面反复出现的内容，要停下来跟前面的内容做比较，通过研究其中的相同点和不同点，提出问题，思考分析并解决问题，形成相应大概念，提升认知水平。

（四）锅具使用

研读不同品牌的电压力锅、电饭锅的说明书。

小组讨论：如何用电压力锅或电饭锅来炖鸡汤？按操作步骤，说清楚炖汤的流程和注意事项。

提示学生说清楚一步步的操作顺序，特别要说清楚安全用电的注意事项。

【设计意图】产品说明书与电炊具的控制面板示意图，其信息蕴含在文字、图示中，与学生平时阅读的连续性文本不同。读懂说明书，理解面板操作功能需要学生将文字与图示信息对照理解，这是生活、工作中常用到的一种能力，是劳动素养的重要方面。这一设计意在训练学生抓住信息要点，将非连续性文本信息转化为实际操作技能的能力。

（五）炖制过程与出锅

1. 阅读52页“小贴士”，了解炖汤的注意事项。

2. 讨论：

（1）如何判断鸡肉已经炖烂？

（2）出锅时有哪些注意事项？（预防溅水、烫伤，选择大小适合的碗，汤水不过浅，也不满溢。）

（六）作业

在父母的指导下，炖制一锅鸡汤，也可以结合不同菜谱，制作番茄蛋花汤、小白菜肉丸汤、冬瓜排骨汤、鲫鱼豆腐汤等其他汤品。

（七）评价要点

规范穿戴厨房围裙、手套等；

清理仔细（能将残留的羽毛、血污等清理干净）；

对料酒、姜、葱等佐料的理解更加深入；

能阅读理解产品说明书，学会按规范操作电器，注意安全；

出锅时，能选择合适大小的碗，盛放量合适；

鸡肉酥烂，味道鲜美；

作品完成后，各种工具归位存放，保持工作场所整洁；

厨余垃圾分类放置。

第6课时　煮饺子

【课时目标】

学习按照家庭人数、家人饭量等实际情况，计算和采购适量的饺子馅儿主料、辅料和饺子皮。

通过研究学习芹菜猪肉馅儿饺子，体验制作饺子馅儿、包饺子、煮饺子的全过程，了解掌握饺子的基本做法。

培养耐心细致的劳动态度，会欣赏自己的劳动成果。

了解关于中国饺子的民俗文化，培养对中国饮食文化的感情。

【学习准备】

了解关于饺子的民间风俗、传说、谚语。

包饺子、煮饺子的视频。

【学习进程】

（一）谈话引入

说说你所了解的关于饺子的谚语、风俗、故事。

小结：饺子不但味美可口、营养全面，而且承载着美好的寓意，是深受人们喜爱的传统食品、逢年过节的特色美食。根据馅料的不同，饺子分为纯素饺子、纯荤饺子和荤素搭配饺子。

今天这堂课我们一起来学习研究制作猪肉芹菜馅儿饺子。

（二）研究饺子馅儿制作步骤

1. 研读课本54页的“劳动准备”，思考：

（1）课本上给出的主料和调料的量，最终能做成多少饺子？大约能供多少人吃？

（2）如果要满足你们家全家人吃一顿饺子，大约需要准备多少主料和调料？

引导学生根据54页提供的面粉和馅料的比例，以及57页和面中加入水的比例，测算馅料与市售饺子皮的量比。

馅料：猪肉200克，芹菜200克，鸡蛋一个，约50克，合计约450克。

饺子皮：面粉500克，加入水量大约为220克，合计约为720克。

馅料与市售饺子皮的量比约为450：720，约等于一斤馅料用一斤半饺子皮。

【设计意图】引导学生在准备主料、配料、调料时，既要参考菜谱，也要考虑实际情况，要将学到的知识在生活中灵活运用，不能生搬硬套。

2. 把猪肉和芹菜剁碎，包到饺子皮里，放到水中煮开，是不是就成了芹菜猪肉馅儿饺子？

事情远不止这么简单，所有作为饺子馅儿的食材都要进行预处理。

（1）对于猪肉等荤菜类馅儿一般采用什么预处理方法？

引导学生结合前面所学内容，了解一般猪肉等荤菜类馅儿需要用生姜、葱、料酒等进行预拌，以去除腥膻味。

（2）对于芹菜等素菜类馅儿一般采用什么预处理方法？

研读55页的“知识窗”栏目，说一说：芹菜在拌入馅料前为什么要焯水？焯水应该注意一些什么？

【设计意图】了解不同食材作馅料时为什么需要预处理，以及如何根据不同食材进行一般预处理。培养学生不仅要“知其然”，同时还要善于追问“所以然”的习惯。

3. 用自己的语言，按照一定的顺序，说一说制作饺子馅儿的整个过程。

制作猪肉芹菜饺子馅儿，首先要________ 第二步是________ 第三步是________……最后 ____________，饺子馅儿就做好了。

小组讨论后，组织语言，先在小组内说一说，然后再全班交流。

【设计意图】未经表达的思考，往往是浅层次的。研读文本后，用自己的语言表达，这样的设计可以引导学生养成边阅读边结合劳动实际情况思考的习惯。用语言有条理地表达思考结果，还能帮助学生厘清饺子馅儿制作的具体步骤。

（三）包饺子

观看包饺子的视频，了解包饺子的技巧和饺子的各种花式。

提问：包好的饺子为什么要整齐码放？

让学生发散思考这样做的好处：可以让饺子不相互粘连；便于计算饺子的总体数量，下锅的时候容易把握每次的量；更加美观，看起来赏心悦目，使人更有食欲……

【设计意图】引导学生注意劳动的细节，体验劳动美感，培育工匠精神。

（四）煮饺子

观看视频，讨论煮饺子的要领：

（1）锅内的水烧开以后，我们看到厨师会用勺子搅动一下，再下饺子，这是为什么？

这样可以让锅里的水温度更加均匀，确保饺子能在同一时间煮熟。

（2）饺子放下去，等水煮沸后，我们看到厨师会用勺子或锅铲沿着锅底轻轻推划，为什么要有这个动作？

这样可以防止饺子粘锅、破皮。

（3）如何判断是否煮熟？

水煮沸后，再加 1 ~ 2 次的冷水，等到饺子全部浮上水面，就算煮熟了。

（五）总结

今天我们一起学习研究了做饺子的方法，其中有些内容同学们本来就了解，还有些内容通过今天的学习，不仅更加清楚了，而且知道了原理。请你说说做饺子的基本步骤是什么？对于你来说，特别要注意什么地方？

小组讨论后，在班级内进行交流。

（六）作业

利用周末，在家长的指导和协助下，制作一次饺子。

（七）评价要点

规范穿戴厨房围裙、手套等；

馅料和饺子皮的分量比例合适；

包成的生饺子大小合适、外形美观、排列整齐；

煮熟的饺子味道可口；

工作完成后，各种工具归位存放，保持工作场所整洁；

厨余垃圾分类放置。

第 7 课时　主题活动：设计制作我的菜肴

【课时目标】

通过学习将菜谱改写为烹饪指南文案，培养学生关注细节、优化流程的意识。

学会听取同伴的意见和建议，改进设计。

学习在合作中相互沟通、相互交流，共同完成作品。

【学习准备】

查阅、收集自己喜欢的菜谱。

【学习进程】

（一）第一课段（20 分钟）

注：可以利用放学前布置作业的时段进行。

1. 引入。

阅读材料：

猪里脊煨粉丝

准备半斤猪里脊，一两干粉丝，外加葱花、姜丝、油盐、料酒等调料。初加工时，先提前半小时把粉丝用温水浸泡，然后用快口的片肉刀把清洗干净的里脊肉切成一寸来长、火柴粗细的丝。做好准备工作后，开始烹调：用葱花、姜丝炝锅，煸炒猪肉丝，浇一些料酒、酱油，可以提味；接着把发好的粉丝放入锅中，稍微煨上一煨……起锅的时候，再放一些蒜黄末儿，一盘猪里脊煨粉丝就做好了。

传统的北京人在立春这一天要吃合菜，最基本的合菜就是一荤一素两样，这道猪里脊煨粉丝属于这一荤。

请给这段文字分段，说一说每一段分别写了什么？

小结：这样的文字我们把它叫作“烹饪指南”。

“烹饪指南”一般有四个部分：

第一部分应该介绍准备的食材，一般要讲清楚主料、配料和调料的量。第二部分应该介绍初加工（预制）的要求，尽量介绍得详细周到、通俗易懂。第三部分开始介绍烹调的步骤，除了列出先后顺序外，还要注意介绍每一个步骤的注意点。第四部分一般介绍这道菜的风味特点，或属于哪个菜系，承载着什么样的文化等。

2. 将普通菜谱改写为“烹饪指南”。

我们在书本上、手机上能查到的菜谱常常是这样的——

芦蒿炒香干

主料：芦蒿 250 克；配料：香干 2 块，约 100 克；调料：盐 2 克，味精 1 克，食用油 10 克。

初加工：将香干、芦蒿洗净；将香干切成丝，芦蒿切成段。

烹调：（1）炒锅洗净，放置灶上，烧热后放入食用油；（2）放入芦蒿、香干，用锅铲翻炒至芦蒿呈翠绿色；（3）放入盐、味精等调料；（4）盛出装盘。

风味特点：自然清香，芦蒿鲜嫩，香干绵软。

这样的菜谱比较粗糙，有很多细节没有讲清楚。我们如何将这样的菜谱改写或者补写为烹饪指南？

◎例 1：将香干切成丝，芦蒿切成段。

可以改写为：将香干切成筷子粗细的丝，芦蒿切成火柴长的段。

◎例 2：炒锅洗净，放置灶上，烧热后放入食用油。

可以补写注意点：

如果是燃气灶或者是电陶炉，应该把锅先烧热然后放油。如果是电磁灶，应该先把油放在锅里，然后打开电磁灶开关。因为许多电磁灶发热太快，锅中如果没有油或者其他食材的话，容易将锅烧变形。锅中放入油以后应该用锅铲把油铲动一下，让油均匀地铺到锅底。

3. 家庭作业。

挑选一个你熟悉的菜谱，改写为“烹饪指南”。

改写要求：

（1）下厨制作这道菜，体会其中的细节。

（2）结合亲身经历进行改写、补写，完成你的第一篇烹饪指南文案。

要求：让你的同学读了你写的烹饪指南，能够顺利完成烹饪。

【设计意图】引导学生关注真实劳动的细节，创造在劳动中思考、劳动后总结的机会，培养学生理论联系实际的能力。

（二）第二课段（10 ~ 20 分钟）

注：可以利用下课时间或者其他活动时间进行。

1. 交流阅读各自写的烹饪指南。

2. 修改烹饪指南。

3. 制作菜肴并细化烹饪指南。

在其他同学撰写的烹饪指南文案中，选一篇适合你的文案。如果对这份指南还有什么不清楚的地方，向作者请教，给作者提出修改意见，与作者一起将文案写得更详细、通俗、容易操作。同时也接受其他同学的意见，进一步修改自己撰写的烹饪指南。

利用周末，学习按照其他同学撰写的烹饪指南，制作这道菜，并在制作的过程中进一步体悟、思考，有必要的话进一步细化烹饪指南。

4. 收集全班同学的烹饪指南，编辑成册，作为后续学习的参考书。

5. 评价要点。

（1）撰写（含合作撰写）的烹饪指南条理清晰，能关注细节；

（2）能虚心接受同学的意见和建议，将文案修改得更好；

（3）制作菜品时，规范穿戴厨房围裙、手套等；

（4）工作中能时刻注意厨房安全；

（5）工作完成后，各种工具归位存放，保持工作场所整洁；

（6）厨余垃圾分类放置。

6. 拓展。

（1）介绍纪录片《舌尖上的中国》《家乡菜　中国味》等。

（2）研究型拓展学习参考选题：

①厨房刀具主题。

各种不同的菜刀、去皮刨等：不同的品牌、材质、尺寸以及刀具特性等研究；安全注意事项研究；保养、存放研究。

②砧板、塑料篮、水盆主题。

可以研究材质、尺寸、形状与功能，以及使用后如何清洁、存放等。

③灶具主题。

研究家里的燃气灶、电磁炉、电陶炉、电饭锅、压力锅等：不同的品牌、特性等研究；安全注意事项研究；保养方法研究。

第三部分　教学设计解读

“烹饪与营养”任务群是日常生活劳动板块的重要内容，是培养学生生活能力和良好卫生习惯，树立自理、自立、自强意识的重要载体。本任务群的教学设计，针对初中学生的年龄特点，在组织学生动手实践中强调培养自身认知能力，凸显五育融合策略，创造机会让学生遭遇问题，引导他们分析、判断、验证，在不断的尝试中，练习直面问题的心理素质，培养和锻炼解决实际问题的能力。

一、凸显劳动课程的实践导向，强化了自身认知能力的培养

本任务群核心部分有四个动手实践的项目——芹菜炒肉丝、清蒸鳊鱼、炖鸡汤、煮饺子，主要从三个着力点凸显实践操作的训练。

一是引导学生走进真实的厨房。由于多数学校没有专用烹饪教室，因此在教学设计中，我们将家庭厨房作为教学资源，引入课程教学的过程中，让每一位学生都有条件参与到真正的烹饪实践中。二是引导学生关注操作的细节。在现实中，我们发现学生动手能力弱，一个重要原因是缺乏对操作细节的关注、研究和操练。本设计特别注重挖掘实践中的各种操作细节，例如，引导学生关注刀具的握法，关注灶具、锅具的油温控制，关注刮鱼鳞时容易忽略的部位，关注工作完成后工具的归位等，通过各种细节提示，帮助学生填充实践与理论之间的鸿沟。引导学生在操作实践时，用眼睛观察，用大脑思考，亲手操作练习，掌握各种精细、微妙的动作，体悟这些动作中蕴含的具身认知元素以及各种默会知识。三是引导学生走向多彩的社会。本设计安排了考察本地菜市场、食品商店的活动，引导学生走出书本，走进社区，将学习和思考的触角延伸到真实的社会生活中，形成对本地地理环境、四季物产、时令果蔬的感性认知。这些活动设计，将学生真实的生活与劳动课程有机连接，让生活与实践成为劳动教育资源，一定程度上实现了生活的教育化。

二、凸显劳动课程的综合导向，强化了各育融合策略的应用

在劳动教育的过程中，本设计有机地融入了其他学科的知识应用和能力训练。例如按照一定的顺序讲述操作的过程，不仅能帮助学生厘清劳动的步骤，养成劳动流程意识、统筹观念，同时也训练了逻辑思维能力和口语表达能力。估算各种食材的分量，计算各种食材的配比，则将数学知识运用到真实的生活情境之中，让学生感受到数学的有用、数学的生命力。使用刀具切配食材，则有助于学生形成对角度、力量、支点等物理概念的默会认知；掌握灶具使用时，学生会对油温、水量、时间的控制形成感性认知，对油和水在加热过程中不同温度的状态形成感性认识。学生研究葱、姜、蒜、料酒等与食物之间的相互作用时，有了对化学反应的感性把握。绘制社区菜市场的平面图、美食地图，不仅运用到几何学的知识，同时也蕴含着关于方向、道路、物产等地理方面的鲜活的知识。阅读说明书、观察研究家用电器的操作面板等非连续性文本，则训练了学生在信息化时代通过各种途径提取信息的能力。劳动课程是一门学科综合性很强的课程，将各学科的知识综合运用的能力是一种基本的劳动能力，本设计有机地凸显了这种理念。

三、凸显劳动课程的育人导向，强化了涵养劳动品质、精神的价值指向

在真正的劳动实践中，学生大致会遭遇两种情况。一是顺利推进，即一切胜任，或者只遭遇到一些容易解决的小问题，通过一般努力就能让各种操作顺利推进。在这种情况下，本教学设计适时提出更高的要求，例如切配好的食材要装在碗碟或篮子中，并且按照一定的顺序摆放，包好的饺子要整齐排列，这样可以避免后续工作的手忙脚乱；再如炖鸡汤的过程中，有一部分时间空闲，要引导学生利用好这段时间，做好灶台餐桌的清理、餐具的准备等工作，训练学生统筹安排劳动时间的意识；又如工作完成以后，要将各种工具归位，做好厨房的清洁卫生，注意垃圾的分类放置。对这些细节的要求，可以帮助学生体验到劳动过程之美，培养学生精益求精的工匠精神。二是遭遇问题。劳动中难免会遭遇一时难以解决的麻烦和问题，这些问题正是促使

学生劳动素养提升的宝贵的学习资源。在劳动评价的板块中，提示学生思考：在本次劳动中，你遭遇了什么困难（或者有什么不顺利的地方）？你想了什么办法克服和解决？效果怎么样？还可以怎么改进？这就是将问题作为资源的一种设计。不仅有助于培养解决问题的能力，还涵育着与问题共处、一步步解决问题的良好心态。只有让学生遭遇困难和问题，陪伴学生一起面对、一起分析、一起解决，才能培养出真正的劳动者。“有本领”不是从天上掉下来的素养，而是在解决这一个个问题的过程中逐步建构起来的。

此外，本设计融入了为他人服务理念的培养，引导学生逐步摆脱自我中心，关注劳动服务对象（家人）的体验和评价；融入了劳动合作意识的培养，引导学生在与同伴的交流商讨中，学会接受批评，自我否定，主动更新、改进自己的工作；融入了社会生活能力的培养，引导学生真实地参与到食材采购工作中，体验从挑选、询价、比价、还价到成交的全过程，体验社会生活的百态。

初中阶段正是学生从自然人向社会人过渡的关键年龄段，由于学生个性的差异、劳动条件的不同、家长指导介入的深浅等各种因素影响，在教学实施的过程中，不同的班级、教师和学生会遭遇不同的问题，这些问题需要我们根据实际情况，分析各种条件限制，发挥聪明才智，灵活采用恰当的方法加以解决。